财务精英
都是工具控

用Python高效完成
审计工作

甘德东◎编著

中国铁道出版社有限公司
CHINA RAILWAY PUBLISHING HOUSE CO., LTD.

图书在版编目（CIP）数据

财务精英都是工具控：用 Python 高效完成审计工作 /
甘德东编著.—北京：中国铁道出版社有限公司，2024.10
　ISBN 978-7-113-29388-8

　Ⅰ.①财… Ⅱ.①甘… Ⅲ.①软件工具-应用-财务审计
Ⅳ.①F239.41-39

中国版本图书馆 CIP 数据核字（2022）第 116012 号

书　　名：财务精英都是工具控——用 Python 高效完成审计工作
　　　　　CAIWU JINGYING DOU SHI GONGJU KONG: YONG Python GAOXIAO WANCHENG
　　　　　SHENJI GONGZUO

作　　者：甘德东

责任编辑：张　丹　　编辑部电话：（010）51873064　　电子邮箱：232262382@qq.com
封面设计：宿　萌
责任校对：安海燕
责任印制：赵星辰

出版发行：中国铁道出版社有限公司（100054，北京市西城区右安门西街 8 号）
网　　址：http://www.tdpress.com
印　　刷：天津嘉恒印务有限公司
版　　次：2024 年 10 月第 1 版　　2024 年 10 月第 1 次印刷
开　　本：710 mm×1 000 mm　1/16　印张：13.75　字数：280 千
书　　号：ISBN 978-7-113-29388-8
定　　价：79.80 元

前言

从有线电报到有线电话，人们用了 100 年，从有线电话到无线电话，人们用了 30 年，而从 4G 到 5G，人们只用了 10 年。随着信息技术发展越来越快，信息也呈爆炸态势增长，人们正式迈入了数字经济的时代。

众所周知，视频网站每天上传的视频数量数以万计，但这些数据如果没有分析、提纯，是没用的。例如，我想知道视频网站上最受欢迎的裙子，如果不将视频数据转换为一种能比较的单一格式，如 Excel 表格，那么这堆数据对我来说就是没用的；相反，如果我做了数据分析，找出了最受欢迎的裙子，这堆数据就对我有用了。

当前做财务分析工作的人，大部分都能使用 Excel。如果需要面对的数据量是以 100 万 GB 为单位的 Excel 文件夹，恐怕做到退休都无法完成分析工作。

估计别人以为我是在说笑，其实，这并不好笑。生物为了从外界获取信息，必须借助于感觉器官，而人们为了让机器从外界获取信息，发明了传感器，如人脸识别的摄像头、蓝牙体温计、红外线扫描枪、车载雷达等。

当越来越多的企业借助传感器来进行工作记录，如仓库的收发存、物流的出车、发票的开具、货款的收取均通过传感器来处理，这样，传感器产生的数据量将越来越多，未来甚至可能不再以 GB 为单位，而是以 PB 甚至 EB 为单位了。

延伸到财务会计，会计是经济记录的专用语言，能反映经济业务的增减变化。如果有朝一日信息技术能将经济记录变得更加细致和深入，用更多的数据描述经济活动，那么会计这门语言可能不再单纯地记录时间、摘要、借贷、金额等要素，还需要记录人力轨迹、天气变化、消费体验、机器故障等日新月异的要求。

有人认为，财务和审计中最重要的是职业判断，是风控理论，而审核数据、数据分析这些工作，只是财务和审计中的一部分，不需要太重视。对此我是持反对意见的。我觉得，技术革新促进产业结构不断调整，固守之前的职业判断和风控理论，无疑是"刻舟求剑"。虽然现在很多行业的数字化程度不高，但不代表日后也是如此。

现代技术如人工智能和大数据在帮助企业及时发现并纠正潜在的财务方面问题的强大能力。在 2021 年，英国金融服务提供商 Wolseley 利用大数据分析找出了其财务报表中的潜在问题。该公司使用高级数据分析软件来监控资金流和交易模式，发现了一系列异常交易，这些交易后来被证实是部分高管为了达成业绩目标而操纵账目。于是公司迅速采取行动，包括重新申报财务报告和调整管理团队。这个事件强调了大数据和 AI 在提高财务透明度和内部监控效率方面的重要作用，同时也提醒了企业需要不断更新审计和监控手段以应对复杂的财务舞弊行为。

财务人员如果能用 VBA 处理 Excel 表格数据，这已经是很优秀了；用 Power BI 或 FineBI 做可视化分析的，真的不多；而用 Python 来做数据分析并与大数据结合的，更是凤毛麟角。希望能通过这本书，将一些工作的理念和实用的工具与同行分享，让广大财务人员从容迎接信息化、数据化带来的挑战。

本书没有深奥的理论，更不必说晦涩难懂，为避免实战操作较多会令读者"消化不良"，建议"啃书"时放松心情，慢慢品味。

本书旨在帮助财务及审计从业者掌握 Python 编程语言，通过实际案例和代码示例，深入浅出地介绍如何在财务分析和审计工作中应用 Python。书中不仅有 Python 的基础知识，还重点介绍了 Python 在财务领域中常用的第三方库及其函数的应用，为读者提供了实战操作的指导。

本书展现了以下三大特色：

（1）内容实用且注重实战性，深入剖析了信息化财务及审计领域面临的各种问题，并提供了相应的解决代码。对于没有计算机基础的人，本书也能从财务角度出发，引导他们学习 Python 计算机语言及其相关库的应用。

（2）行文风格轻松幽默，以实际工作中的案例作为引导。书中将我多年财务工作经验转化成实际案例，以轻松、自然的叙述方式，分享我的见解和经验。我坚信，知识不应只是死记硬背，理解和掌握才是最重要的。

（3）特别设置了"题外话"小板块，旨在激发读者的阅读兴趣，引导读者进行深入思考，从而增加阅读的乐趣。

本书适合财务及审计行业从业者、数据分析企业经营者，还可作为财务人工智能培训班培训辅导教材使用。

现代科技的发展为财务工作带来了前所未有的便利，但也要求我们不断学习和进步。Python 作为一种灵活高效的编程语言，具有广泛的应用前景。希望读者能够在实际工作中不断实践和探索，将学到的知识灵活应用，解决实际问题，提升工作效率。希望本书能够成为财务及审计从业者在数字化转型中的得力助手，帮助大家在面对海量数据和 AI 时游刃有余。另外书中的代码可以在 git 仓库：.../Gandedong/ audit-python 中找到。

因水平和时间有限，书中难免存有疏漏，如对内容有疑问，欢迎添加公众号"冻苹果没有虫"探讨，以期共同进步。

作　者

2024 年 7 月

目录

第 1 章　数字化转型与 Python 在财务中的应用

尽管我们在工业化、通信技术和基础建设上成绩斐然，但在数字时代，世界又给我们带来了新的挑战。我们必须积极应对，努力交出一份让世界满意的答卷。

1.1　数字化转型与财务

如果以数据量为标准，工业时代可以被划分为大数据时代和小数据时代。而对于大数据时代与小数据时代的划分标准，也有很多不同的视角。而我有一些不同的想法：划分的关键在于获取数据的成本。

在 20 多年前，获取大量的数据是一件高成本的事情，若要知悉客户的消费喜好，则需要专业调查公司做大量的统计工作。有的公司采用抽样的方式，有的公司采用问卷调查的方式，无论结果如何，这些数据录入和输出都需要人工操作。而且获取的数据是有限制的，比如只调查 1000 人，或只抽样 1000 人，这个是小数据时代下无可奈何的妥协。

现在，随着智能手机、云计算、物联网及 5G 技术的广泛应用，财务和审计领域获取数据的成本也大大降低了。以智能手机为例，它不仅仅是一个通信工具，更是一个强大的数据收集器。在财务和审计工作中，智能手机的应用越来越广泛。

例如，审计人员可以利用手机 App 进行实时的财务数据收集和记录，比如拍照上传凭证、扫描条形码或二维码进行存货盘点等。这些数据可以直接上传至云端，供审计团队进行远程分析和处理。这不仅提高了审计效率，还降低了数据收集的成本。

此外，智能手机还能协助企业进行财务管理。企业可以通过手机 App 收集和分析销售数据、库存数据等，从而更准确地预测市场需求，优化库存管理和生产计划。这些数据的获取成本较低，但对企业决策的价值却非常高。

在我国，几乎人手一台智能手机，这使得财务和审计数据的产生、记录和传递变得更为便捷和经济。当大量的财务数据通过手机网络实时汇总到数据中心后台时，财务部门和管理层能够对公司的财务状况进行实时监控和分析，从而做出更明智的决策。这种基于智能手机的数据收集和处理方式，无疑为财务和审计领域带来了革命性的变革。

在现代城市的交通管理中，智能手机的应用也尤为突出。例如，交通管理部门可以通过手机 App 收集车辆的实时位置信息，从而优化交通信号灯的配时，减少交通拥堵。

在某些城市，推出了基于手机位置数据的智慧交通系统。当你驾驶车辆行驶在路上时，手机的定位功能会记录你的行驶路径、速度和停留时间。这些数据会被匿名上传到云端，供交通管理部门分析和使用。如果某个路段出现拥堵，系统会及时调整信号灯配时，甚至在 App 上提醒司机选择其他路线。

除手机之外，人脸识别摄像头也是一个很好的传感器，它承担着图像采集的任务，而在采集图像之后，就与服务器中的数据库的进行比对，如身份证数据比对，就可以判定是否为同一人。这个数据比对的过程其实也是大数据应用的过程，用一个人的特征去搜索 14 亿人的数据，这在过去是不可想象的。图 1-1 为安装人脸识别摄像头。

其实大数据与小数据之间并没有绝对的界限，但如果以获取成本来划分，能相对准确。毕竟，一项技术能不能得到社会的承认，很大一部分取决于其成本能不能让人接受。

图 1-1 安装人脸识别摄像头

从小数据走向大数据，对于个人而言，并不会有什么改变，但对企业来说，业务数据化的趋势，是影响商业模式的大事。这里先说一下，信息化和数字化是不一样的。信息化是企业自己的事，数字化是供应链上下游的事。

过去，我们引进了 OA 系统、CRM 系统、MRP 系统、ERP 系统等，目的是为信息化，将企业的存款、人事、存货、生产线用软件管理起来，但由于很多业务是在线下展开，因此不是所有企业都能走通这条道路，又或者走通了，实现信息化也十分困难。

但最近几年，借智能手机的普及，5G 时代来临，物联网的应用，有很多人留意到一个叫作"生态"的词，明明是一个生物学的词汇，却频频出现在互联网行业中。例如，将餐饮、外卖、打车、金融、生鲜等服务全都结合在手机端的某团；将电影、网贷、打车、理财、保险结合在平台的某宝；等等。它们能横跨多个行业不是因为它们员工多，而是因为它们用数字化将这些产业互相联系起来，形成人们口中的"生态"。

移动互联网的发展越来越快，特别是随着电子发票、数字人民币的普及，很可能越来越多供应链走向数字化。即使再传统的企业，也考虑提高自身的信息化来面对整个行业的数字化。对审计和财务人员来说，他们将来面向的业务可能不是一份份的合同或者凭证，而是一条条的数据，因为业务的载体已经离开 A4 纸，成为云端中的记录。

当然，并不是鼓励大家真的转行进入 IT 行业，只希望大家在财务和审计的基础上，能懂一点 IT 技能，在提高工资水平的基础上，又适应了时代的发展。

IT 技术有一个特点，就是最后都需要实施落地。也就是说，IT 技术人员输入完代码之后，不管代码质量如何，最后还是要运行的。运行效率的快慢，是可以比较的。你可以用软皮尺围着地球一圈进行测量，也可以用卫星围着轨道进行测量，前者需要一年时间，后者仅需要一天。

另外，信息化意味着能接受的刻度更细。对于一个企业的财务数据来说，会计的数据只有时间、数量、金额、借方和贷方，即使摘要上写得再详细，数据粒度也是较大的。对于业务部门来说，在生产、销售、运输方面，没有什么参考价值，但如果数据变得更快、更细，那么价值就大了。

举一个例子，在某个企业每天的收入中，如果能注明每个产品多次购买的客户占所有客户的比例、每个产品每小时内男女消费次数、每次消费金额的差异以及不同年龄段的消费金额差异，就能帮助销售部门分析出客户的行为特征，从而挖掘新客户，以及深耕重要的客户。

相信，不少想寻求财务工作的应聘者遇到过企业要求 Excel 操作熟练且有 SAP 操作经验。这是因为单纯的会计工作已经不能满足企业运营的要求了。

如果你能懂更多的 IT 技术，那么在财务领域的竞争力会非常有价值。Python 只是计算机语言中的一种，如果你不喜欢，也可以用 PHP，或者用 Java。

1.2　Python 与 VBA

在 Windows 2.0 的时代，Excel 就被开发出来了，当时的 Windows 系统还捆绑了 Excel。几年之后，Excel 从 Windows 系统中分割出来，却被嵌到了 Microsoft Office 办公软件中。同一时期，VBA（visual basic for applications）刚刚从 Basic 语言基础上开发出来，还属于非常先进的计算机语言，微软公司也将其内嵌在 Microsoft Office 中，这在当时是非常先进的。因为一个是可视化表格，另一个是可视化计算机语言，两者集成在一起，使批量处理变得简单而高效，是一个划时代的标志。可以说，Microsoft Office 取得巨大成功的一个重要原因就是 VBA。

VBA 中的 B，就是 Basic 语言，其诞生于 20 世纪 70 年代。而 VBA 继承了 Basic 语言的关键字和语法，所以算是易学易用的一种语言。功能上，VBA 与微软公司的软件系统融合得不错，所以在 Windows 系统中运行得较好。

以在 Win XP 系统下的 Excel 的工作表为例，其一个工作表的最大行数是 10 万行左右，所以如果数据量多的话，就要分成很多个工作表。如果运行一个超过 50MB 的 Excel 文件，系统会有点慢，做一个筛选后合并的计算，除了执行时间长之外，还一不小心就死机。但如果事先用 VBA 进行筛选后合并计算，Excel 执行时间较短，而且系统也不会卡死。

另外，VBA 可以进行批处理。例如，要将十几个分公司的人员名册汇总到一张表中，简单点的就是打开所有分公司的人员名册文件，然后用复制粘贴的方法将名单汇总到一张表中。但如果人员名册不是十几个，而是几百个，这就麻烦了。不过，如果有 VBA，可以使用 FileArr()函数和"For…Next…"语句，就可以将几百个公司的人员名册汇总到一张表中。

当然，这是有限制的，当一个 Excel 文件达到 200MB 的时候，连打开文件都变得很慢，想查找数据，就要将 Excel 文件导入 Access 中进行查找。

什么是 Access？简单来说就是大量 Excel 文件的查询界面，可以对大量 Excel 进行分类汇总、条件查询等。另外，Access 内也有 VBA，所以批量处理也不是问题。但 Access 也是有限制的，最大的上限是 2GB，所以，如果文件较大，就需将数据进行拆分。于是服务器级别的数据库软件被开发出来了，知名的如 Oracle、MySQL、SQL Server 等，当然，这个是服务器级的，毕竟在 1990 年是没有 8GB 内存的个人计算机的，普遍是 128MB 的内存，能用数据库的都是大服务器。而在数据库软件之中，较贵的是 Oracle，除了它较强的稳定性外，功能也较齐全，能对数据进行可视化分析，对大企业的决策层是非常有帮助的。

20 世纪 90 年代，电商还是一件新鲜的行业，并不是所有人都看好的，除了极少数人，没人会想到电商日后的辉煌程度，连亚马逊公司自己也没有想到，原本只想做一个免费亚马逊网络服务（AWS），却在很大程度上改变了整个互联网行业。

可以说，互联网催生了电商的辉煌，电商也改变了整个互联网。

自云计算服务之后，物联网、区块链以及人工智能也先后涉及大数据领域。这时，对算法和模型有要求的人开始留意到 Python 语言，而 Python 也因为与 C 语言有紧密的联系，开始成为大数据、人工智能、物联网等的核心语言。

有人在网上咨询，会计学专业大一新生备选课中，Python 和 VBA 二选一，学哪一个更好？

我建议选择 Python，因为 Python 有 Pandas 库，可以做数据透视；有 xlwings 库，可以批量合并报表；有 Matplotlib 库，可以做图表；有 Requests 库，可以下载报表；有 PyPDF2 库，可以做 PDF 文件；有 MySQL-Python 库，可以连接 SQL 数据库；有 pyautogui 库，可以自动录凭证。以上这些都可以在财务工作中得到广泛应用，即使毕业后不当会计了，也可以去金融公司从事相关工作。

Python 也可以用于构建资产定价模型、风险管理和量化交易管理，也可以从事人工智能、机器学习方面的研究。在北京、上海、广州、深圳的招聘网站中输入 Python，涉及的职位有 2200 个，而输入 VBA，只有 200 个。

现在微软公司开发的 Power BI 软件都不集成 VBA 了，而是选择集成 Python 和 R 语言，可见 Python 的优势。

1.3　Python 与财务会计

Python 与 VBA 不一样，它是一种解释型语言，编程涉及更少的代码行。它能够以最少的代码行执行程序。另外一个就是开源，Python 作为一种开源语言，能支持多种平台。而且，它可以在 Windows、Linux 等各种环境中运行。

Python 和其他语言的受欢迎程度如图 1-2 所示。

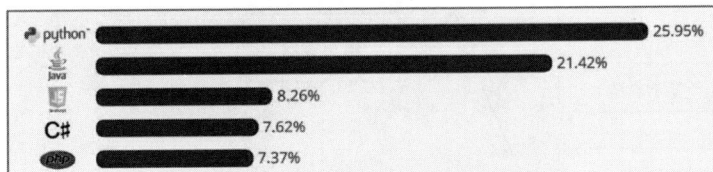

图 1-2　Python 和其他语言的受欢迎程度

Python 具有支持数据处理的内置功能。使用此功能可以支持对非结构化和非常规数据的数据处理。这就是大数据公司偏爱选择 Python 的原因。

例如，在数据分析中，Python 有 Pandas 库。它能够从多个来源读取数据，并具有一些内置的可视化效果，可用于将结果绘制成图表，将完成的分析结果转换为 Excel 电子表格。同时，它提供了数值计算、数据分析、统计分析、数据可视化的功能，在很多金融数据分析中经常会用到它。

Python 也拥有一系列强大的开源库，包括神经网络、智能算法、数据分析、图像处理、科学计算等。

另外，与其他语言相比较，Python 能处理大数据，很多大数据的框架也都支持 Python。

由于我不是做大数据开发的专业人员，所以只能用财务共享中心来举例。下面说一下为什么有财务共享中心。

由于集团式企业是跨地区、跨行业的，如果每个分公司和子公司都自行核算，月末再汇总集团总部做账，那么所需要的人手和时间是很多的。十多年前，即使有 ERP 软件，很多大型集团的财务部一般也有五六十人，其主要的原因就是需要大量的人手进行入账、核算和汇总。

财务共享中心可以省人力、省工资。不过，很多企业连传感器、商品信息标准化都没有设置，不少所谓的财务共享中心只是将会计人员集中在同一个地方办公而已，效率提高不太理想。

现在有条件能用上财务共享中心的企业暂时还属电子商务行业、信息科技行业。和传统行业不一样的是，这两个行业的大多数信息都可以通过网上收集和处理。而财务共享中心出现得最多的还是在电子商务行业。因为销售数据、采购数据是可以通过天猫、京东等第三方平台后台导出，出仓入库可以通过传感器，扫描仪记录商品进销存；海关、银行都可以通过电子口岸和网上银行采集数据；另外，税务局、银行、客服中心、物流快递都可以选择线上数据报送，而供应商如果是 1688[①]之类的，基本也可以选择线上采购。从销售、回款到采购、运输，再到申报，这一条线的信息都是成套数字化流程，这时的财务共享中心才开始发挥作用，如图 1-3 所示。

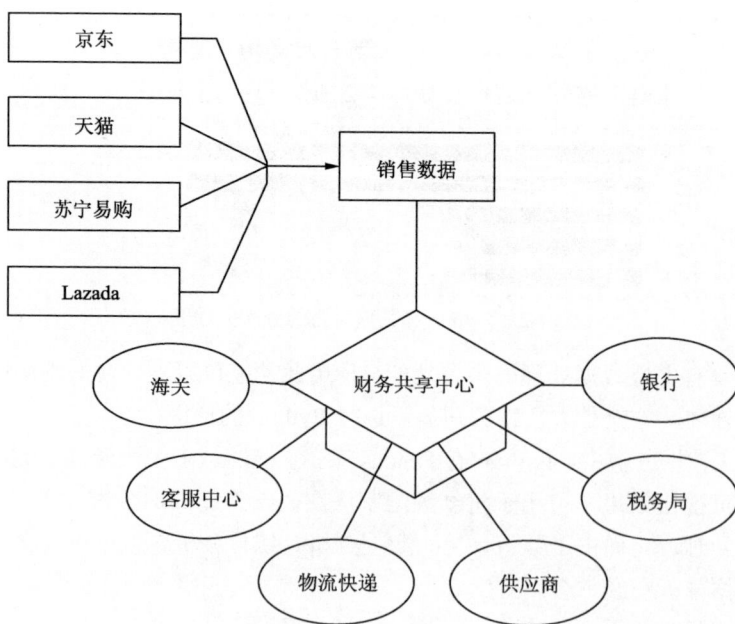

图 1-3　财务共享中心

① 1688 是阿里巴巴旗下的电子商务（B2B）采购批发平台。

　　财务会计可以通过各种库和接口收集线上信息，比一般 IT 工程师有优势的是，财务会计可以根据业务判断财务数据有没有遗漏，如果数据采集达到100%没有遗漏，那么信息的传输效率绝对强大，而这只不过是财务共享中心建设的第一点。

　　财务共享中心建设的第二点，是要对采集的数据进行分析处理。采集的数据表来源于不同的模块，种类繁杂，不可避免地会出现缺失值、空值、重复值、错误值等数据问题，如果依赖软件自行分类，容易出错，所以大多数情况需要人工修改。如果通过运用 Pandas 库对采集的数据进行选择、空值删除、重复值删除、变量类型统一等操作，就节约了用于对数、核单、分单的工作时间。即使子公司再多，也只是增加了计算机运行数据的时间——可能也只是多几秒而已。

　　处理后的数据所形成的报表，不仅是资产负债表、利润表、现金流量表，还可以利用可视化工具设计其他类型的新型报表，而且是实时更新的，还更加多元化。图 1-4 是 Matplotlib 库设计的销售明细仪表板示意图。

签单数	毛利额	毛利率
15 123	5 912 599	10.06%

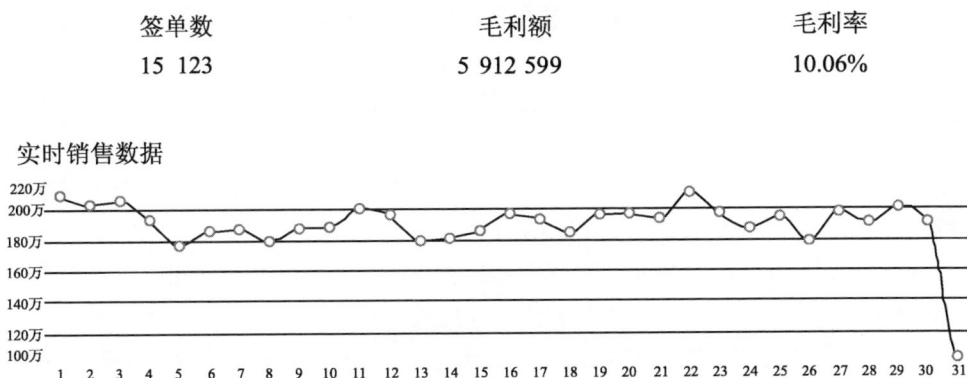

图 1-4　Matplotlib 库设计的销售明细仪表板示意图

　　财务共享中心建设的第三点是数据维护。因为海关和税务局不是开放性的，很多数据的自动导出需要人手去设定，如用 RPA 技术来报税，如果国家税务总局的网站更新了，那么脚本就要重新做了。RPA 技术可以理解为减少人手在屏幕上操作而预先设定的程序。一个懂会计业务又懂 IT 技术的人才，可以节省很多时间。

　　当以上三点解决了之后，财务共享中心才会完全发挥作用，而且企业越大，财务共享中心发挥的作用就越大。

　　对于云会计和财务共享中心岗位的会计，大多数要负责优化与 IT 系统相关的会计流程，包括结算到账务处理的全流程，并在流程中应用新技术。

　　Python 可以成为财务领域的一个探索工具，将以前学到的各种会计知识和计算机知识更好地融在一起，包括 R、Java、PHP 等计算机语言。

1.4 Python 与财务审计

在审计之前，很多会计师事务所都要做风险评估程序。什么是风险评估程序呢？在回答这个之前，先说一下什么叫作"拇指规则"，这样好理解一点。

"拇指规则"指的是在农业播种时，为了达到合适的种子深度，拇指经常被用来快速地测量种子掩埋的深浅；而在经济领域，指的是经济决策者处理信息不是按照理性预期的方式，把所有获得的信息都引入决策模型，其遵循的是：只考虑重要信息，而忽略掉其他信息。

风险评估就是审计程序当中的那个拇指，用于判断风险大小，其中更多的是模型判断。

为什么需要模型判断？这是因为时间不够用。

注册会计师职业是在第二次工业革命后期正式成熟的，在产业集团化的背景下，风险评估为导向的审计模式与运用方式，可以更省时间。例如为了保障企业财务数据的准确性和合规性，审计团队依据相关会计准则和法规，设计了一系列详细的审计流程。他们首先运用数据分析工具对财务报表进行全面评估，以确定审计的重点领域。在初步评估显示财务风险较低时，审计团队会采取抽查策略，以提高审计效率并为企业节省资源。

但审计团队也需警惕，财务风险不仅限于报表。未披露的交易、法律纠纷等也可能影响报表。因此，审计需全面考虑各种风险。

随着信息技术的迅猛发展，现代审计技术也在不断进步。审计团队可以利用先进的数据分析工具和技术，对海量数据进行深度挖掘和分析，从而更准确地识别财务风险。例如，通过应用机器学习算法，审计团队可以自动识别和预测潜在的财务欺诈行为，显著提升审计的准确性和效率。这些技术的应用为现代财务审计开辟了新的道路，提供了更多的可能性和机遇。

另一个方向是用 IT 技术进行传统审计，或者是用 IT 技术建立一个审计数据库，专门用来进行审计工作。这种技术往往被错认为 IT 审计，但其实相差很远，IT 审计指的是对数据安全、信息系统进行的评估，而不是通常说的这种传统审计。二者的审计目标和审计内容都不一样。

在国外，这种应用 IT 技术进行审计的技术主要集中在大型会计师事务所或投资银行中。例如高盛集团投资银行有 8000 员工从事 IT 数据分析工作，而 IT 数据分析中有专门针对被投资者的内部审计，实时监控其固定收益、股票收益以及信用状况，不断地调整和优化投资策略。

在这方面，网上应用较多的开发工具是 Java、R 等计算机语言，而 Python 在这方面的应用次之。但 Python 在人工智能、数据分析方面拥有不错的优势，是一个不错的探索工具。

我们已经进入互联网时代很久了，很多传统行业或多或少被互联网渗透，虽然在审计行业和金融行业，有很强的专业性作为护城河，但时代的不断发展，这条护城河还能坚持多久呢？可能再过十几年，货币资金期末盘点的就不再是纸质现金，而是数字钱包了。

如果将来数字人民币的收入、存放、支出都不需要经过人工记录，数字钱包能自动记录交易的时间、地点、人物、起因、经过和结果，那么事件的真实性不受某个人的操作影响，这件事就是客观存在的。

审计，本质来说就是核实事件的真实性。当然数据是可以删改的，事件也可以是伪造的，但核对数据，是交给传统的审计还是交给懂 IT 技术的审计呢？相信大家已经心里有数了。

问题是，现在大多数的计算机书籍都是由计算机专业的学者或专业人士编写的，很少有人站在财务及审计人员的角度去写一本关于计算机语言的书。如果有人能结合财务领域的应用，介绍如何使用该计算机语言，就会对很多财务及审计人员提供不少的帮助。

☕ **题外话：**

我之前其实已经写过关于增值税普通发票电子化的内容，而从 2021 年开始，连增值税专用发票也开始进行电子化了，未来随着电子发票的推广，也越来越要求企业信息的传递能自动化一点。财务人员也清楚，电子发票全面取代纸质发票，那么增值税申报也会自动化。

这种情况下，只有靠调整业务才能做好税收调控，但如果业务不能运用信息化、数字化，就表示你只能靠人工进行统计，除非收入比较少，否则当业务多元化之后，你将不能控制利润，不能控制你的税金，所以在未来，企业的信息化将越来越重要。

但企业的信息化做起来并不容易，小企业还好，如果企业有朝一日能做大做强，那么面对用工成本、生产效率、客户的需求、行业的数字化，这是一个生存还是毁灭的问题。

所以很多中小企业都上线了 ERP 系统，希望可以解决这个难题。

市场上有很多 ERP 系统，有的很贵，有的很便宜，为什么这样呢？因为一个工具的好坏往往不在于本身，而在于使用的环境和使用者。举个例子，如果我是一家企业，平时是"背着"一堆业务去 B 市，我以前是走路去的，虽然慢一点，但努力一点也可以在太阳下山前到达的，后来我买了一台车，叫作 ERP，但走到半路就抛锚了，我还要推着车走，这样就更慢更累了。主要原因是，这台车底盘没有经过调校，不适应本地的路况，还有就是业务的堆放不规范，重心不平衡，以及发动机没加够机油等，一般这些问题有 4S 店做售后维护，有些牌子的 ERP 车贵，但售后好；有些牌子的 ERP 车便宜，但售后不给力。

　　有人会问，懂 Python 就可以自己设计 ERP 吗？这个是可以的，国外有一个人就是用 Python 设计出一款开源的 ERP 系统。我用过这些外国的开源 ERP，毕竟免费的。我觉得这些 ERP 不太适合我们，我们的会计习惯与外国是有差异的。差异之处会让会计们觉得不好用，甚至非常难用，而且这不是外观设计的问题，是核心流程的问题，要改动的话，就要改代码，而且还需要调试，但并不是所有会计都懂 IT 技术。

　　不过，如果有些人动手能力强，能自己 DIY 一款 ERP 的话，这就不是问题了。为适应本地路况，加高底盘；为能多拉点业务，加宽后备厢；为能更快一点，加涡轮增压等，这个就是 ERP 的二次开发了。这样是最好的，但是也是最难的，毕竟懂业务的人，不一定懂 IT 技术，懂 IT 技术的不一定懂财务。既懂 IT 技术又懂财务的人员，是非常难得的。

第**2**章 Python 的前置工具

本章主要介绍 Python 计算机语言，Python 的语法是比较简洁的，比较接近英语的书写习惯。对于做财务或审计的人来说，即使自己能写代码，对代码要求也不会太高。

很多财务人员想学习 Python，但不知从何着手，其实学习计算机语言与学习书本知识最大的不同是，学习一门计算机语言最重要的是动手去实践，不能靠死记硬背，最好的方法是跟着别人将代码一个一个地敲上去。

另外，不要去学习全部的计算机理论和代码分析之类的深奥知识，我们是财务人员，我们是审计人员，我们不是 IT 工程师，掌握一定的操作水平就可以了。

2.1 Python 的下载及安装

登录 Python 的官方网站，单击"Downloads"按钮就可以进行下载了，如果不喜欢最新版本，也可以下载其他历史版本，但是不推荐。

安装下载如图 2-1 所示。

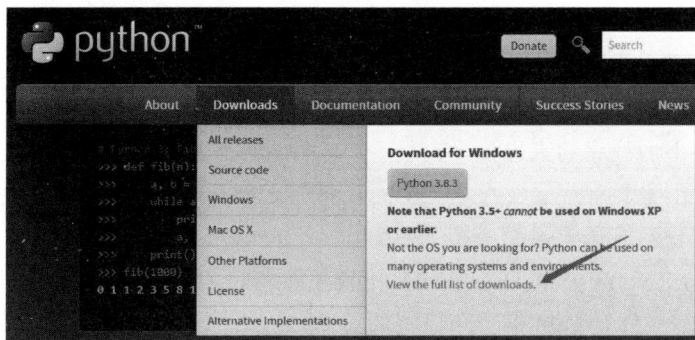

图 2-1　下载页面

版本选择如图 2-2 所示。

Version	Operating System	Description
Gzipped source tarball	Source release	
XZ compressed source tarball	Source release	
macOS 64-bit installer	Mac OS X	for OS X 10.9 and later
Windows help file	Windows	
Windows x86-64 embeddable zip file	Windows	for AMD64/EM64T/x64
Windows x86-64 executable installer	Windows	for AMD64/EM64T/x64
Windows x86-64 web-based installer	Windows	for AMD64/EM64T/x64
Windows x86 embeddable zip file	Windows	
Windows x86 executable installer	Windows	
Windows x86 web-based installer	Windows	

图 2-2　版本选择

因为官网中有很多个 Windows 的版本，让很多不是程序员出身的人不好选择，而且作为会计或审计的我们只是用 Python 来做数据分析，作为自动计算的工具，所以推荐大家安装 Anaconda（Python 发行版），其 logo 如图 2-3 所示。

Anaconda 适用于 Windows、Linux 和 Mac OS 系统，目的是简化软件包管理。例如，正在用 Python 做数据分析，并将分析的过程打包发给另一个同事，但同事是用 Mac OS 系统，所以他不能打开软件。但如果你们都安装了 Anaconda 软件，这个问题就不存在了。

图 2-3　Python 发行版的 logo

对于很多不懂程序的人来说，安装一个软件总比安装几个软件简单。因为你只需安装 Anaconda，就附带了：一个名为 Conda 的开源软件包和环境管理系统，可轻松加载系统环境；一套机器学习库，如 TensorFlow，scikit-learn 和 Theano；一套数据分析库，如 Pandas，NumPy 和 Dask；一套可视化库，如 Bokeh，Datashader、Matplotlib 和 Holoviews；一套 Python 的 IDE，包括一个名为 JupyterLab 的进阶 IDE，另一个名为 Spyder 的数据分析 IDE，如一个 Jupyter Notebook 可共享的 IDE，结合了实时代码、可视化效果和文本。如图 2-4 所示的是 Python 库。

⬍ Package Name	Access	Summary	▾ Updated
○ mkl	public	Math library for Intel and compatible processors	
○ daal-static	public	Static libraries for DAAL	
○ daal	public	DAAL runtime libraries	
○ mkl-include	public	MKL headers for developing software that uses MKL	
○ intel-openmp	public	Math library for Intel and compatible processors	
○ daal-include	public	Headers for building against DAAL libraries	
○ daal-devel	public	Devel package for building things linked against DAAL shared libraries	
○ futures-compat	public	No Summary	
○ conda-standalone	public	Entry point and dependency collection for PyInstaller-based standalone conda	
○ conda-package-handling	public	Create and extract conda packages of various formats	
○ conda	public	OS-agnostic, system-level binary package and environment manager.	
○ _libarchive_static_for_cph	public	a static build of libarchive containing only conda-related parts	
○ conda-build	public	tools for building conda packages	
○ constructor	public	create installer from conda packages	
○ openssl	public	OpenSSL is an open-source implementation of the SSL and TLS protocols	
○ plotly	public	An interactive, browser-based graphing library for Python	
○ cloudpickle	public	Extended pickling support for Python objects	
○ twisted	public	An asynchronous networking framework written in Python	
○ pomegranate	public	Pomegranate is a graphical models library for Python, implemented in Cython for speed.	
○ paramiko	public	SSH2 protocol library	
○ numpy-devel	public	No Summary	
○ numpy-base	public	No Summary	
○ numpy	public	Array processing for numbers, strings, records, and objects	
○ jupyterlab	public	An extensible environment for interactive and reproducible computing, based on the Jupyter Notebook and Architecture.	

图 2-4　Python 库

在 Windows 系统中的安装步骤如下：

（1）访问 Anaconda 官网，单击 Download 按钮，如图 2-5 所示。

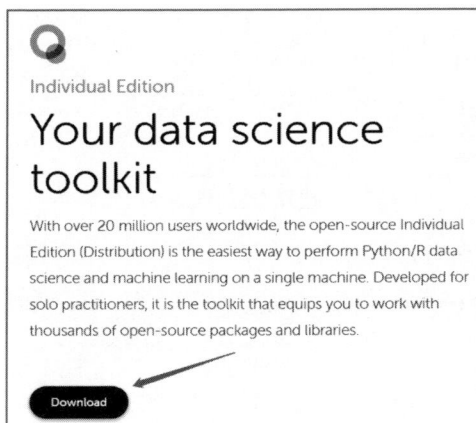

Individual Edition

Your data science toolkit

With over 20 million users worldwide, the open-source Individual Edition (Distribution) is the easiest way to perform Python/R data science and machine learning on a single machine. Developed for solo practitioners, it is the toolkit that equips you to work with thousands of open-source packages and libraries.

Download

图 2-5　下载页面

注意，不要下载安装错了，要下载安装免费的个人版。如果下载安装了商业版，是要收费的。选择版本如图 2-6 所示。

图 2-6　选择版本

（2）选择 Windows 版安装程序下载，如图 2-7 所示。

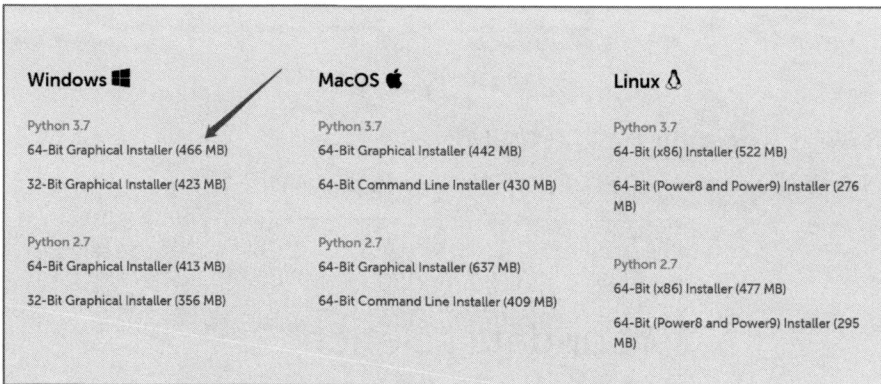

图 2-7　选择安装 Windows 版本

（3）打开并运行安装程序，如图 2-8 所示。

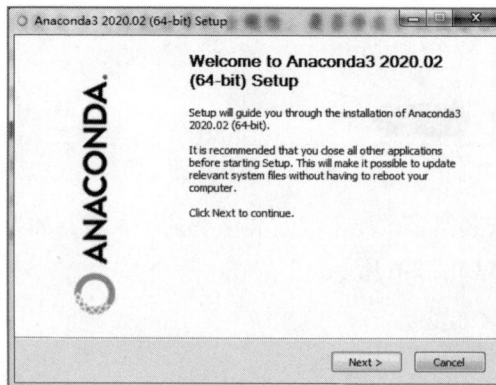

图 2-8　运行安装程序

后面安装时的选项均为默认选项。

（4）打开 Anaconda Prompt 安装界面并运行 Python 代码，如图 2-9 所示。

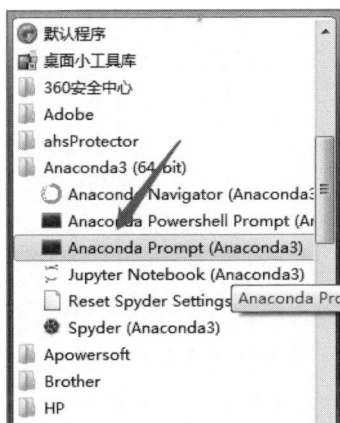

图 2-9　Anaconda Prompt 安装界面

在 Anaconda 提示符下，输入"python"命令代码并按回车键，启动 Python 解释器，如图 2-10 所示。

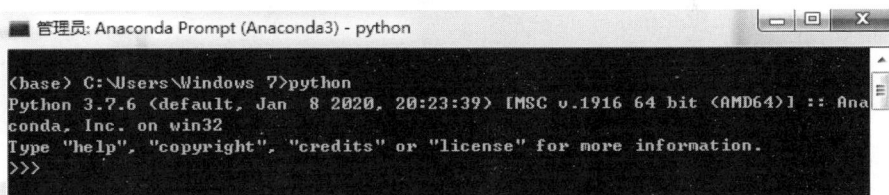

图 2-10　启动 Python 解释器

输入 import this 命令，界面就会弹出 Python 内核开发者蒂姆·皮特斯（Tim Peters）的格言，如图 2-11 所示。

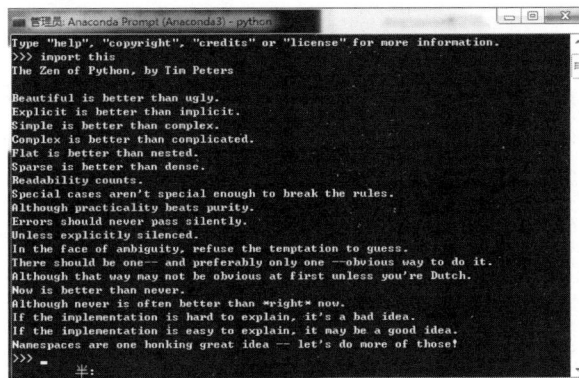

图 2-11　Python 内核开发者蒂姆·皮特斯的格言

中文翻译为：

优美优于丑陋，

明了优于隐晦；

简单优于复杂，

复杂优于凌乱；

扁平优于嵌套，

稀疏优于稠密；

可读性很重要！

即使实用比纯粹更优，

特例亦不可违背原则。

错误绝不能悄悄忽略，

除非它明确需要如此……

这也是 Python 语言的设计原则。

在 Mac OS 操作系统上，安装 Anaconda 与在 Windows 系统上一样：单击官网的"Download"按钮，下载 Mac OS 中扩展名为.pkg 的安装程序文件。不同的是，在安装后，需要在 PATH 中将 Anaconda 加载到环境变量中。

打开 Mac OS 终端并输入如下代码：

```
$ cd ~
$ source .bashrc
```

即可完成安装。

对审计人员来说，由于不是专业程序员，所以很难管理已经安装的库，而且分析完一套数据后往往需要其他人员进行后续操作，这时 Anaconda 的重要性就不言而喻了。

2.2 首选 Jupyter Notebook

Anaconda 中包含了 Jupyter Notebook，称为"宙斯笔记本"，这是一个 IDE（integrated development environments，整合开发环境）。其作用主要是在输入代码时，匹配将要输入的内容，显示一个下拉列表并从中进行选择，或者检查在输入代码时的拼写错误、调试代码等，也可以将其简单理解为写代码的工具。

Python 中的 IDE 工具包括 Pycharm，VS Code，Spyder 等，但这里推荐使用 Jupyter Notebook。

对财务审计等经常需要做数据分析的人来说，Jupyter Notebook 这个工具除了能快速打开并快速输出外，还能更轻松、快捷地完成数据爬取、清理和绘图等工作。

首先，我们不是专业的程序员，只是想利用计算机语言为我们工作，所以首先需要一个工具，既能记录代码，也能输出 PDF 文件；既能运行所有程序，也能分段运行某些代码；既能分享工作成果，也能与人即时通信。

后来 Jupyter Notebook 被很多人以开源的形式开发出来了。毕竟能使用计算机的不只程序员，还有医生、科学家、天文学家、证券交易员等。

Jupyter Notebook 除了能使用 Python 计算机语言外，还可以用于 R、PHP、Java 等计算机语言，另外还有很多研究员也喜欢将这个工具应用于人工智能测试。

虽然我们不用直接参与人工智能之类的研究，但涉及数据分析时，可以用这个工具简化代码的重复录入，也可以用来做重复计算。更方便的是能实时演示数据，界面如图 2-12 所示。

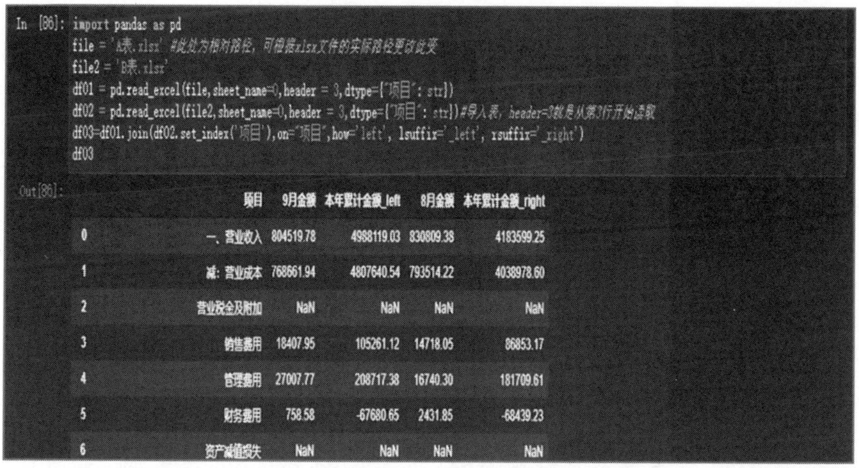
In [86]:
```
import pandas as pd
file = 'A表.xlsx' #此处为相对路径，可根据xlsx文件的实际路径更改此处
file2 = 'B表.xlsx'
df01 = pd.read_excel(file,sheet_name=0,header = 3,dtype={"项目": str})
df02 = pd.read_excel(file2,sheet_name=0,header = 3,dtype={"项目": str})#导入表，header=3就是从第3行开始读取
df03=df01.join(df02.set_index('项目'),on="项目",how='left', lsuffix='_left', rsuffix='_right')
df03
```
Out[86]:

	项目	9月金额	本年累计金额_left	8月金额	本年累计金额_right
0	一、营业收入	804519.78	4988119.03	830809.38	4183599.25
1	减：营业成本	768661.94	4807640.54	793514.22	4038978.60
2	营业税金及附加	NaN	NaN	NaN	NaN
3	销售费用	18407.95	105261.12	14718.05	86853.17
4	管理费用	27007.77	208717.38	16740.30	181709.61
5	财务费用	758.58	-67680.65	2431.85	-68439.23
6	资产减值损失	NaN	NaN	NaN	NaN

图 2-12　Jupyter Notebook 实时演示数据示意

只需要在 In 的右侧文本框内输入代码，运行后，就可以在 Out 右侧的数据框中显示执行代码的效果。

如果只处理一两组数据，用 Python 自带的 IDE 也可以，但如果要计算的是十几家公司的报表，每家公司下面还有好几个事业部要分类汇总，而每个事业部也有好几个收入来源，这个时候，要处理的可不是一两组数据了，而是面对不同数据做不同的处理。

在这方面，很多研究员推荐使用 Jupyter Notebook（宙斯笔记本）来做数据处理，这是事出有因的。

除了免费之外，它之所以受欢迎，大部分原因在于它非常有利于初学者通过不同代码框输入不同的函数，就能输出不同的结果，又或者只需要修改函数内一些简单的参数，就可以得到想要的数据。如精美的图表、排列整齐的表格，甚至还可以加上分析说明等。

如果按照大多数 Python 程序员的要求，Python 计算机语言开发首选的 IDE 是 Pycharm 环境。Pycharm 是另一种 IDE，能支持多种文件类型，具有代码检查和代码完成功能，可以提高软件开发质量和测试效率。它在 Python 程序员中很受欢迎。

很多专业的 Python 程序员不喜欢用 Jupyter Notebook，因为他们不喜欢将有效的代码重复使用，而且认为该工具全局性较弱，不能在整个代码库中搜索函数等。

以我为例，执行的大多数操作都是以小程序为主，相比较之下，使用"Jupyter Notebook（宙斯笔记本）"比"Pycharm（蟒蛇魅力）"所占用的内存少，因此会首选"宙斯笔记本"。不是单纯地使用 IDE 工具，有时候需要同时打开十几个 Excel 文件，还要打开 ERP 软件、金蝶用友等，而且我们不需要经常进行代码的缺陷检测，也不需要对代码的质量管理工作进行优化。

Jupyter Notebook 就能解决我们的大多数问题。

1. 如何安装 Jupyter Notebook

其实不用每一个都专门去安装的，因为安装 Anaconda 时已经附带了这个功能，无须进一步安装。图 2-13 所示的是 Jupyter Notebook 的运行界面。

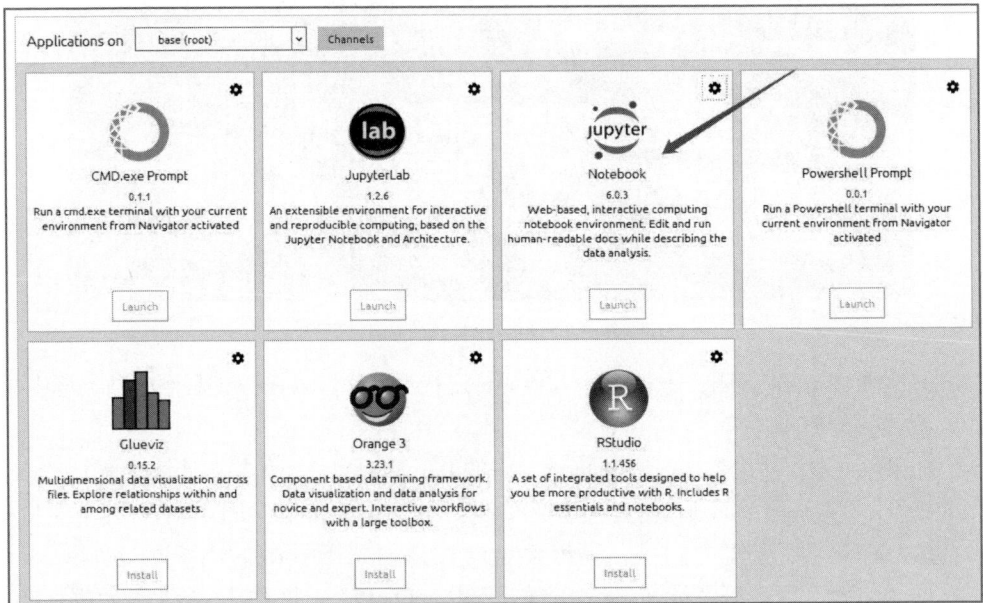

图 2-13 Jupyter Notebook 运行界面

2. Jupyter Notebook 使用界面

Jupyter Notebook 的使用界面如图 2-14 所示。

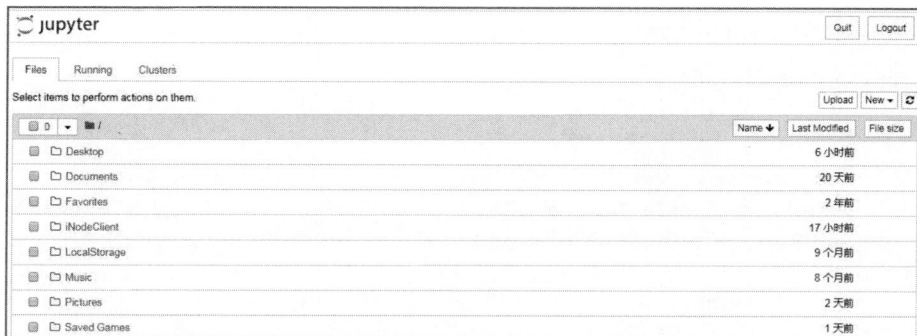

图 2-14　Jupyter Notebook 使用界面

首先新建程序，单击 Files 菜单下的 New 按钮，从弹出的子菜单中选择 Python 3 选项，如图 2-15 所示。

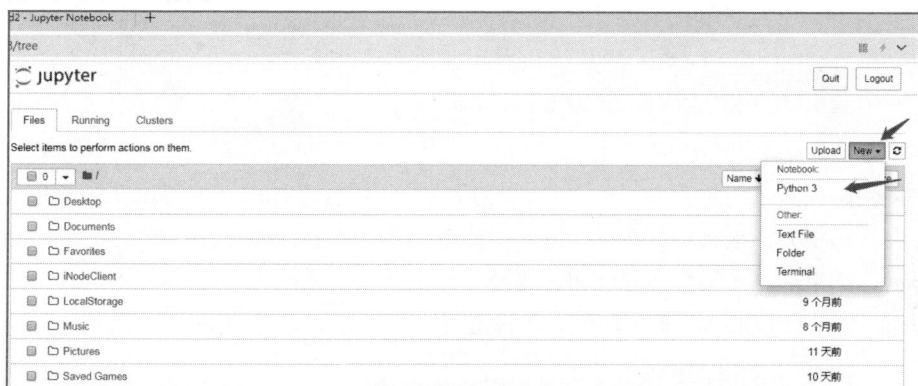

图 2-15　新建程序

之后在浏览器中打开一个新的 Jupyter 文件，如图 2-16 所示。

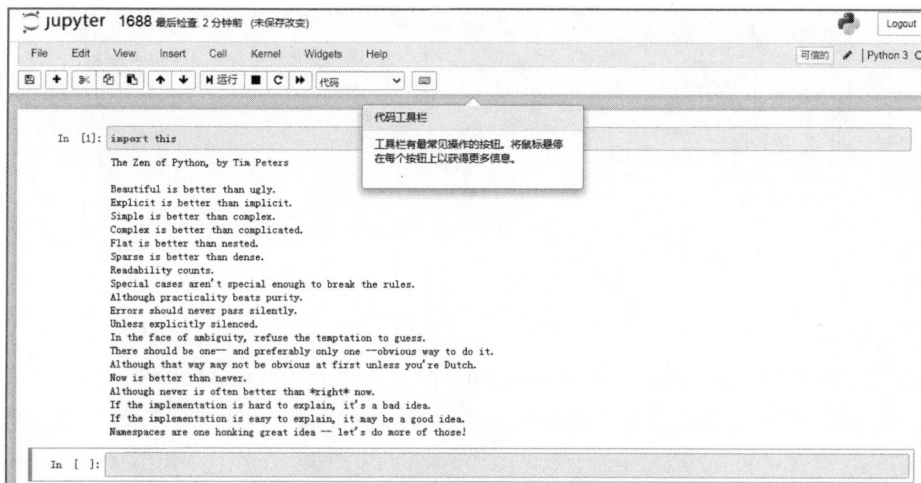

图 2-16　Jupyter 文件的程序界面

3．Jupyter 的使用方法

Jupyter 的使用方法如图 2-17 所示。

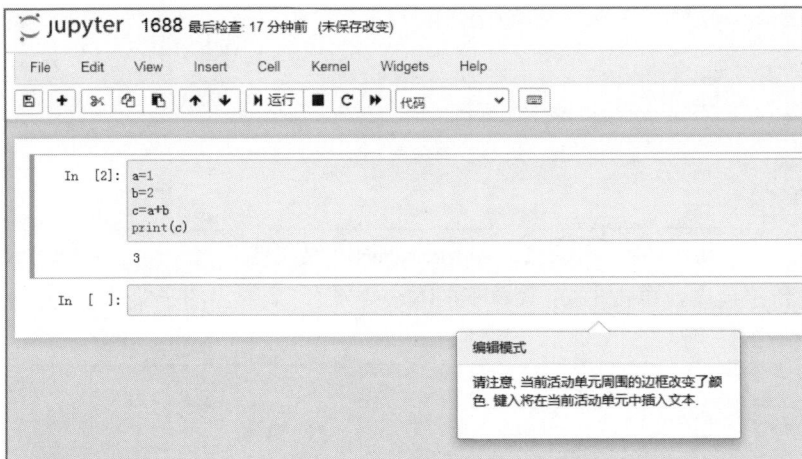

图 2-17　使用方法

将代码输到代码单元中，如 1+2，然后单击"运行"选项，就可以在活动单元下方生成输出单元，运行结果为 3。另外，输出单元中的结果是无法编辑的。

运行结束后，如果想清除代码，选择 Kernel 菜单，在弹出的子菜单中选择 Restart & Clear Output 选项，就可以清除所有的输出单元，如图 2-18 所示。

图 2-18　清除代码

除了代码单元外，还有一个 Markdown（减价）单元，Markdown 是一种轻量级标记语言，能用简单的纯文本格式编写文档，并支持图片、图表、数学式等。通过 Markdown 单元，可以将一些审计意见或审计说明写到 Jupyter 中，如图 2-19 所示。

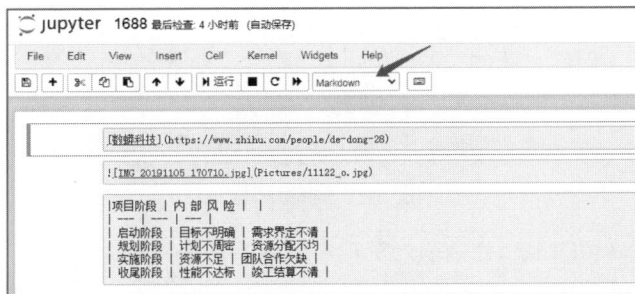

图 2-19　Markdown 运行单元

将一些需要说明的内容输入Markdown单元，单击"运行"按钮后得到如图 2-20 所示的效果。

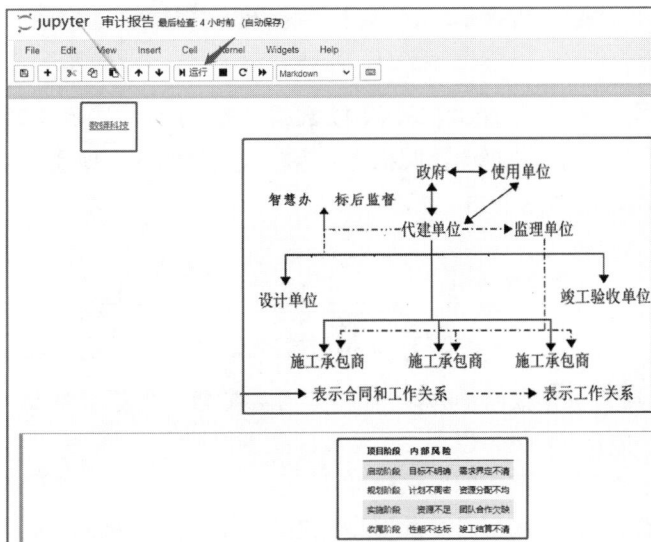

图 2-20　运行效果

这个是比较有用的功能，可以作为数据分析的说明。

具体的 Markdown 语法如下：

（1）加入标题

在标题行前输入#键：

```
# 一级标题
## 二级标题
### 三级标题
```

加入列表：

按【Shift+\】组合键，代码会有竖线"|"字符显示，表示分隔；在标题行之后，需要破折号"---"来分标题（按三个减号键），如图 2-21 所示。

```
|项目阶段 | 内 部 风 险 |  |
| --- | --- | --- |
| 启动阶段 | 目标不明确 | 需求界定不清 |
| 规划阶段 | 计划不周密 | 资源分配不均 |
| 实施阶段 | 资源不足 | 团队合作欠缺 |
| 收尾阶段 | 性能不达标 | 竣工结算不清 |
```

图 2-21 表格示意

注意，表格语句的上一行必须为空行，否则表格不生效。

（2）加入超级链接

① 使用一组方括号（[ ]）和圆括号（）来指定超链接。其中，方括号内的文本将作为链接的说明；而圆括号内为输入链接地址，如图 2-22 所示。

```
[甘德东](https://www.zhihu.com/people/de-dong-28)
```

图 2-22 加入链接例子

② 使用感叹号（!）、一组方括号（[ ]）和圆括号（）能将图像插到代码中。其中，方括号内的文本将作为图片说明；圆括号内为输入图片的保存地址。例如，图片放在 Pictures 文件夹，地址如图 2-23 所示。

```
![关系图](Pictures/关系图.png)
```

图 2-23 加入图片的地址示例

Markdown 应该说是很简单的计算机语言了，它涉及的语法是很有限的，基本上学习几分钟就可以了，忘记了也不怕，从百度里也能搜索出来。对于我们审计工作人员来说，只需要记得几种基本的用法就可以了。

对很多只用 Word 进行文档编辑的人来说，可能觉得 Markdown 不是很好用，但用习惯了之后就会很顺手。

题外话：

在提及 Markdown 的创作者时，应当指出，约翰·格鲁伯（John Gruber）作为主创，并未频繁更新 Markdown，因为他的主要精力转向了其他领域。另一位关键人物亚伦·斯沃茨（Aaron Swartz），几年后因法律纠纷不幸离世，这起纠纷源于他爬取并免费分享了大量论文，后被麻省理工学院起诉。虽然我对美国的互联网法律不甚了解，但据闻，他所面临的刑期长达 35 年以及 100 万美元的罚款，这样的处罚对于任何人来说都是极为严厉的，因此他的离世令人深感惋惜。

在我国，非法入侵计算机系统和非法获取计算机信息系统数据是被严格禁止的，这在《中华人民共和国刑法》中有明确规定，即非法获取计算机信息系统数据罪。对于此类犯罪，根据情节的严重程度，处罚范围通常从三年以下有期徒刑或拘役，到情节严重的三年以上七年以下有期徒刑，并处罚金。

李某是一个热衷于网购的消费者，她经常在各大电商平台购买生活用品和衣物。然而，在一次购物后不久，她接到了一个自称是电商平台客服的电话，对方准确地说出了她的购物记录和个人信息，声称有一笔订单出现问题需要退款，并诱导她提供银行卡信息和验证码。李某没有多加怀疑，按照对方的指示操作后，发现自己银行卡内的数千元资金被转走。这起案件再次提醒我们，网购时要保护好个人信息，避免向陌生人透露敏感信息，以防遭受诈骗。

个人信息的安全问题日益凸显。尽管技术的发展为生活带来了诸多便利，但也必须意识到，技术的使用必须遵守法律法规，尊重他人的隐私和权益。我们应当共同努力，维护一个安全、和谐的网络环境。

2.3　Jupyter Notebook 的"魔术命令"

Jupyter Notebook（宙斯笔记本）可以运行一些特殊命令，虽然这些命令不是 Python 代码，但会执行一些功能，通常称这些特殊命令为"魔术命令"。这是 Jupyter Notebook 的高级技巧，也是审计工作人员经常需要用到的命令。

1."%matplotlib inline"命令

这是常用的图表"魔术命令"之一，如果要做数据分析，就会经常用到它。当然，如果不用"%matplotlib inline"也是可以的，只是图表会被作为窗口弹出。

这个图表"魔术命令"的用法是，一般将其放在"import matplotlib"命令的上面或下面，如图 2-24 所示。

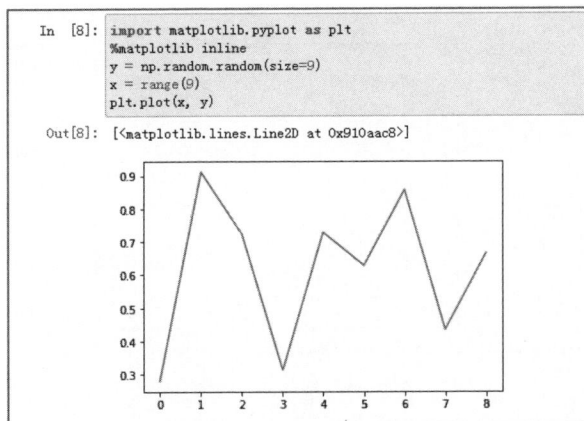

```
In [8]: import matplotlib.pyplot as plt
        %matplotlib inline
        y = np.random.random(size=9)
        x = range(9)
        plt.plot(x, y)
Out[8]: [<matplotlib.lines.Line2D at 0x910aac8>]
```

图 2-24　"魔术命令"示例

如果没有"%matplotlib inline"命令，那么在执行最后一行"plt.plot(x, y)"代码后会有一行小英文字母。在执行 plt.show() 之后，图像上面的一行小英文字母才会消失。

2."%load"命令

该"魔术命令"可以将 Python 文件的代码加载到 Jupyter Notebook（宙斯笔记本）中。只要 Python 文件保存在 Jupyther Notebook，就可以随时调用它。

例如，在 Jupyther Notebook 中有一个图表的 Python 文件，这时，需要复制这个文件的代码到 ipynb 文件中，只需要输入"%load"就可以了。文件位置如图 2-25 所示，命令代码如图 2-26 所示。

图 2-25　文件位置

图 2-26　命令代码

单击"运行"按钮后的效果如图 2-27 所示。

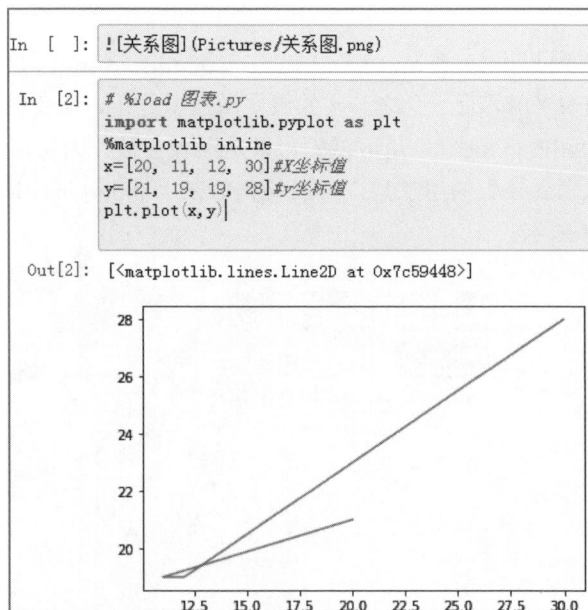

图 2-27　运行后的效果

对于很多做数据分析的人来说，一遍遍导入数据是很麻烦的事，但利用"%load"

这个命令，可以省去很多麻烦，通过它就能把外部的 Python 文件的代码复制到执行它的单元中。

3．"%run"命令

该"魔术命令"可以将 Python 文件的运行结果加载到 Jupyther Notebook（宙斯笔记本）中，这个与"%load"命令相似。但不同的是，"%run"命令可以显示运行结果。注意，使用"%run"命令不等同于导入一个 Python 库。

如果不记得以上这些"魔术命令"，不用担心，在单元中输入"%lsmagic"或"%magic"，就可以列出所有的"魔术命令"。由于篇幅的关系，表 2-1 中列出常用的"魔术命令"，以便大家查找，不再逐一说明。

表 2-1　常用的"魔术命令"

命　　令	说　　明
%lsmagic	列出所有的魔法函数
%magic	查看各个魔法函数的说明
%×××?	×××上写魔法函数名称，可以查看到该函数的说明
%run	调用外部 Python 脚本
%timeit	测试单行语句的执行时间
%%timeit	测试整个单元中代码的执行时间
% matplotlib inline	生成的图形
%%writefile	写入文件
%pdb	调试程序
%%latex	产生数学表示式
%pwd	查看当前工作目录
%ls	查看目录文件列表
%reset	清除全部变量
%debug bug	调试，输入 quit 退出调试
%env	列出全部环境变量

注意，表 2-1 是 Jupyther Notebook 特有的命令，并非 Python 的内置命令，因此离开了 Jupyther Notebook 的使用环境（如使用 Pycharm 开发环境等），这些命令是无法运行的。

另外，某些"魔术命令"要搭配一些符号才可以运用，如%%latex 的下面要加上$符号：

```
%%latex
```

```
${{\bf F}g=\frac{Gm_1m_2}{r^2}\cdot\frac{{\bf r}}{r}}$
```

运行后的效果如图 2-28 所示。

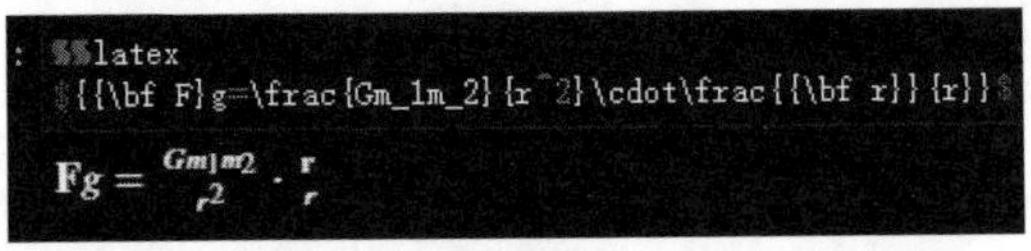

图 2-28　%%latex 的代码 1 及运行后的效果

```
%%latex
$ phi=w+\frac{1}{2}\phi\times
w+\frac{1}{\theta^2}(1-\frac{\theta}{2}cot\ frac{\theta}{2})(\phi)^2$
```

运行后的效果如图 2-29 所示。

图 2-29　%%latex 的代码 2 及运行后的效果

相比文字处理软件 Word，很多数据科学家和数学老师都喜欢用这种"魔术命令"来保存数学公式。

4．以！开头的"魔术命令"

除了有%和%%开头的"魔术命令"，还有一种以"！"开头的"魔术命令"，称为"系统魔术命令"，它专门用来处理文件及文件夹。以"！"开头的"魔术命令"的代码及含义如下：

　　！type：查看某个 py 文件的内容；

　　！dir：列出当前所有文件的目录，和 DOS 下的用法是一样的；

　　！cd：切换文件夹目录；

　　！pip install（某个 Python 库）：安装某个 Python 库。

有时候即使查到了魔术命令，却不清楚如何使用。这时就需要在魔术命令的后面加一个问号（？），然后单击"运行"按钮，即可显示魔术命令用法的提示信息。

"？"这个命令是一个非常有用的功能，除了可以查看魔术命令的用法之外，还可以查看函数、对象以及库的帮助信息。

如果不用这些魔术命令也是可以的，它们不影响程序的执行。如果你的工作需要频繁地调用数据和快速调试，魔术命令可以更好地提高你的工作效率。

🍵 题外话：

很多人以为学习某个计算机语言只需要学好代码就可以了，其实是不对的。最重要的还是实践，即上机操作，而操作过程中，我们大多数时间需要修改、保存、运行代码，这就不得不使用合适的 IDE 工具。

其实很多人不能理解为什么我们真的需要一个 IDE 工具。举个例子说明一下，随着新能源汽车工业的迅速发展，汽车电子控制软件部件需要进行分工设计，但同时又要让各个软件相互之间可以兼容合作。而一个软件的开发，需要很多程序员进行开发、测试、调试、部署等的操作，但他们都有自己喜欢的语言，毕竟不是所有人都能样样精通的，这时就有人想建立一套标准化的工具，无论用什么样的语言，都可以有统一标准的资源、硬件、开发环境等。

我们过去经常见到有些公司为生产某件产品，购买一整条生产线，而不是单纯购买好几台机器组成一条生产线。是购买一条生产线便宜吗？不是，那是因为一条生产线是统一标准制作的，后期的维护成本低，而且成品率高。

如果有一个专门用来开发新源汽车的 IDE，能提供图形化编辑界面、标准文件结构、统一接口设计、硬件测试等功能，可以将汽车软件从仪表板显示、雷达传感、变速箱、发动机，到车门控制，通过 IDE 集成到自动化驾驶系统，形成一个控制网络，那么新能源汽车的开发成本将大为降低。

延伸到企业管理,企业管理软件能不能有一个专门的 IDE 开发呢？如 ERP 系统之类，理论是可以的，不过由于各类企业的业务流程不一样，如农业企业和工业企业的差异，如生产企业和批发企业的差异，所以实际上是行不通的。如果不是针对整个企业，而是针对企业的财务分析呢？这个就有可能。

例如开发一个专门针对企业财务分析软件的 IDE，将数据透视、可视化分析、仪表板、在线文档、工程模板、打包调试等功能都糅合在 IDE 里，而且能一边开发一边调出会计准则、财务管理公式、税法规定等，会非常有利于财务人员定制属于自己企业的财务分析工具。

第**3**章　非程序员如何理解计算机语言

这一章内容理解起来有一定的难度，所以如果读者觉得学习有困难的话，可以先跳过这一章，这不影响后面的学习。

对于很多财务人员，特别是很多非专业程序员来说，都认为学习计算机语言是一件非常花时间的事情，其实不然，如果能多上机操作，多留意日常应用，其实是可以在很短的时间内掌握的。

所以本书与 Python 工具书不同的是，不会重点介绍数据类型、数据结构、正则表达式等计算机相关知识，将重点介绍涉及财务领域中，几个库的函数及代码的运用。

当然，最基本的概念也是要掌握的。接下来，先来介绍一些常用的概念。

3.1　Python 的基础函数

很多计算机书都没有说明白函数是什么。这里介绍一下，计算机语言中的函数与数学中的函数是不一样的。我以前经常搞混，后来才明白。

数学上的函数是假设有两个变量 x、y，如果对于任意一个 x 都有唯一确定的一个 y 和它对应，这时 y 为 x 的函数。

计算机上的函数是一段可以调用的子程序，即输入 X 能得出 Y 的程序。

它们都可以输入 X 得到相同的输出结果 Y，而计算机一个程序中可能包含了很多子程序，这时会将子程序称作函数，加以区别。

在计算机语言中，有很多相同名称的函数，如 Print 函数，无论是 C 语言，还是 B 语言，它们的函数名称都是一样的，但在输入参数后会有些不一样，所以在有一定的计算机语言的基础上，去学另一种计算机语言不会太难。如果将函数比喻为武术的招式，不同门派的武学，基础招式都是一样的，直拳就是直拳，冲拳就是冲拳，但是内里会有一些微细的不同，这个不同点就是参数，也就是变化。

下面用 input() 函数来说明什么是函数，什么是参数。

　　input() 是 Python 的内置函数,目的是获取用户输入的内容。input() 函数会把用户输入的内容显示出来,无论用户输入的是数字还是字符串,其统一按照字符串类型输出。

　　在审计中,很多时候会忘记设定,若用 input() 函数,就会很好地解决这个问题。

```
input([prompt]) # 输入提示信息
```

　　其中,prompt 为提示信息。在 WPS 系统中,输入函数时往往会有很多中文提示,这些中文提示其实就是参数。

　　与 input() 相反的函数是 print() 函数,即输出函数,目的是将结果输出,print() 也是最常见的内置函数。

```
print(*objects, sep=' ', end='\n', file=sys.stdout, flush=False)
```

　　其中,objects 表示为复数,可以一次输出多个对象,当输出多个对象时,需要用逗号分隔;sep 表示用来间隔多个对象,默认值是一个空格;end 表示用来设定以什么结尾。默认值是换行符\n,也可换成其他字符串;file 表示要写入的文件对象;flush 表示输出是否被缓存,通常决定于 file,但如果 flush 关键字参数为 True,就会被强制刷新,一般默认为 False。

　　常用的参数符号及其描述见表 3-1。

表 3-1　参数表

参数符号	描　　述	参数符号	描　　述
%c	格式化字符及其 ASCII 码	%X	格式化无符号十六进制数(大写)
%s	格式化字符串	%f	格式化浮点数字,可指定小数点后的精度
%d	格式化整数	%e	用科学记数法格式化浮点数
%u	格式化无符号整数	%E	作用同%e,用科学记数法格式化浮点数
%o	格式化无符号八进制数	%g	%f 和%e 的简写
%x	格式化无符号十六进制数	%G	%F 和%E 的简写

　　两个函数组合应用的代码如下:

```
name = input("请输入你的姓名")
print("你的姓名是: ",name)
```

　　在运行后会提示你的姓名。当输入"你的名字"后,就会输出出你的名字。一般来说,input() 不会马上直接与 print() 使用,中间它们会进行赋值、计算,然后再输出。

　　函数的赋值方法有很多,最普遍的是用 "=",它不是等于号,而是表示赋值。

　　Python 语言的等号表示让左边的数字"使用"右边的值。Python 语言的用法是先计算右边的值,再让左边的函数使用它。例如:

```
V =1+2+3+4+5
Print(V)
```

最后才会输出 15。

如果是数学上的等于，在 Python 中应该用两个等号表示，即 "=="。

这个必须要记住，举个例子，在引用 Excel 数据时，"=" 往往代表单元格的位置，"==" 表示单元格的值，多一个与少一个，意思往往有很大的不同，这个也是很多新手会犯的错误。

除此之外，Python 中的赋值必须遵守以下规则：

（1）必须以字母开头；

（2）只能包含字母、数字和下画线字符_；

（3）不能包含空格或标点符号。

以上的规则在其他计算机语言中也是有效的，不过相比较，Python 的赋值比较简单一些。例如，在 VB 语言中，若要使 a=100，就要写 int a=100；但 Python 不用，直接赋值就可以了。

Python 中最常用的函数是 if() 和 elif()。用 Excel 时都会用 if() 函数进行条件判断。

```
if 判断条件:
    执行语句 A
else:
    执行语句 B
```

假设条件成立，就执行语句 A；否则，就执行语句 B。

结合上面的函数用法，下面以小程序代码举例说明：

```
age = int(input("假设你妈妈在 24 岁时生的你，请输入你的年龄:"))
print("")
if age <= 0:
    print("你是在逗我吧!")
elif age == 1:
    print("相当于你妈 25 岁生你。")
elif age == 2:
    print("相当于你妈 26 岁生你。")
elif age > 2:
    human = 24 + age
    print("你妈现在有: %.d 岁"%human)
### 退出提示
input("点击 enter 键退出")
```

示例的运行效果如图 3-1 所示。

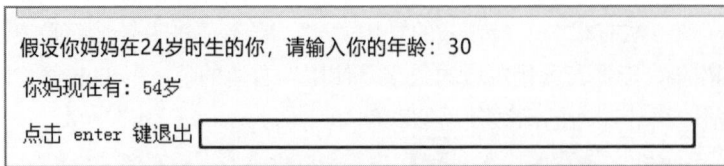

```
假设你妈妈在24岁时生的你，请输入你的年龄: 30
你妈现在有: 54岁
点击 enter 键退出
```

图 3-1　输入年龄为 30 的示例的运行效果

如果输入 0 或者负数，结果如图 3-2 所示。

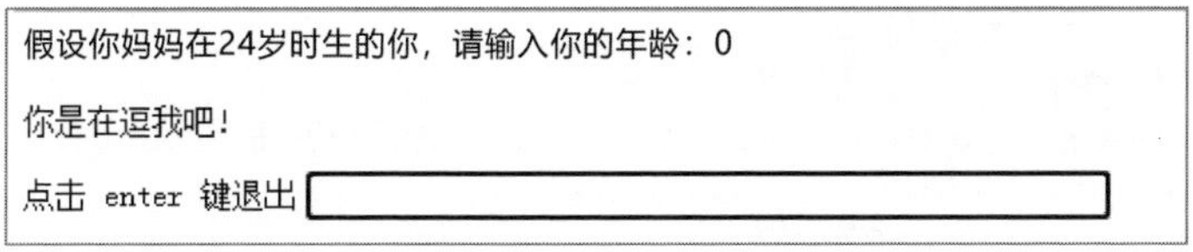

```
假设你妈妈在24岁时生的你，请输入你的年龄：0
你是在逗我吧！
点击 enter 键退出
```

图 3-2　输入年龄为 0 的示例的运行效果

Python 中有很多内置函数，使用方法也各不相同。后面会介绍在做审计工作时会经常用到的函数。

3.2　Python 的内置函数

函数是组织好的、可重复使用的子程序。如果已经有人发明了轮子，那么就不要再次发明。同样，已经有写好的子程序，就不需要再重写一次。只要你会调用就可以了。但实际上，除了轮子，还有一些地方需要自己设计，如车头灯，这个时候你就要定义你想要什么样的车头灯了。

在 Python 中，是用 def 自定义函数的。函数以 def 关键词开头，后接函数标识符名称和圆括号()。圆括号中可以用于定义参数，最后以 return[表达式]结束函数，其语法结构为：

```
def 函数名 (参数 1，参数 2，…，参数 N):
```

执行语句：在执行语句的过程中，如果加上 return，自定义就会立刻中断，将结果返回；如果没有 return，就会继续执行。注意，输入冒号和按回车之后，下一行会自动缩进。

例如，在会计学中，永续年金是指无限期收付款的年金，又称为永久年金，假设我成立了一项奖学金，每年要支出 12 万元，现时的折现率为 10%，那么我的现值为多少呢？注意，永续年金是没有终值的。

计算现金的代码如下：

```
def pvA(A, i):
    p = A * (1/ i)
    return p
result = pvA(120000, 0.1)
print(result)
```

这时定义了一个永续年金的函数 pvA()，其中，()中的参数 A 表示年金，i 表示折现率。

很多时候，我们在做财务工作的过程中需要创建一些自定义的函数，这时，def 定义函数就很有用了。定义完了之后，可以用 Import 语句进行加载。Import 是一个非常重要的命令，也应用于其他计算机语言中。

如果只需要调用 this 库下的某个函数，就可以用 from XX import this 这种语句。from XX import YY 与单纯的 improt 是不同的。例如，improt XX 指的是将我的 XX 背包拿给我；from XX import YY 指的是将 XX 背包中的 YY 拿给我。代码格式如下：

```
from modname import name1[, name2[, ... nameN]]
```

其中，modname 指的是库名称，name1[, name2[, ... nameN]]指的是该库下的函数名称。

简而言之，只加载了某个库中的特定函数（或称为"招式"），相较于加载整个库（即全套"武功"），这样做可以显著提高操作速度。然而，对于初学者，我更倾向于直接加载整个库，即全套武功，以获得更全面的了解和体验。

除此之外，Python 还有很多内置函数，见表 3-2。

表 3-2　Python 的内置函数

序号	函数	序号	函数	序号	函数	序号	函数	序号	函数
1	abs()	15	delattr()	29	hash()	43	memoryview()	57	set()
2	all()	16	dict()	30	help()	44	min()	58	setattr()
3	any()	17	dir()	31	hex()	45	next()	59	slicea()
4	ascii()	18	divmod()	32	id()	46	object()	60	sorted()
5	bin()	19	enumerate()	33	input()	47	oct()	61	staticmethod()
6	bool()	20	eval()	34	int()	48	open()	62	str()
7	breakpoint()	21	exec()	35	isinstance()	49	ord()	63	sum()
8	bytearray()	22	filter()	36	issubclass()	50	pow()	64	super()
9	bytes()	23	float()	37	iter()	51	print()	65	tuple()
10	callable()	24	format()	38	len()	52	property()	66	type()
11	chr()	25	frozenset()	39	list()	53	range()	67	vars()
12	classmethod()	26	getattr()	40	locals()	54	repr()	68	zip()
13	compile()	27	globals()	41	map()	55	reversed()	69	__import__()
14	complex()	28	hasattr()	42	max()	56	round()	—	—

当输入的函数较多时，如何确定编制的函数是否存在呢？这就可以用 dir()函数进行检查。

dir 这个命令非常"古老"了，在没有 Windows 系统时，就是用这个命令查找文件的。而在很多的计算机语言中，dir()函数功能也是用来查找文件的。语法格式如下：

```
dir([object])
```

例如，在 import this 之后，用 dir()函数，其代码如下：

```
import this
dir()
```

运行结果如下：

```
['In', '_i28', '_i29', '_i3', '_i30', '_i31', '_i32', '_i33', '_i4', '_i5',
'_i6', '_i' '_i8', '_i9', '_ih', '_ii', '_iii', '_oh', 'exit', 'get_ipython',
'pvA', 'quit', 'result', 'this', 'worker''Out', '_', '__', '___', '__builtin__',
'__builtins__', '__doc__', '__loader__', '__name__', '__package__', '__spec__',
'_dh', '_i', '_i1', '_i10',…
```

本书由于篇幅有限，就不一一介绍各个内置函数了，而且很多内置函数也不是经常用到，只需理解一下用法即可。

这里要补充一点：建议不要过多创建自定义函数，其实函数在每个库中已经定义好了，只要运用得当出错的概率就比较小，也比自创的函数好用。

3.3　第三方库在审计中的应用

所谓的 Python 库其实就是一个小型的 Python 文件，只是这些文件中包含了很多事先设定好的函数。到目前为止，Python 共有 269 771 个库，它们之间可以兼容，也可以同时使用，如模拟键盘库+数据分析库+可视化图形库=数据演示系统。

可以说，强大的不是 Python 语言，而是 Python 库。很多声称使用 Python 仅仅几行代码就可实现大数据可视化分析，实际上都是通过使用 Python 的某个第三方库来实现的。

本书介绍 NumPy 库，是由于我们的工作大多数都涉及财务管理，所以有时候需要做一些数据计算。以往的这个工作一般在 Excel 上完成，但如果掌握了 NumPy 库，就可以超越 Excel 的限制，如 NumPy 可以支持高阶大量的数组与矩阵运算。

Excel 中表格的列和行之间的数字与 NumPy 库中的数组差不多，在空白的单元格中填上数字，然后列与列之间相加、相乘、相除，得出的结果与 Numpy 库的数组与数组之间的运算结果是一样的。如果要计算好几年的股票数据，由于数据量很大，单纯使用 Excel 表格很可能会崩溃，但 NumPy 就不会。

所以 NumPy 库是一个非常重要的库，有博大精深的数学计算库，涉及计算的函数就有 500 多个，是 Python 实现科学计算的基础。在本书中就不逐一介绍了，有兴趣的可以在网上搜索 NumPy 教程和官方文档。下面只是作简单介绍。

首先，说一下数组是什么？第 2 章介绍过一些计算机程序中函数的概念和用法，但数学上不只有函数，还有矩阵。什么是矩阵呢？就是一个按照长方阵列排列的数字集合：

$$A = \begin{pmatrix} a_{11} & a_{11} \cdots & a_{1n} \\ a_{21} & a_{21} \cdots & a_{2n} \\ \vdots & \vdots & \vdots \\ a_{m1} & a_{m1} \cdots & a_{mn} \end{pmatrix}$$

但在计算机程序中，数学上的矩阵往往被叫作数组。我们在描述某个物品时，常用数组来描述。例如，将某个物品的特点标出来，如重量、颜色、大小、形状等，这个物品就是这些特点的集合。所谓的自动驾驶，就是车载计算机要同时计算一组又一组的数组，判断其是否符合行人的特征。如果能成功计算，这个程序就会保留下来；如果不能计算，就会重新计算。这个过程，就是计算机的判断过程。

因此，矩阵是一个数学概念（线性代数里的），而数组是个计算机上的概念。

在接下来的发展中，对数组的计算越成功，就越有机会成为人工智能的计算机语言。而 Python 之所以被选作人工智能的开发语言，因为它的 NumPy 库可以做到多维数组的计算。

相比较 Python 的内置函数，NumPy 库能更快、更紧凑地计算数组，使用起来也很方便。除了在人工智能领域，在经济学、金融学、统计学上，数组的计算也非常重要。

例如，对于投入—产出计算，这个是诺贝尔经济学奖获得者提出的一种经济分析计算方法。

例 3-1 一家农业公司有三样产品：苹果、苹果肉和苹果汁。它们之间的关系是，苹果会产出苹果肉，苹果肉会产出苹果汁。前者是后者的生产原料。其关系如下：5000 元能买到 X 公斤苹果肉和苹果汁，1 公斤苹果可以产出 0.4 单位的苹果肉和 0.45 单位的苹果汁，其矩阵关系见表 3-3。

表 3-3　关于苹果、苹果肉和苹果汁的矩阵关系

X（公斤）	苹　　果	苹果肉	苹果汁	Y（元）
苹果	0	0.4	0.45	5000
苹果肉	0.25	0.05	0.1	2500
苹果汁	0.35	0.1	0.1	3000

这些关系可以变成两个 AB 数组，代码如下：

```
import numpy as np
A=np.array([[0, 0.4,0.45],
```

```
        [0.25,0.05,0.1],
        [0.35,0.1,0.1]])
B=np.array([5000,2500,3000])
```

按产品平衡模型 A $x+y=x$。式中，A 是直接消耗系数；x 为各产品总产值；y 为最终产品。

从［例 3-1］中可以看出，首先需要导入 numpy 库，用的是 import 命令，在导入 numpy 库时通常使用"np"作为简写，用的是 as 命令，这也是 NumPy 官方倡导的写法。

然后用 np.array() 创建一个数组，参数间用逗号隔开，就得到运行结果。

数组通常是一个固定大小的容器，其类型有四个，分别是"整数""浮点数""复数""布尔数"；而一个数组通常由相同种类的数据组成。这样有一个好处，就是在数据运算时的速度较快。

具体参数的语法结构如下：

```
np.array(object, dtype = None, copy = True, ndmin = 0)
```

其中，object 为数组；dtype 为数据类型；copy 为是否可复制；ndmin 为最小维度。

其中数据类型有整数型 int64，浮点数 float64，复数型 complex，布尔型 bool。这些数据类型可以通过设定参数 dtype 进行调整。

如果将两个数组进行相乘，它们的代码如下：

```
A*B
print(A*B)
   [[   0. 1000. 1350.]
   [1250.  125.  300.]
   [1750.  250.  300.]]
```

由上述代码可知，数组发生变化。

当然，为了方便理解，才举了一个关于苹果的例子。在现实生活中，如果将苹果变成某只股票，苹果肉变成某只基金，苹果汁变成某只债券，那么如何将有限的资金达到投资收益的最大化呢？

例如，在做审计工作的时候，一般会用到与审计专业相关的知识，如普通年金的终值和现值的计算，可以通过 NumPy 库内的一些函数计算得到。运用熟练的话，比用 Excel 计算快多了。

（1）计算复利终值时运用 fv() 函数，其语法结构如下：

```
numpy.fv (rate, nper, pmt, pv, when ='end' )
```

其中，rate 为利率；nper 为期数；pmt 为每期固定支付款；pv 为终值；when 为期初还是期末付，1 表示期初计数，0 表示期末计数，默认为 0。

备注一下，负数是付出，正数是收到。

例 3-2 有一个项目的年利率为 5%，每年年初现金流入 10 万元，5 年后有多少万元？

代码如下：

```
import numpy as np
r1=np.fv(0.05, 5-1, -100000, -100000,1)
    print("终值为: %.2f 元" % r1)
```

输出结果：

```
终值为: 574113.75 元
```

如果为年终现金流入，只需要将 fv() 函数的参数改为 0 或删除即可。

```
r1=np.fv(0.05, 5-1, -100000, -100000)
```

输出结果（如图 3-3 所示）：

```
终值为: 552563.13 元
```

```
import numpy as np
r1=np.fv(0.05, 5-1, -100000, -100000,0)
print("终值为: %.2f元" % r1)

终值为: 552563.13元
```

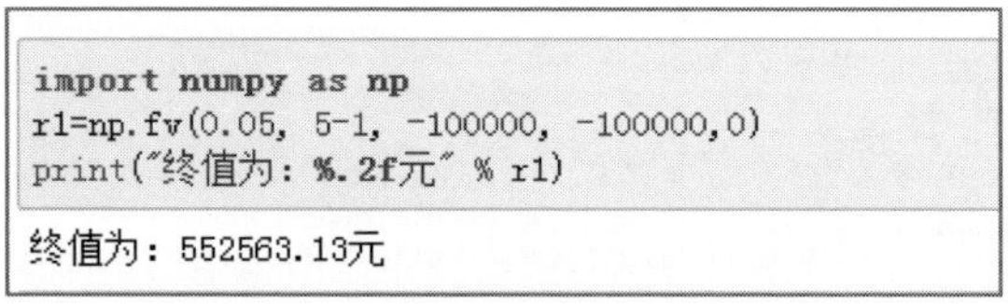

图 3-3　计算年终现金的运行结果

（2）计算现值时运用 PV() 函数的语法结构如下：

```
numpy.pv(rate, nper, pmt,fv=0.0, when='end')  #计算现值
```

各参数的含义与上述的相同。

例 3-3　假设银行的年利率为 5%，每月投入 1 万元，现在需要投入多少本金才可以在 5 年后得到 150 万元？

代码如下：

```
np.pv(0.05/12, 5*12, -10000, 1500000)
```

现值为：-638 901.02 元。

现在需要投入 63.89 万元，5 年后就可以有 150 万元，如图 3-4 所示。

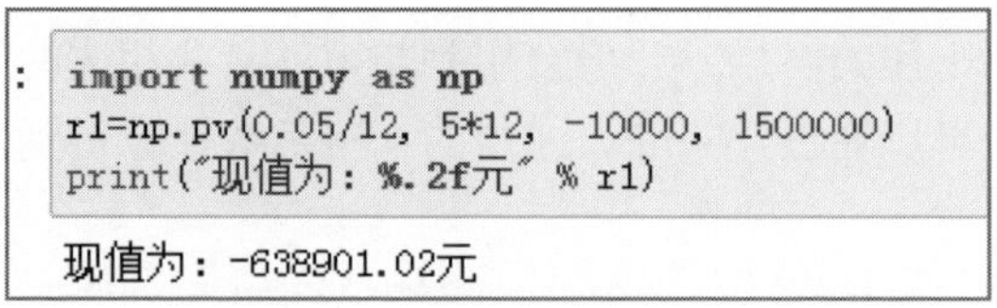

```
import numpy as np
r1=np.pv(0.05/12, 5*12, -10000, 1500000)
print("现值为: %.2f元" % r1)

现值为: -638901.02元
```

图 3-4　计算现值的运行结果

（3）计算净现值时运用 numpy.npv() 函数的语法结构如下：

```
numpy.npv(rate, values)  #计算净现值
```

其中，rate 为折现率；values 为收入，即每一期的现金流。

这个是财务管理中经常要用到的计算。净现值主要计算的是在除去货币贬值影响

后赚到的钱数。

若净现值>0，则表示在项目实施后，除保证可实现预定的收益率外，尚可获得更高的收益。

若净现值<0，则表示在项目实施后，未能达到预定的收益率水平，不能确定项目已亏损。

若净现值=0，则表示在项目实施后的投资收益率正好达到预期，而不是投资项目盈亏平衡。

例 3-4 A 项目的折现率为 5%，前期均需投入 100 万元，最终收益为 110 万元，其第 1~5 年的收入分别是 10 万元、20 万元、20 万元、30 万元、30 万元。判断该项目是否值得投资。

代码如下：

```
import numpy as np
C_A=[-100, 10, 20, 20, 30, 30]
npv_A=np.npv(0.05,C_A)
print("项目 A 的净现值: %.2f 万元" % npv_A)
```

输出结果：

```
项目 A 的净现值: -6.87 万元
```

由输出结果可知，该项目不值得投资。

如果是两个相同的方案，收益相同，投入相同，但现金流入不同呢？

例 3-5 有 A、B 两个项目，折现率均为 5%，前期均需投入 100 万元，项目 A 第 1~5 年的收入分别为 30 万元、20 万元、40 万元、10 万元、20 万元，共 120 万元，而项目 B 第 1~5 年的收入分别为 30 万元、40 万元、30 万元、10 万元、10 万元，也是 120 万元。判断项目 A 和项目 B 哪个投资价值高？

代码如下：

```
import numpy as np
C_A=[-100, 30, 20, 40, 10, 20]
C_B=[-100, 30, 40, 30, 10, 10]
npv_A=np.npv(0.05,C_A)
npv_B=np.npv(0.05,C_B)
print("项目 A 的净现值: %.2f 万元" % npv_A)
print("项目 B 的净现值: %.2f 万元" % npv_B)
```

输出结果：

```
项目 A 的净现值: 5.16 万元
项目 B 的净现值: 6.83 万元
```

可见项目 B 的收益大，如图 3-5 所示。

```
import numpy as np
C_A=[-100, 30, 20, 40, 10, 20]
C_B=[-100, 30, 40, 30, 10, 10]
npv_A=np.npv(0.05,C_A)
npv_B=np.npv(0.05,C_B)
print("项目A的净现值：%.2f万元" % npv_A)
print("项目B的净现值：%.2f万元" % npv_B)

项目A的净现值：5.16万元
项目B的净现值：6.83万元
```

图 3-5　判断项目 A 和项目 B 哪个投资价值高的运行结果

（4）计算内部报酬率。

在审计工作中，除了要计算净现值之外，还需要计算内部报酬率（IRR），在考虑货币的通货膨胀下，在项目周期内能承受的最大货币贬值率有多少。更通俗地说，假设用贷款来投资这个项目，所能承受的年最大利率是多少。比如某项目的内部报酬率（IRR）是 20%，即对于该项目，最大能承受每年 20% 的货币贬值率，也就是如果我们用贷款投资该项目，那么所能承受的最大贷款年利率为 20%，即在贷款年利率是 20% 的时候投资该项目刚好保本。如果实际贷款利率是 5%，那么剩下的 15% 就将是我们的利润。

计算内部报酬率的代码如下：

```
numpy.irr(values)
```

例 3-6　继［例 3-5］，前期均需投入 100 万元，项目 A 第 1～5 年的收入分别为 30 万元、20 万元、30 万元、10 万元、20 万元，共 110 万元，这个项目的内部报酬率为多少呢？其代码如下：

```
import numpy as np
C_A=[-100,10,20,20,30,30]
npv_A=np.irr(C_A)
print("项目 A 的内部报酬率：%.2f" % npv_A)
```

输出结果：

项目 A 的内部报酬率为 0.03

也就是说，每年能接受的货币贬值率为 3%，如图 3-6 所示。

```
import numpy as np
C_A=[-100, 10, 20, 20, 30, 30]
npv_A=np.irr(C_A)
print("项目A的内部报酬率：%.2f" % npv_A)

项目A的内部报酬率：0.03
```

图 3-6　计算内部报酬率的运行结果

（5）计算贷款每期还款金额运用 pmt() 函数，其语法结构如下：

```
numpy.pmt(rate, nper, pv, fv=0, when="end") #计算每期应还的本金加利息
```

例 3-7　如果项目 A 投入的 100 万元不是自有资金，而是银行贷款，贷款利率为 6%，分 5 年还清，那么每年应还多少呢？

代码如下：

```
import numpy as np
npv_A=np.pmt(0.06,5,1000000)
print("项目A每年应还贷: %.2f" % npv_A)
```

输出结果：

```
项目A每年应还贷: -237396.40
```

即每年应还款约 23.74 万元。

（6）计算付款期数运用 numpy.nper() 函数。其语法结构如下：

```
numpy.nper(rate, pmt, pv, fv=0, when='end')
```

其中，rate 为利率；pmt 为每期支付金额；pv 为现值。

例 3-8　继 [例 3-7] 如果每年不能支付 23 万元，预计只能支付 10 万元，那么应该向银行申请多少年还款比较合适呢？

代码如下：

```
import numpy as np
npv_A=np.nper(0.06,100000,1000000)
print("项目A计划贷款期数: %.2f" % npv_A)
```

输出结果：

```
项目A计划贷款期数: -8.07
```

由输出结果可知，应向银行申请 8 年还贷，如图 3-7 所示。

```
import numpy as np
npv_A=np.nper(0.06,100000,1000000)
print("项目A计划贷款期数: %.2f" % npv_A)

项目A计划贷款期数: -8.07
```

图 3-7　计算付款期数函数的运行结果

有人问我，为什么不用 Excel 来计算 IRR（内部收益率）或 PMT（每期付款额）呢？Excel 是可以计算 IRR 的，而且计算的方法也较简单。不过，如果数据量较大，还是推荐使用 NumPy 来计算，因为如果计算的融资项目非常多，融资时间非常长，Excel 计算就比较困难了，如图 3-8 所示。

利息总额	34, 295, 891.20	项目IRR	=IRR(M11:M38)*I5

其他现金流出	现金流入	现金流出	净现金流
200,000,000.00	20,000,000.00	200,000,000.00	180,000,000.00

图 3-8　运用 Excel 计算项目 IRR

例如，审计对象是一家普通的公司，可能不需要用NumPy来计算IRR，普通的Excel就可以了。如果审计对象是一家融资租赁公司，大大小小有几百甚至上千个融资项目，这就要用到NumPy了。

3.4　NumPy 库计算投资风险

风险是预期结果的不确定性。在财务管理中，风险是现代企业管理环境中的一个重要特征，也是在审计中必须要面对的。特别在审计投资项目中，需要计算该项目的投资风险。一般而言，由于环境和条件的情况变化，任何的投资都是有风险的，所以有了投资风险之类的概念。

由于投资风险与内部报酬率存在一定的对应关系，如投资风险越高，内部报酬率就越高，所以计算内部报酬率是一个可以衡量投资风险的方法。在之前已经介绍过计算内部报酬率的 numpy.irr()函数，但在实际工作中，如果两个或两个以上项目的内部报酬率相同，就需要计算方差、标准离差或标准离差率。

3.4.1　方差

方差就是用来表示变量与期望值之间的离散程度，其实就是每个样本值与全体平均值之差的平方值的平均数。

当数据分布比较分散（即数据在期望值附近波动较大）时，各个数据与期望值的差的平方和较大，方差就较大；反之，当数据分布比较集中时，各个数据与期望值的差的平方和较小，方差就越小。

在这里，可以用 numpy.var()函数来计算方差。

例 3-9　有两个项目，它们的内部报酬率相同，但每一年的现金流入与现金流出不一样，这时就要计算其方差。

A项目五年来的投资报酬率为 [-0.1,0.2,0.3,0.4,0.5]
B项目五年来的投资报酬率为 [-0.1,0.1,0.4,0.5,0.4]

代码如下：

```
import numpy as np
A=[-0.1,0.2,0.3,0.4,0.5]
B=[-0.1,0.1,0.4,0.5,0.4]
```

```
x=np.var(A)
y=np.var(B)
print("A项目的方差为: %.2f"%x,"B项目的方差为: %.2f"%y)
```

运行结果如下：

```
A项目的方差为: 0.04  B项目的方差为: 0.05
```

3.4.2　标准离差

其实就是 var（方差）的平方根，也是反映离散程度的一种量度，可以用 numpy.std() 函数进行计算。一个较大的标准离差，代表大部分数值和其平均值之间差异较大；一个较小的标准离差，代表这些数值较接近平均值。

按照[例 3-9]，其计算代码如下：

```
import numpy as np
A=[-0.1,0.2,0.3,0.4,0.5]
B=[-0.1,0.1,0.4,0.5,0.4]
x=np.var(A)          ##方差
y=np.var(B)
x1=np.std(A)         ##标准离差
y1=np.std(B)
print("A项目的方差为: %.2f"%x,"B项目的方差为: %.2f"%y)
print("A项目的标准离差为: %.2f"%x1,"B项目的标准离差为: %.2f"%y1)
```

运行结果如下：

```
A项目的方差为: 0.04  B项目的方差为: 0.05
A项目的标准离差为: 0.21  B项目的标准离差为: 0.22
```

注意，Python 语言用符号"#"来标识注释，"#"之后的字符就是注释，不会对语句的执行产生影响。

3.4.3　标准离差率

标准离差率就是标准离差与内部报酬率之间的比率。在比较投资风险的时候，标准离差是以内部报酬率为中心计算出来的。在现实中，内部报酬率大多是不相同的，可以用标准离差的多少来判断项目风险的大小。

例 3-10　继[例 3-9]假设 A、B 项目内部报酬率分别是 50%、60%，如何判断哪个项目的风险最大？

可以直接用 numpy.std() 函数除以内部报酬率来得出，代码如下：

```
import numpy as np
A=[-0.1,0.2,0.3,0.4,0.5]
B=[-0.1,0.1,0.4,0.5,0.4]
A1=0.5          #A项目内部报酬率
B1=0.6          #B项目内部报酬率
```

```
x=np.var(A)
y=np.var(B)
x1=np.std(A)
y1=np.std(B)
x2=np.std(A)/A1 #计算标准离差率
y2=np.std(B)/B1 #计算标准离差率
print("A 项目的方差为: %.2f"%x,"B 项目的方差为: %.2f"%y)
print("A 项目的标准离差为: %.2f"%x1,"B 项目的标准离差为: %.2f"%y1)
print("A 项目的标准离差率为: %.2f"%x2,"B 项目的标准离差率为: %.2f"%y2)
```

运行结果如下：

```
A 项目的方差为: 0.04  B 项目的方差为: 0.05
A 项目的标准离差为: 0.21  B 项目的标准离差为: 0.22
A 项目的标准离差率为: 0.41  B 项目的标准离差率为: 0.37
```

这时，可以认为 A 项目的投资风险是最大的。其代码及输出结果如图 3-9 所示。

```
import numpy as np
A=[-0.1,0.2,0.3,0.4,0.5]
B=[-0.1,0.1,0.4,0.5,0.4]
A1=0.5   #A项目内部报酬率
B1=0.6   #B项目内部报酬率
x=np.var(A)
y=np.var(B)
x1=np.std(A)
y1=np.std(B)
x2=np.std(A)/A1 #计算标准离差率
y2=np.std(B)/B1 #计算标准离差率
print("A项目的方差为: %.2f"%x,"B项目的方差为: %.2f"%y)
print("A项目的标准离差为: %.2f"%x1,"B项目的标准离差为: %.2f"%y1)
print("A项目的标准离差率为: %.2f"%x2,"B项目的标准离差率为: %.2f"%y2)

A项目的方差为: 0.04 B项目的方差为: 0.05
A项目的标准离差为: 0.21 B项目的标准离差为: 0.22
A项目的标准离差率为: 0.41 B项目的标准离差率为: 0.37
```

图 3-9　[例 3-10] 的标准离差计算

事实上，标准离差率虽然可以评价投资风险的高低，但不能直接衡量风险报酬的多少，所以需要确定风险报酬系数，用来计算风险报酬率。其计算公式为：

$$K_R = \beta \times V$$

式中：K_R 表示风险报酬率；β 表示风险报酬系数（风险报酬系数是企业承担风险的度量，一般由专业机构评估，如果是上市公司，也可以直接在网上查询）；V 表示标准离差率。

NumPy 库除了能计算投资风险，还能对股票、期权、期货进行相关性分析，不过不是独自运用 NumPy 库，而是结合 Pandas 库、Matplotlib 库进行操作。

☕ 题外话：

NumPy 的杰出设计者特拉维斯·奥利芬特（Travis Oliphant）的名字充满了诗意，他作为顶尖数据科学家有卓越的成就。此外，他还是一位成功的商人，创建了 Anaconda

的开发公司，该公司之前已为大家所熟知。奥利芬特的学术背景同样引人注目，他本科学习数学，研究生转向电气工程，并最终获得了生物医学工程的博士学位，这种跨学科的背景无疑为他在数据科学领域的杰出贡献奠定了坚实的基础。

在 2005 年前后，特拉维斯·奥利芬特开始创建 NumPy，意思是"数字 Python"，是一个开源的项目，所以得到很多用户的支持。从奥利芬特的经历中我们知道，他有过研究数学和工程学的经历，明白很多科学和工业领域中需要解决的难点，所以 NumPy 库包含多维数组和矩阵数据结构，可以对数组执行各种数学运算。对于 Excel 表格来说，可以比作一个二维数组，但 NumPy 可以计算三维数组，即 Excel 能计算一张白纸的数据，但 NumPy 能计算一个立方体的数据。而多维数组的计算，也是机器人学习必要的过程，所以 NumPy 库在 Python 中的地位是非常重要的。

有人在网上问，如何让刚入行不久的程序员顺利找一份"20 000 元"的工作，我就觉得这个人就是答案。在一个不需要计算机的行业努力做到"19 000 元"，然后转行做程序员。

第**4**章 Pandas 库在财务及审计中的应用

Pandas 是 Python 用于数据分析的软件库，俗称熊猫库。其在财务数据分析、会计核算和财务预算预测领域有非常多的应用。特别是通过 Pandas 可以从 CSV、JSON、SQL、Microsoft Excel 导入数据，这对于审计工作来说非常有用。

很多有关 Python 的教材中都有 Pandas 库的介绍，因为这是一个非常重要的库。Excel 能做的，它都可以做；Excel 不能做的，它也可以做。因此本章主要介绍一下 Pandas 的应用。

4.1 Pandas 使用前要了解的知识

Jupyter Notebook（宙斯笔记本）已经提供了一个 Pandas 库，不用另行安装，直接用"import Pandas"命令就可以导入使用了。不过建议还是先熟悉了 NumPy 库后再使用会更好一点，因为 NumPy 的许多结构都在 Pandas 中使用或复制。

Pandas 主要由两个部分 Series 和 DataFrame 组成。Series 可以被视为一维数组，而 DataFrame 是由一系列 Series 组成的多维数组，如图 4-1 所示。

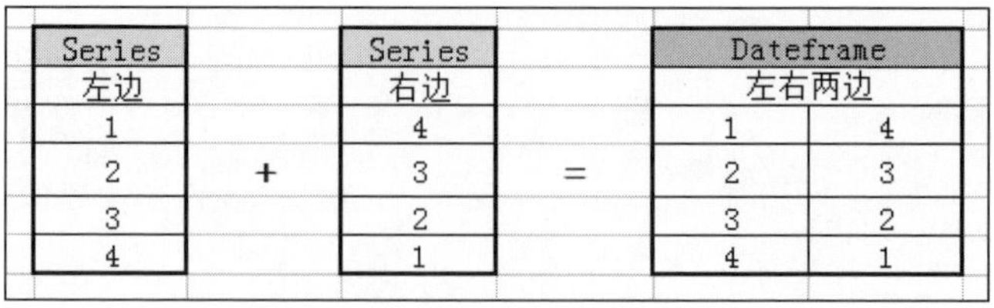

Series		Series		Dateframe	
左边		右边		左右两边	
1		4		1	4
2	+	3	=	2	3
3		2		3	2
4		1		4	1

图 4-1　Pandas 的组成

在使用 Pandas 库之前往往需要录入以下代码：

```
import Pandas as pd
或
from Pandas import Series, DataFrame
```

4.1.1　如何创建 Series

很简单，直接用 pd.Series() 函数赋值就可以了。注意，Series 的第一个字母要大写，后面先加括号，再加中括号；否则，不能识别。代码如下：

```
import Pandas as pd
A1=pd.Series([4, 3, 2, -1])
print(A1)
```

运行结果如下：

```
0    4
1    3
2    2
3   -1
dtype: int64
```

其中 0、1、2、3 是数组的序列号。如果想换成 A、B、C、D 之类的序列号，也是可以的，用 index 参数进行修改。具体如下：

```
    pd.Series(data=None, index=None, dtype=None, name=None, copy=False, fas
tpath=False)[source]
```

注意，index 参数的后面是中括号+单引号，否则会显示错误。代码如下：

```
import Pandas as pd
A1=pd.Series([4, 3, 2, -1])
A2=pd.Series([4, 3, 2, -1], index=['A', 'B', 'C', 'D'])  # index 参数
print(A2)
```

运行结果如下：

```
A    4
B    3
C    2
D   -1
dtype: int64
```

在实际的工作中，如果不会创建 Series，就可以直接创建 DateFrame，所以对于 Series 的用法，大家了解一下就可以了，要重点掌握 DateFrame 的用法。

4.1.2　如何创建 DataFrame

DataFrame 可以看作一个表格型的数据结构，它含有一组有序的列，也可以看作

由 Series 组成的数组。参数如下：

```
pd.DataFrame(data=None, index=None, columns=None, dtype=None, copy=False)
[source]
```

其中，data 就是数值，index 是索引，columns 是列名，dtye 是数据类型。此用法也比较简单，貌似在一个 Excel 表格中填充数据。

下面以一段代码来做示范：

```
import numpy as np
import Pandas as pd
data = {'国家': ['法国', '日本', '美国', '英国', '德国', '印度'],
        '年度': [2000, 2001, 2002, 2001, 2002, 2003],
        'GDP 增长': [3.5, 1.7, 1.6, 2.4, 2.9, 3.2]}
df01 = pd.DataFrame(data)
print(df01)
```

结果如下：

```
    国家   年度   GDP 增长
0   法国   2000    3.5
1   日本   2001    1.7
2   美国   2002    1.6
3   英国   2001    2.4
4   德国   2002    2.9
5   印度   2003    3.2
```

以上是一个二维数组组成的数据，用大括号表示，大括号内的列名之后用冒号和中括号来填充数据，然后赋值给 pd.DataFrame，形成一个二维表格。

而在实际工作中，由于此方法较麻烦，所以一般会用 NumPy 来创建一个二维数组，再填充数据。其代码如下：

```
import numpy as np
import Pandas as pd
data = np.arange(15).reshape(5, 3)     #一维变二维，创建一个二维数组。
#栏名为 A 和 B，列名为一、二、三
df01 = pd.DataFrame(data, index = ['法国', '日本', '美国', '英国', '德国'],
columns = ['国家', '年度', 'GDP 增长'])
print(df01)
```

运行结果如下：

```
    国家   年度   GDP   增长
法国   0     1     2
日本   3     4     5
美国   6     7     8
英国   9     10    11
德国   12    13    14
```

又可用 np.array 来代替：

```
df01 = pd.DataFrame(np.array([['法国', 2000, 3.5], ['日本', 2001, 1.7], ['美国', 2002, 1.6]]), ...    columns=['国家', '年度', 'GDP 增长'])
```

不过，对于经常跟表格打交道的人来说，不可能一个一个输入数字。一般来说，会直接读取一个 Excel 表来创建 DateFrame，这就为工作带来很大便利。

Pandas 读取 Excel 的语句如下：

```
Pandas.read_Excel(io, sheet_name=0, header=0, names=None, index_col=None, usecols=None, squeeze=False, dtype=None, engine=None, converters=None, true_values=None, false_values=None, skiprows=None, nrows=None, na_values=None, keep_default_na=True, na_filter=True, verbose=False, parse_dates=False, date_parser=None, thousands=None, comment=None, skipfooter=0, convert_float=True, mangle_dupe_cols=True, storage_options=None)
```

Pandas 读取不同类型文件的方法如下：

- df.read_csv()读取 csv 文件；
- df.read_json()读取 json 文件；
- df.read_html()读取 html 文件；
- df.read_Excel()读取 Excel 文件；

read_csv()将存储为 csv 文件的数据读入 Pandas 的 DataFrame，每种格式都有前缀 read_*。

上述语句中，括号内是这个函数的参数，io 表示文件路径。注意，计算机中的文件路径是 D:\Program Files (x86)\DingDing\updaterres.xls，但如果在 Python 中要读取文件，路径就变成 D:/Program Files (x86)/DingDing/updaterres.xls，这里斜杠是相反的。如果不想改，那就在文件路径""之前加上 r，即 r" D:\Program Files (x86)\DingDing\updaterres.xls"。

sheet_name=0 表示读取第一个表，如果想读取第二个表，就用 sheet_name=1，当然，如果表太多，就直接用 sheet_name='表名'。

Header=0 表示用第一列作为列名，如果用 header[0,1],就表示用第一列和第二列作为列名。

names=None 表示可以用其他名称作为列名。

index_col=None 表示以第一列作为索引号，如果不填，就从 0 开始分配索引号。建议还是填一下，因为在创建表格的时候，一般第一列都是表头，序号 1 其实就是索引号 2。

usecols=[A:C,F]表示只读取第 A 至 C 列以及 F 列的数据，其他不读取。如果默认，就表示全部读取。

相对于其他函数来说，pd.read_Excel()是非常重要的函数，最好将该命令的参数都好好记一下，或者用一下，因为这是数据分析的第一步，如果第一步就错了，出现乱码又或者读取错误，就会导致后面的全错。

在读取完后，一般都会做一些处理，如分列、转置、合计等，这些在后面再介绍。操作完成后，可以使用以下命令将 DataFrame 保存到 CSV 文件.to_csv()中。其代码如下：

```
DataFrame.to_csv('data.csv')
```

上面的语句将产生一个 CSV 文件名为 data.csv 的工作目录。代码如下：

```
import numpy as np
import Pandas as pd
data = {'国家': ['法国', '日本', '美国', '英国', '德国', '印度'],
        '年度': [2000, 2001, 2002, 2001, 2002, 2003],
        'GDP增长': [3.5, 1.7, 1.6, 2.4, 2.9, 3.2]}
frame = pd.DataFrame(data)
frame.to_csv('data.csv',encoding = "utf-8")
```

执行上述代码后会产生一个 data.csv 文件，双击打开，就可以对文件的内容进行修改，如将年度改成 2010，然后保存。

接着输入 df.read_csv()命令，这个时候，就能读取 Data 文件了，这也是快速修改数组的方法之一。注意，参数 encoding 决定了写入 CSV 文件所用的编码方式，utf-8 表示中文输入，如图 4-2 所示。

```
import numpy as np
import pandas as pd
data = {'国家': ['法国', '日本', '美国', '英国', '德国', '印度'],
        '年度': [2000, 2001, 2002, 2001, 2002, 2003],
        'GDP增长': [3.5, 1.7, 1.6, 2.4, 2.9, 3.2]}
frame = pd.DataFrame(data)
#frame.to_csv('data.csv',encoding = "utf-8")
print(frame)

   国家    年度  GDP增长
0  法国  2000    3.5
1  日本  2001    1.7
2  美国  2002    1.6
3  英国  2001    2.4
4  德国  2002    2.9
5  印度  2003    3.2
```

图 4-2　命令代码

Pandas 除了可以写入 CSV 文件之外，Excel、SQL、html 文件也可以，其函数命令如下：

- df.to_csv()表示写入 csv 文件；
- df.to_json()表示写入 json 文件；
- df.to_html()表示写入 html 文件；
- df.to_Excel()表示写入 Excel 文件。

除了以上的函数命令之外，Pandas 还有很多函数，这里就不全部介绍了。下面着重介绍几个在审计工作中经常用到的函数。

4.2　Pandas 处理 Excel 表格的常用命令

通过上面的学习，应该对 Pandas 有了一些了解。这里汇总一些 Pandas 的常用命令，以便在日常工作中进行查找，见表 4-1。

表 4-1　Pandas 的常用命令

序　号	Pandas	作　用
1	groupby()	分类汇总
2	pd.read_Excel(), pd.to_Excel()	Excel 的读取与存储
3	pd.merge()	Excel 中的 vlookup
4	df.sort_values()	进行排序
5	df.drop()	按条件去除某行或某列
6	df.cut()	给定区间
7	df.count()	分析某列数据各个元素的值
8	df.drop_duplicates()	按条件去除 DataFrame 的重复值
9	pd.to_datetime()	将其他类型的时间数据转换为时间
10	df.fillna()	缺失值填充
11	df.isin()	分析某列元素是否在另一数组中
12	df.sum()	合计
13	df.mean()	平均值
14	df.std()	标准差
15	df.max()	最大值

具体事例代码及应用说明如下：

```
'''1.导入 Pandas 库'''
import Pandas as pd
'''2.导入文件'''
#设置文件名称
file="运费明细表.xlsx"
df = pd.read_Excel(file,sheet_name='运费明细',skiprows=3,header=2, usecols='
C:F',dtype={'ID':object,'账单日期':str,'出口日期':str},index_col='ID')
#skiprows 跳过前 3 行
#header 从第 3 行开始读
#usecols 选择 C 列到 F 列数据进行读取
#dtype 重点 Pandas 把 NaN 默认 flode,如果想在下面迭代表达,就先把空列设置成 str 类型
或者 object
#index_col 把 ID 列作为 DateFrame 的 index 列
#sheet_name='运费明细' 在 Excel 表中读取运费明细表 或者 sheet2
```

```
'''3.导入 CSV,TSV,TXT 文件中的数据'''
##导入 csv 文件
df = pd.read_csv(file, index_col='ID')
##导入 Tsv 文件，文件中带有\t 分隔符
df = pd.read_csv(file, sep='\t', index_col='ID')
##导入 TXT 文件，文件中带有'|'分隔符
df = pd.read_csv(file, sep='|', index_col='ID')
#读取文件 endcoding 为简体中文格式，从第二行开始读
df = pd.read_csv(file,encoding='gb18030',header=1)
'''4.保存文件'''
##保存为 EXE 文件
df.to_Excel(file)
##保存为 CSV 文件
df.to_csv(file,encoding='gb18030')
#如果未设置 index 列系统自动保存，Excel 打开后，会多出一列 index，解决方案为指定 index 列
#方法:
df=df.set_index('ID')
df.set_index('ID', inplace=True)

'''5.排序多重排序'''
#先以账单日期按顺序排序，再以出口日期按倒序排序
#ascending True 从小到大
#inplace True 直接在 df 数据上保留修改
df.sort_values(by=['账单日期', '出口日期'], ascending=[True,False],
inplace=True)
##ascending False: 倒序,从大到小
df.sort_values(by='出口日期',inplace=True,ascending=False)

'''6.数据查看'''
#查看每列数据的数据类型 str time object 等
df.info()
#查看头部前三行
df.head(3)
#查看尾部
df.tail()

'''7.多表合并'''
##df1 为需合并表格, df2 为被合并表格，将两表合并
table = df1.merge(df2,how='left',on='ID').fillna('没找到')
##或者
table=pd.merge(df1,df2,on='ID')
#how='left' 表示依 df1 基础保留所有 df1 列信息。默认 inner 参数
#on='ID' 表示df1 与 df2 都有 ID 列,前提是两张表都有 ID 列,没有用 left_on 与 right_on
#.fillna() 表示在 df1 中 df2 没有的数据填上'没找到'
#merge() 不能默认指定 index 列，必须 on 指定
#how='outer'外连接: 并集
```

```python
#how='inner'内连接: 交集
#how='left'左连接: 左边对象全部保留
#how='right'右连接: 右边对象全部保留

#用 join 合并指定表格
table = df1.join(df2, how='left').fillna(0)


'''8.分类汇总'''
#分类方法:
groups = df.groupby(['账单日期', '出口日期'])
#根据列分组
s = groups['应收费用'].sum()
#ID 列求计数
c = groups['ID'].count()
#两两合并
df2 = pd.DataFrame({'Sum': s, 'Count': c})
#s、c 两个 DataFrame 按照列 Sum 与 Count 再合并成一个新 DateFrame


'''9.消除重复数据'''
##将账单号码这一列重复的消除,并保留第一个,其参数为 keep='first'
##当 keep='last'时就是保留最后一次出现的重复行。
##inplace=True 它将从原始 DataFrame 中删除所有重复。
df=df.drop_duplicates(subset='账单号码', inplace=True, keep='first')
print(df)


'''10.删除行列方法'''
#删除 ID, 账单日期两列
df.drop(["ID","账单日期"],axis =1)
##或
df.drop(columns = ["ID","账单日期"])
##删除行的方法
df.drop(["0a","1b"],axis = 0)
#或
df.drop(df.index[[0,1]])
##删除特定的行, 将 ID 大于 40 的行列出来
df[df["ID"]<40]


'''11.旋转数据表'''
##行列转换
table = df.transpose()
##智能将行列转秩
df=df.T
```

```
'''12.列与列的运算'''
##算术相加
df=df["实际重量"]+df["计费重量"]
##相减
df=df["实际重量"]-df["计费重量"]
##相乘
df=df["实际重量"]*df["计费重量"]
##相除
df=df["实示重量"]/df["计费重量"]
##求平均
df=df["实示重量"].mean()
##求合计
df=df["实示重量"].sum()

'''13.单列拆分'''
##split 的意思是拆分，': '是拆分的标准，一列变成两列
df = df['运单号（长）'].str.split(': ', expand=True)
##或者用自动义函数
def split_func(line):
    line["运单号"], line["长"] = line["运单号（长）"].split(":")
    return line
df = df.apply(split_func, axis=1)
```

以上的语法比较简单，但组合起来后功能强大，下面以一个工程预算的例子大概说明一下：

例 4-1 假设同一项目有三个预算表，三个表之间的表头是相同的，只是某些项目不同，预算的总金额也不同，那么如何快速找出三个表之间的不同之处呢？表 4-2 为项目表。

表 4-2　项目表

序　号	编制依据	项目名称	单　位	数　量	设备单价（元）	主要材料单价（元）	单价定额基价（元）	单价定额人工（元）	设备合价（元）
0	0	架空线路工程	0	0.00	0.0	0.0	0.00	0.00	255 732.00
—	0	杆塔工程	0	0.00	0.0	0.0	0.00	0.00	255 732.00
1	0	杆塔	0	0.00	0.0	0.0	0.00	0.00	255 732.00
1.1	0	杆塔基础	0	0.00	0.0	0.0	0.00	0.00	0.00

输入代码如下：

```
import Pandas as pd
file="表甲三.xlsx"
df01=pd.read_Excel(file,sheet_name='Sheet1',header=1)
df02=pd.read_Excel(file,sheet_name='Sheet2',header=1)
df03=pd.read_Excel(file,sheet_name='Sheet3',header=1)
```

```
df01 = df01.fillna(0)#将NAN值变成0
df02 = df02.fillna(0)#将NAN值变成0
df03 = df03.fillna(0)#将NAN值变成0
table=pd.merge(df01,df02,on=['项目名称',"编制依据"],how="inner",left_index=
False).fillna('没找到')
```

table2=pd.merge(table,df03,on=[' 项 目 名 称 '," 编 制 依 据 "],how='inner',left_index=
False).fillna('没找到')

运行结果见表 4-3。

表 4-3 [例 4-1]的运行结果

4.2	乙供主要材料价差	0	0.00	0.0	0.00	0.0	…	没找到	没找到	没找到	没找到
五	税金	%	9.00	0.0	0.00	0.0	…	没找到	没找到	没找到	没找到
六	安装费	0	0.00	0.0	0.00	0.0	…	没找到	没找到	没找到	没找到
七	主材费	0	0.00	0.0	0.00	0.0	…	没找到	没找到	没找到	没找到

这样一来，三个表之中有差异的地方就会显示出来，比单纯地用 Vlookup 更加清楚，因为 Vlookup 只能找出两表的差异，但 pd.merge 能找出两个表以上的差异。

很多数据分析师入门的基础要求是要掌握 Pandas 库，这是因为相比其他数据分析软件，Pandas 更加灵活。

4.3 Pandas 如何统一各银行流水格式

下面介绍几个重要的函数以及案例，以便读者理解 Pandas 对 Excel 进行的操作。

4.3.1 从已知的两列建立新列

假设有一个序时账，其格式见表 4-4。

表 4-4 序时账

科目代码	科目名称	金额（元）
1010	现金	5000
2100	应付账款	−3000
5100	主营业务收入	−1500
6100	销售费用	500

现在需要建立一个新列，将科目代码和科目名称合并到新列之中，方便我们检查科目汇总表。其代码如下：

```
import pandas as pd
df = pd.read_excel('序时账.xlsx')
df['代码+科目'] = df['科目代码'].astype(str) + '_' + df['科目名称']
df
```

运行后，得出的表格 4-5。

表 4-5 序时账（合并）

科目代码	科目名称	金额（元）	代码+科目
1010	现金	5000	1010_现金
2100	应付账款	–3000	2100_应付账款
5100	主营业务收入	–1500	5100_主营业务收入
6100	销售费用	500	6100_销售费用

这时新列就建好了，如果想对新的表格再进行汇总分析等操作，可以在后面输入 sum()函数等。按上面的操作再结合相关函数，就可以进行更加复杂的表格处理操作。

4.3.2 合并各银行的银行对账单

现在网上银行可以导出银行流水，大多数是 Excel 文件格式，核对这些流水是审计必须要检查的事项，但每个银行表格的格式是不一样的，我们需要将这些不同的银行流水汇总到一张工作表中，并转化为统一的格式。如果按传统的方法，需要一个又一个地打开每个文件，然后通过复制将数据粘贴到另一张表格中。如果掌握了 Pandas 的运用，就可以通过代码一次性地将这些不同的表格转化为方便审计工作的格式，过程只需要几秒钟，然后你就可以仔细检查公司的银行流水了。

首先，为了方便读取文件，最好将这些银行流水的文件放到同一个文件夹中（后文讲解中涉及的银行名称，以本文件命名的银行名称一致），然后在这个文件夹中建立一个新的 Python 文件，并输入代码，如图 4-3 所示。

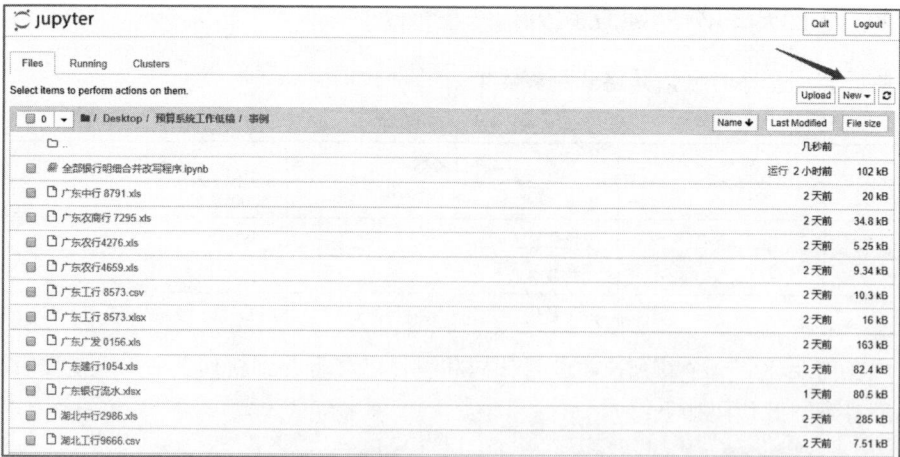

图 4-3 文件位置

打开文件之后，就可以输入代码了。具体代码如下：

```
import Pandas as pd
```

```
import numpy as np
np.set_printoptions(suppress=True) #为了直观地显示数字，不采用科学计数法
import warnings
warnings.filterwarnings('ignore') #不显示代码警告（警告不是报错）
#设置数据源文件路径
file = '广东中行 8791.xls' #此处为相对路径，可根据 xlsx 文件的实际路径更改此变量
file2 = '广东农行 4276.xls'
file3 = '广东工行 8573.xlsx'
file4 = '广东广发 0156.xls'
file5 = '广东建行 1054.xls'
file14='广东农商行 7295.xls'
file6 = '湖北中行 2986.xls' #此处为相对路径，可根据 budget_data.xlsx 文件的实际路
径更改此变量
file13 = '湖北工行 9666.csv'
file12='广东农行 4659.xls'


df01 = pd.read_Excel(file,sheet_name=0,header = 8) #导入登记表，header=8 就
是从第八行开始读取
df01.rename(columns={'交易日期[ Transaction Date ]':'日期'},inplace=True) #
将表头的名称改成统一的名称
df01.rename(columns={"付款人名称[ Payer's Name ]":'付款人'},inplace=True)
df01.rename(columns={"收款人名称[ Payee's Name ]":'收款人'},inplace=True)
df01.rename(columns={"交易附言[ Remark ]":'摘要'},inplace=True)
df01.rename(columns={"交易金额[ Trade Amount ]":'金额'},inplace=True)
df01=df01[["日期","付款人","收款人","摘要","金额"]]#选取需要的列，创建一个新表
df01['对方户名']=df01['付款人'].map(str)+"付"+df01['收款人'].map(str)##将两
列合并变成一列
df01['日期']=pd.to_datetime(df01['日期'],format="%Y%m%d",errors='coerce')
#日期格式转化，这个作为索引
df01 = df01.fillna(0)#将NAN值变成0
df11=df01.loc[df01['金额'] >= 0]##将金额大于零的数值提取出来
df11.rename(columns={'金额':'收入金额'},inplace=True)#改名
df12=df01.loc[df01['金额'] < 0]##将金额小于零的数值提取出来
df12.rename(columns={'金额':'支出金额'},inplace=True)
df16 = pd.merge(df11, df12, on=['日期', '对方户名','摘要'], how='outer')#合
并成一行
df16['银行']='广东中行 8791'##加上银行名称
df16['支出金额']=df16['支出金额']*-1##负数改成正数
df16 = df16.fillna(0)#将NAN值变成0
df16=df16[["日期","对方户名","摘要","支出金额","收入金额","银行"]]#重新创建一个
新表
df02 = pd.read_Excel(file2,sheet_name=0,header = 1) #导入登记表，如果加上
index_col=2，就是以二级分类作为索引
df02['日期']=pd.to_datetime(df02['会计日期'],format="%Y%m%d",errors='coerce')
#日期格式转化
##df02['金额']=df02['收入金额']+df02['支出金额']*-1
```

```
    df02.rename(columns={"交易用途":'摘要'},inplace=True)#改列名
    df02=df02[["日期","对方户名","摘要","支出金额","收入金额"]]
    df02 = df02.fillna(0)#将 NAN 值变成 0
    df02=df02.loc[df02['摘要'] != 0]##将摘要不等于零的提取出来
    df02['银行']='广东农行 4276'##增加一行银行列

    df03 = pd.read_Excel(file3,header = 1)  #导入登记表,如果加上 index_col=2,就
是以二级分类作为索引 gb2312 gb18030
    df03['入账日期']=df03['入账日期\t'].str.replace('\t','')
    df03['日期']=pd.to_datetime(df03['入账日期'],format="%Y-%m-%d",errors=
'coerce')#日期格式转化
    df03['对方户名']=df03['对方单位\t'].str.replace('\t','')
    df03['收入金额']=df03['转入金额\t'].str.replace('\t','')
    df03['支出金额']=df03['转出金额\t'].str.replace('\t','')
    df03['摘要']=df03['摘要\t'].str.replace('\t','')
    #df03 = df03.fillna(0)#将 NAN 值变成 0
    #df03[['收入金额', '支出金额']] = df03[['收入金额', '支出金额']].astype(float)
    ##df03['金额']=df03['收入金额']+df03['支出金额']*-1
    df03['银行']='广东工行 8573'
    df03=df03[["日期","对方户名","摘要","支出金额","收入金额","银行"]]

    df04 = pd.read_Excel(file4,sheet_name=0,header = 7) #导入登记表,如果加上
index_col=2,就是以二级分类作为索引
    df04['日期']=pd.to_datetime(df04['交易时间'],format="%Y-%m-%d",errors=
'coerce')#日期格式转化
    df04 = df04.fillna(0)#将 NAN 值变成 0
    df04['摘要'] = df04['摘要'].map(str)+ df04['附言'].map(str)##两列合并成一列
    df04.rename(columns={"支出":'支出金额'},inplace=True)#改列名
    df04.rename(columns={"收入":'收入金额'},inplace=True)#改列名
    df04['银行']="广东广发 0156"
    df04=df04[["日期","对方户名","摘要","支出金额","收入金额","银行"]]

    df05 = pd.read_Excel(file5,sheet_name=0,header = 0)
    df05['日期']=pd.to_datetime(df05['交易时间'],format="%Y-%m-%d",errors=
'coerce')#日期格式转化
    df05.rename(columns={"借方发生额(支取)":'支出金额'},inplace=True)#改列名
    df05.rename(columns={"贷方发生额(收入)":'收入金额'},inplace=True)#改列名
    df05.rename(columns={"摘要":'摘要1'},inplace=True)#改列名
    df05.rename(columns={"备注":'摘要'},inplace=True)
    df05['银行']="广东建行1054"
    df05=df05[["日期","对方户名","摘要","支出金额","收入金额","银行"]]

    df06 = pd.read_Excel(file6,sheet_name=0,header = 8) #导入登记表,如果加上
index_col=2,就是以二级分类作为索引
    df06.rename(columns={'交易日期[ Transaction Date ]':'日期'},inplace=True)
    df06.rename(columns={"付款人名称[ Payer's Name ]":'付款人'},inplace=True)
```

```
df06.rename(columns={"收款人名称[ Payee's Name ]":'收款人'},inplace=True)
df06.rename(columns={"交易附言[ Remark ]":'摘要'},inplace=True)
df06.rename(columns={"交易金额[ Trade Amount ]":'金额'},inplace=True)
df06=df06[["日期","付款人","收款人","摘要","金额"]]
df06['对方户名']=df06['付款人'].map(str)+"付"+df06['收款人'].map(str)#合并成
一列，然后中间加上一个付字
df06['日期']=pd.to_datetime(df06['日期'],format="%Y%m%d",errors='coerce')
#日期格式转化
df06 = df06.fillna(0)#将 NAN 值变成 0
df116=df06.loc[df06['金额'] >= 0]
df116.rename(columns={'金额':'收入金额'},inplace=True)
df126=df06.loc[df06['金额'] < 0]
df126.rename(columns={'金额':'支出金额'},inplace=True)
df166 = pd.merge(df116, df126, on=['日期', '对方户名', '摘要'], how='outer')
df166['银行']='湖北中行 2986'
df166['支出金额']=df166['支出金额']*-1
df166 = df166.fillna(0)#将 NAN 值变成 0
df166=df166[["日期","对方户名","摘要","支出金额","收入金额","银行"]]


df103 = pd.read_csv(file13,header = 1,encoding="gb18030")  #导入登记表，如
果加上 index_col=2，就是以二级分类作为索引 gb2312 gb18030
df103['入账日期']=df103['入账日期\t'].str.replace('\t','')
df103['日期']=pd.to_datetime(df103['入账日期'],format="%Y-%m-%d",errors=
'coerce')#日期格式转化
df103['对方户名']=df103['对方单位\t'].str.replace('\t','')
df103['收入金额']=df103['转入金额\t'].str.replace('\t','')
df103['支出金额']=df103['转出金额\t'].str.replace('\t','')
df103['摘要']=df103['摘要\t'].str.replace('\t','')
#df03 = df03.fillna(0)#将 NAN 值变成 0
#df03[['收入金额', '支出金额']] = df03[['收入金额', '支出金额']].astype(float)
##df03['金额']=df03['收入金额']+df03['支出金额']*-1
df103['银行']='湖北工行 9666'
df103=df103[["日期","对方户名","摘要","支出金额","收入金额","银行"]]


df102 = pd.read_Excel(file12,sheet_name=0,header = 1) #导入登记表，如果加上
index_col=2，就是以二级分类作为索引
df102['日期']=pd.to_datetime(df102['会计日期'],format="%Y%m%d",errors=
'coerce')#日期格式转化
##df02['金额']=df02['收入金额']+df02['支出金额']*-1
df102.rename(columns={"交易用途":'摘要'},inplace=True)
df102=df102[["日期","对方户名","摘要","支出金额","收入金额"]]
df102 = df102.fillna(0)#将 NAN 值变成 0
df102=df102.loc[df102['摘要'] != 0]
df102['银行']='广东农行 4659'


df104 = pd.read_Excel(file14,sheet_name=0,header = 2) #导入登记表，如果加上
```

```
index_col=2，就是以二级分类作为索引
    df104['日期']=pd.to_datetime(df104['交易日期'],format="%Y%m%d",errors=
'coerce')#日期格式转化
    df104.rename(columns={"支出":'支出金额'},inplace=True)
    df104.rename(columns={"收入":'收入金额'},inplace=True)
    df104.rename(columns={"对方名称":'对方户名'},inplace=True)#改列名
    df104 = df104.fillna(0)#将NAN值变成0
    df104=df104[["日期","对方户名","摘要","支出金额","收入金额"]]
    df104['银行']='广东农商行7295'

    df20 = pd.concat([df16,df02,df03,df04,df05,df166,df103,df102,df104])
    df20 = df20.sort_values(by='日期')
    df20['绝对支出金额']=df20['支出金额']
    df20['绝对收入金额']=df20['收入金额']
    df20['绝对支出金额'].replace("-",'0')##将-改为0
    df20['绝对收入金额'].replace("-",'0')

    file7='各银行重要的流水合并.xlsx'
    with pd.ExcelWriter(file7, mode='a',engine='openpyxl') as writer:
        df20.to_Excel(writer,sheet_name='I202101',index=False)   #新创建一工作
表I01而保存文件
```

代码说明：

以上是全部代码，为了方便初学者理解，在上述代码中没有用循环语句 for，也没有用判断语句 if 等的代码结构，代码虽然非常长，但更直观易懂。

（1）首先导入如下三个库：

```
import Pandas as pd
import numpy as np
...
import warnings
```

其中，warnings 库可以不导入，其不影响程序的执行。

（2）file = '广东中行 8791.xls'，表示文件的名称。也可以直接写成 df01 = pd.read_Excel('广东中行 8791.xls',sheet_name=0,header=8)。对于初学者来说，不建议这么写代码。为便于理解，应先赋值，这里再用 df01=pd.read_Excel(file,sheet_name= 0,header = 8)。

为了统一合并表格的格式，这里对银行流水文件上的表名进行了更改，用 rename (columns={'交易日期[Transaction Date]': '日期'},inplace=True)，这里参数需要设定为 True。改好后再进行提取会更直观，也为后面合并打下基础。其语法如下：

```
df01=df01[["日期","付款人","收款人","摘要","金额"] #选取需要的列，形成一个新表
    由于中国银行的银行流水与其他银行的不一样，没有对方户名，只有收款方和付款方，所以这里为
了方便查找，需输入代码：df01['对方户名']=df01['付款人'].map(str)+"付"+df01['收款人
'].map(str) ##将两列合并变成一列
```

这个合并操作非常简单，但如果在 Excel 上操作，就会有点麻烦。很多时候，需要将两列变成一列的时候，这个就非常有用了。

由于导入文件的日期是文本格式，不能做索引，所以需要格式转化。其语法如下：

```
df01['日期']=pd.to_datetime(df01['日期'],format="%Y%m%d",errors='coerce')
#日期格式转化，这个作为索引。
df01 = df01.fillna(0)###将 NAN 值变成 0，为空值
```

（3）中国银行的银行流水和其他银行有很多不同，连金额的书写方式都不一样，正数表示收入，负数表示支出，其他银行的收入和支出都是分开的，所以这里需要用到拆分表格。其语法如下：

```
df11=df01.loc[df01['金额'] >= 0]##将金额大于零的数值提取出来。
df11.rename(columns={'金额':'收入金额'},inplace=True)#改名
df12=df01.loc[df01['金额'] < 0]##将金额小于零的数值提取出来
df12.rename(columns={'金额':'支出金额'},inplace=True)
df16 = pd.merge(df11, df12, on=['日期', '对方户名','摘要'], how='outer')#合并成一列
```

上述代码表示将正数提取出来，成为一列，负数提取出来，成为另一列，然后改名，再合并成为一个表。其语法如下：

```
df16['银行']='广东中行 8791'##加上银行名称
df16['支出金额']=df16['支出金额']*-1##负数改成正数
```

这个很好理解，新建一列，然后加入银行名称；另外，将支出金额中的负数变成正数，再重新排序。运行后的结果如图 4-4 所示。

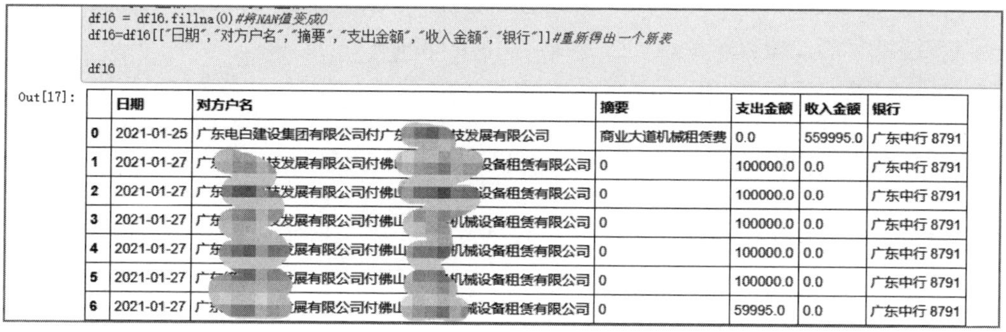

图 4-4　运行结果图

这个操作是数据清洗工作。所谓数据清洗，就是在导入数据后，需要对很多数据做格式转化，这样数据才符合使用要求。而在 Python 中有非常丰富的库，只要运用得当，就能更快地处理好数据。

接下来是第二个表，原理与上面一样，农业银行的银行流水格式比较规范，所以

需要改动的地方不多，只需改列名和顺序就可以了。

```
    df02 = pd.read_Excel(file2,sheet_name=0,header = 1) #导入登记表，如果加上
index_col=2，就是以二级分类作为索引
    df02['日期']=pd.to_datetime(df02['会计日期'],format="%Y%m%d",errors='coerce')
#日期格式转化
    df02.rename(columns={"交易用途":'摘要'},inplace=True)#改列名
    df02=df02[["日期","对方户名","摘要","支出金额","收入金额"]]
    df02 = df02.fillna(0)#将 NAN 值变成 0
    df02=df02.loc[df02['摘要'] != 0]##将摘要不等于零的提取出来
    df02['银行']='广东农行4276'##增加一行银行列 df02
```

由于农业银行的银行流水是有合计的，所以需要将这些合计的金额排除。在此用不等于的方法 != 0 就可以了，如图 4-5 所示。

Out[19]:		日期	对方户名	摘要	支出金额	收入金额	银行
	0	2021-01-11 00:00:00	广██████程有限公司	分包款.	0.0	113555	广东农行4276
	1	2021-01-12 00:00:00	广██████有限公司	货款.	118000.0	0	广东农行4276
	2	2021-01-12 00:00:00	0	付4276账户本金████267手续费 (0██68)	15.0	0	广东农行4276

图 4-5 农业银行的银行流水的运行结果示意

基本上，农业银行、建设银行、广发银行、农商银行的银行流水格式都是大同小异的，这里就不一一细说了，具体可以查看在 github.com 存放的代码（在网站上搜索 Gandedong）。

接下来要说的是工行，工行的银行流水是 CSV 格式，但里面的数据不好读取，需要加上参数 encoding="gb18030"，否则会显示乱码。即使加上参数，每个空格都会带有\t 这样的标志，所以需要做一些替换，用.str.replace('\t',")就可以了。

```
    file13 = '湖北工行 9666.csv'
    df103 = pd.read_csv(file13,header = 1,encoding="gb18030")  #导入登记表，如
果加上 index_col=2，就是以二级分类作为索引 gb2312 gb18030
    df103['入账日期']=df103['入账日期\t'].str.replace('\t','')
    df103['日期']=pd.to_datetime(df103['入账日期'],format="%Y-%m-%d",errors=
'coerce')#日期格式转化
    df103['对方户名']=df103['对方单位\t'].str.replace('\t','')
    df103['收入金额']=df103['转入金额\t'].str.replace('\t','')
    df103['支出金额']=df103['转出金额\t'].str.replace('\t','')
    df103['摘要']=df103['摘要\t'].str.replace('\t','')
```

代码运行结果如图 4-6 所示。

Out[24]:		日期	对方户名	摘要	支出金额	收入金额	银行
	0	2021-01-30		跨行汇款手续费	10.00		湖北工行9666
	1	2021-01-30		金	28,000.00		湖北工行9666
	2	2021-01-28		跨行汇款手续费	35.00		湖北工行9666
	3	2021-01-28		工行异地汇款手续费	15.00		湖北工行9666
	4	2021-01-28		中山　　园项目	34,499.65		湖北工行9666
	5	2021-01-28		阳　　成项目	6,600.00		湖北工行9666
	6	2021-01-28	三　成	中　　园项目	31,440.00		湖北工行9666
	7	2021-01-28	苗　意	中山　　花园项目	40,000.00		湖北工行9666
	8	2021-01-28	闵	中山　　大厦项目	20,000.00		湖北工行9666
	9	2021-01-28	林　华	中山　　大厦项目	3,202.35		湖北工行9666

图 4-6　工商银行的银行流水运行结果图

在将所有银行流水整理完之后，就可以合并了，代码也简单，Pandas 有三种合并表格的方法，功能各不相同，这里用最简单的一种方法，即命令：pd.concat，其代码如下：

```
df20 = pd.concat([df16,df02,df03,df04,df05,df166,df103,df102,df104])
df20 = df20.sort_values(by='日期')
df20
```

最后将这个表格输出成为一个 Excel 文件。ExcelWriter 是 Pandas 的一个类，可以使 dataframe 数据框直接输出到 Excel 文件，并指定 Sheets 名称。

```
file7='重要各银行流水合并.xlsx'
with pd.ExcelWriter(file7, mode='a',engine='openpyxl') as writer:
    df20.to_Excel(writer,sheet_name='I202101',index=False)   #新开一工作表
I202101 而保存文件
```

基本上工作就完成了，只需要将每个月的银行流水放到同一个文件夹，只要文件名正确，生成每个月的合并表格就是几秒钟的事情。

对很多做过这个工作的新手来说，以上这个程序将大大减轻他们的工作量。

特别说明：为了学习循序渐进，代码没有使用 for 语句和 if 语句等的循环结构，虽然代码较长，但更适合初学者理解。同时在这个例子当中，用了很多 Python 和 Pandas 的函数，熟悉这些函数是操作更复杂的数据清洗的基础。如果想将某列的数据转换成想要的格式，可在网上搜索相关的代码或函数，然后尝试操作即可，由于 Python 的语法比较友好，所以很少出错。

4.4　Pandas 合并报表的方法

利用 Pandas 处理财务数据时，可能需要将多个 df 表合并或连在一起分析数据，

这也是审计工作中需要经常用到的方法，是我们必须掌握的技术。

Pandas 中有 merge()、concat()和 join()三种合并方法。这三种方法都很重要，理解这三种合并方法对我们的工作非常有帮助。

4.4.1 merge()函数

merge()函数有点像 Excel 中的 vlookup()函数，不同的是，它可以根据多个不同的列将表格连接起来。其语法如下：

```
    merge( left, right, how="inner", on=None, left_on=None, right_on=None,
left_index=False, right_index=False, sort=False, suffixes=("_x", "_y"),
copy=True, indicator=False, validate=None, )
```

其中，left 表示左表；right 表示右表；how 表示连接方式，inner、left、right、outer，默认为 inner；on 表示用于连接的列名称；left_index 表示使用左表的行索引作为连接键，默认 False；right_index 表示使用右表的行索引作为连接键，默认 False；suffixes 表示存在相同列名时在列名后面添加的后缀，默认为('_x', '_y')；indicator 表示显示合并数据中数据来自哪个表。

例 4-2 以合并利润表为例，如果有两个表，一个是 9 月份的利润表 A，如图 4-7 所示，另一个是 8 月份的利润表 B，如图 4-8 所示，需要将这两个表合并成一个表，可以用 merge()函数合并。

利润表

会企02表

单位名称:广东XXX科技有限公司　　20××年9月　　单位：元

项目	9月金额	本年累计金额
一、营业收入	804519.78	4988119.03
减：营业成本	768661.94	4807640.54
营业税金及附加		
销售费用	18407.95	105261.12
管理费用	27007.77	208717.38
财务费用	758.58	-67680.65
资产减值损失		
加：公允价值变动收益（损失以"-"填列）		
投资收益（损失以"-"填列）		
其中：对联营企业和合营企业的投资收		
二、营业利润（亏损以"-"号填列）	-10316.46	-65819.36
加：营业外收入		460.28
减：营业外支出		6260.16
其中：非流动资产处置损失		
三、利润总额（亏损总额以"-"号填列）	-10316.46	-71619.24
减：所得税费用		
四、净利润（净亏损以"-"号填列）	-10316.46	-71619.24

图 4-7　利润表 A

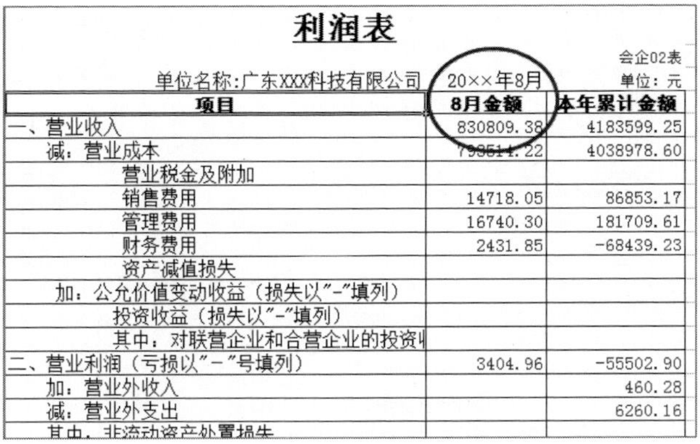

图 4-8　利润表 B

A 表与 B 表的格式是相同的，特别是项目这一列。

输入代码如下：

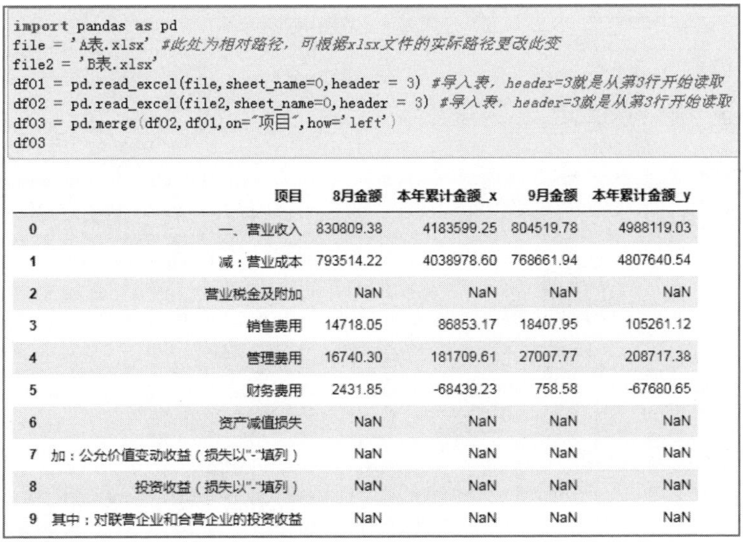

```
import Pandas as pd
file = 'A表.xlsx' #此处为相对路径，可根据 xlsx 文件的实际路径更改此变量
file2 = 'B表.xlsx'
df01 = pd.read_Excel(file,sheet_name=0,header = 3)
df02 = pd.read_Excel(file2,sheet_name=0,header = 3)
这个时候就将 A 表与 B 表都导入到 df01 与 df02 两个值内，然后再用
df03 = pd.merge(df02,df01,on="项目",how='left')
```

说明，由于 df02 表的日期是最早的，所以以"项目"为合并的标准，以左边的
df02 表为主表，将 df01 横向合并过来。运行结果如图 4-9 所示。

图 4-9　[例 4-2]运行结果

如图 4-9 所示，两个表已经合并了，表中本年累计金额这一列是相同名称的，所以在合并之后变成本年累计金额 *x* 和本年累计金额 *y*，以示区别。如果没有，则参数 ON="项目"，合并会成功吗？可以，但合并的结果不会太满意，如图 4-10 所示。

```
df03 = pd.merge(df02,df01,how='left')
df03
```

	项目	8月金额	本年累计金额	9月金额
0	一、营业收入	830809.38	4183599.25	NaN
1	减：营业成本	793514.22	4038978.60	NaN
2	营业税金及附加	NaN	NaN	NaN
3	销售费用	14718.05	86853.17	NaN
4	管理费用	16740.30	181709.61	NaN
5	财务费用	2431.85	-68439.23	NaN
6	资产减值损失	NaN	NaN	NaN
7	加：公允价值变动收益（损失以"-"填列)	NaN	NaN	NaN
8	投资收益（损失以"-"填列)	NaN	NaN	NaN

图 4-10　以左表为主合并运行的结果

如果没有指明要用哪个列进行连接，merge() 函数就会将名称重复列的列名当作主键连接。若重复列太多，则会出现 NaN，所以要特别注意。

当然，也有其他办法，如果以索引为合并主键也是可以的。merge() 函数中有参数 left_index 和 right_index，且均默认为 False，就是不以索引作为主键，如果为 True，就可以成为合并的主键了，如图 4-11 所示。

```
import pandas as pd
file = 'A表.xlsx'  #此处为相对路径，可根据xlsx文件的实际路径径更改此变
file2 = 'B表.xlsx'
df01 = pd.read_excel(file,sheet_name=0,header = 3) #导入表，header=3就是从第3行开始读取
df02 = pd.read_excel(file2,sheet_name=0,header = 3) #导入表，header=3就是从第3行开始读取
df03 = pd.merge(df02,df01,left_index = True, right_index = True)
df03
```

	项目_x	8月金额	本年累计金额_x	项目_y	9月金额	本年累计金额_y
0	一、营业收入	830809.38	4183599.25	一、营业收入	804519.78	4988119.03
1	减：营业成本	793514.22	4038978.60	减：营业成本	768661.94	4807640.54
2	营业税金及附加	NaN	NaN	营业税金及附加	NaN	NaN
3	销售费用	14718.05	86853.17	销售费用	18407.95	105261.12
4	管理费用	16740.30	181709.61	管理费用	27007.77	208717.38
5	财务费用	2431.85	-68439.23	财务费用	758.58	-67680.65
6	资产减值损失	NaN	NaN	资产减值损失	NaN	NaN
7	加：公允价值变动收益（损失以"-"填列)	NaN	NaN	加：公允价值变动收益（损失以"-"填列)	NaN	NaN
8	投资收益（损失以"-"填列)	NaN	NaN	投资收益（损失以"-"填列)	NaN	NaN
9	其中：对联营企业和合营企业的投资收益	NaN	NaN	其中：对联营企业和合营企业的投资收益	NaN	NaN

图 4-11　以索引为合并主键运行的结果

但这个合并的报表并不好看，所以这两个参数只有在特定情况下才使用。一般情况

下，合并表格只要找到相同列就可以了（on="列名"，how="left"），也可以选择 how="right"，或者=innet、outer。不同的连接方式有不同的效果，这要看具体的选择了。如果不是合并利润表，而是想要查找两个表之间的差异，用 outer 会更适合一点。

4.4.2　concat()函数

concat()函数的用法如下：

```
pd.concat(objs, axis=0, join='outer', join_axes=None, ignore_index=False,
    keys=None, levels=None, names=None, verify_integrity=False)
```

其中，objs 表示合并对象 dataframe 表或者是序列；axis 表示合并连接的轴，0 是以行合并，1 是以列合并；join 表示连接的方式；inner 表示内连接；outer 表示外连接。内连接与外连接的区别：外连接是保留两个表中的所有信息；内连接是拼接结果只保留两个表共有的信息。默认的是外连接 outer。

例 4-3　我们除了有 A 表和 B 表，还有一个 C 表。其代码如下：

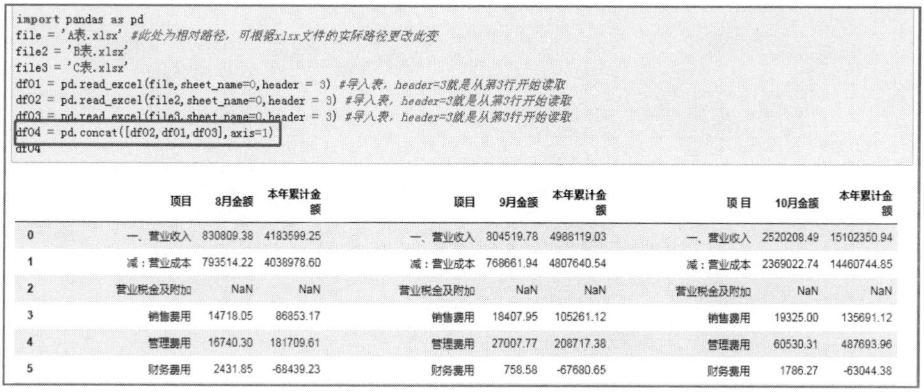

```
import Pandas as pd
file = 'A表.xlsx'
file2 = 'B表.xlsx'
file3 = 'C表.xlsx'
df01 = pd.read_Excel(file,sheet_name=0,header = 3)
df02 = pd.read_Excel(file2,sheet_name=0,header = 3)
df03 = pd.read_Excel(file3,sheet_name=0,header = 3)
df04 = pd.concat([df02,df01,df03],axis=1)
```

注意，要用中括号将三个表包含在一起，否则会显示错误，然后用 axis=1，表示要横向合并，而不要纵向合并。这是很多人都容易忽视的，所以特别在这里提醒一下，如图 4-12 所示。

图 4-12　三表合并后的运行结果

与 merge()不一样的是，concat()只能单纯地进行简单合并，没有主键查找，所以

"项目"这一列会重复显示，其实就等同于将表格简单地复制在一个表上。

4.4.3 join()函数

除了 merge()和 concat()外，还有一种合并的方法，就是用 join()函数。其语法如下：

```
DataFrame.join(other, on=None, how='left', lsuffix='', rsuffix='', sort=False)
```

其中，other 表示被合并表，或列表索引，应该类似于此列中的一列；on 表示 name，被合并表中的列或索引名称，用于连接其他索引，类似在 Excel 中对 VLOOKUP()函数的操作；How 表示{'left', 'right', 'outer', 'inner'}，默认为'left'，即以左表为主连接；剩下的两个参数比较重要：lsuffix='_left', rsuffix='_right'，使用时最好加上，否则合并的时候容易报错。

为什么这样说呢？因为 join()函数比较特别，它具有的功能与 merge()一样，也可以像 concat()一样使用，但要求两个 dataframe 表要有一样的索引，且列名不能重复，所以需要加上参数 lsuffix='_left', rsuffix='_right'.

以[例 4-3]中的例子，其代码如下：

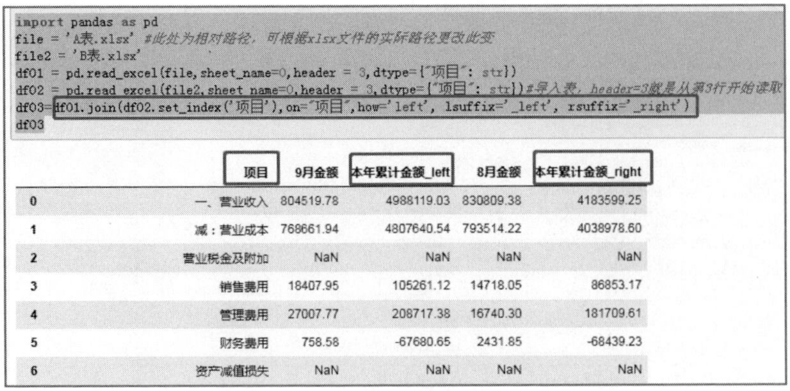

```
import Pandas as pd
file = 'A表.xlsx'
file2 = 'B表.xlsx'
df01 = pd.read_Excel(file,sheet_name=0,header = 3,dtype={"项目": str})
df02 = pd.read_Excel(file2,sheet_name=0,header = 3,dtype={"项目": str})
df03=df01.join(df02.set_index('项目'),on="项目",how='left', lsuffix='_left',
rsuffix='_right')
```

由于 A 表和 B 表都有相同的列名，所以要加上 lsuffix='_left', rsuffix='_right'，本年累计金额的列名会变成本年累计金额_left 和本年累计金额_right，合并才会成功。运行结果如图 4-13 所示。

图 4-13 应用 join()函数运行后的结果

最后如果是三个以上的表进行合并，是不是不能用 merge()函数呢？可能很多人都认为不行，其实是可以的，只是用法很容易出错。代码如下：

```
import Pandas as pd
file = 'A表.xlsx' #此处为相对路径，可根据 xlsx 文件的实际路径更改此表
file2 = 'B表.xlsx'
file3 = 'C表.xlsx'
df01 = pd.read_Excel(file,sheet_name=0,header = 3)
df02 = pd.read_Excel(file2,sheet_name=0,header = 3)
df03 = pd.read_Excel(file3,sheet_name=0,header = 3)
df04 = df01.merge(df02,left_index = True,right_index = True).merge(df03,
left_index = True,right_index = True)
```

在上述代码中，用的是 df01.merge().merge()格式，这种方式与运用 concat()函数差不多，运行结果如图 4-14 所示。

```
import pandas as pd
file = 'A表.xlsx' #此处为相对路径，可根据xlsx文件的实际路径更改此变
file2 = 'B表.xlsx'
file3 = 'C表.xlsx'
df01 = pd.read_excel(file,sheet_name=0,header = 3)
df02 = pd.read_excel(file2,sheet_name=0,header = 3)
df03 = pd.read_excel(file3,sheet_name=0,header = 3)
df04 = df01.merge(df02,left_index = True,right_index = True).merge(df03,left_index = True,right_index = True)
df04
```

	项目_x	9月金额	本年累计金额_x	项目_y	8月金额	本年累计金额_y	项目	10月金额	本年累计金额
0	一、营业收入	804519.78	4988119.03	一、营业收入	830809.38	4183599.25	一、营业收入	2520208.49	15102350.94
1	减：营业成本	768661.94	4807640.54	减：营业成本	793514.22	4038978.60	减：营业成本	2369022.74	14460744.85
2	营业税金及附加	NaN	NaN	营业税金及附加	NaN	NaN	营业税金及附加	NaN	NaN
3	销售费用	18407.95	105261.12	销售费用	14718.05	86853.17	销售费用	19325.00	135691.12
4	管理费用	27007.77	208717.38	管理费用	16740.30	181709.61	管理费用	60530.31	487693.96
5	财务费用	758.58	-67680.65	财务费用	2431.85	-68439.23	财务费用	1786.27	-63044.38
6	资产减值损失	NaN	NaN	资产减值损失	NaN	NaN	资产减值损失	NaN	NaN

图 4-14　用 merge()合并三张表的代码及运行结果

综上所述，应用 Pandas 合并表格的方法也不复杂，基本上一条命令就可以了，但首先要对被合并表格有充分的理解，才可以选择相对应的参数。如果选错参数，得出的结果往往不同，也是容易出错的地方。

题外话：

Pandas 库是由韦斯 • 麦金尼(Wes McKinney)开发出来的，他是麻省理工数学系毕业的，毕业后去了一家投资公司工作，这家公司更特别，是一家对冲基金公司，擅长用有系统而且一致的方法来构建投资组合，也就是建选股模型来做投资，2007 年的时候投资规模已达 300 亿美元，差不多 1900 亿元人民币。这个公司是华尔街中少有的“学术+投资”的基金公司，老板的导师是 2013 年诺贝尔经济学奖获得者，主要课题是资产定价模型。另外公司的学术精英非常多，单是博士级别的都有 50 人以上。在这家公司韦斯 •麦金尼首次接触到 Python 在金融学上的应用，也对 Python 产生了浓厚的兴趣，萌生了针对金融业开发出一个数据分析库的想法。

三年后，他离开这家公司，专心开发 Pandas 库，在 2012 年宣布开发成功，于是

有了我们现在用的 Pandas 库，所以千万不要认为计算机语言是 IT 程序员使用的工具，其实也是我们财务人员应用的工具，不要认为难学就放弃，很多时候有一套合适的工具往往能给你打开另一条职业道路，道路越多，你的选择就越多。韦斯·麦金尼后来成立了一家叫 Ursa Labs 的数据软件公司，当时刚好是他从麻省理工数学系毕业的第十年。

4.5　Pandas 的分类汇总与透视表功能

如果一个文件中有上千条数据，就可以先做分类汇总，再进行分析计算。在 Excel 中往往通过筛选或作数据透视表进行计算。如果不止千条，而是上万条数据，就需用很长时间。

4.5.1　Pandas 的分类汇总功能

Pandas 中也有分类汇总的功能，而且命令也很简单，用 groupby() 就可以了。

例 4-4 有一家跨境电商公司，每个月都会收到物流公司的一份运费明细，以便对账，审计师为了核实该明细是否已经登记入账，需要做检查。

传统的方法就是在 Excel 表中做分类汇总，然后核对金额，如图 4-15 所示，但如果运用 Pandas 处理，几分钟就可以完成了。

	A	B	C	D	E	F	G	H	I	J
	账单号码	账单日期	账单类别	出口日期	运单号（长）	包裹数量	实际重量	计费重量	收件国家	应收费用
	100010370342	2018-10-1	EFD	2018-9-18	1ZYF33386798616683	4	92	100	GB	2380.25
	100010386758	2018-10-4	EXP	2018-9-5	1ZYF33380490413668	2	32	33.5	US	1130.74
	100010386758	2018-10-4	EXP	2018-9-5	1ZYF33380492793656	1	22	27	US	897.94
	100010386758	2018-10-4	EXP	2018-9-5	1ZYF33380494291480	2	30	32	US	1064.23
	100010386758	2018-10-4	EXP	2018-9-6	1ZYF33380490192399	1	22	22.5	US	776.79
	100010386758	2018-10-4	EXP	2018-9-6	1ZYF33380491186537	1	22	23.5	US	798.17
	100010386758	2018-10-4	EXP	2018-9-6	1ZYF33380491396588	1	22	22.5	US	776.79
	100010386758	2018-10-4	EXP	2018-9-6	1ZYF33380492806329	1	22	21	US	698.4
	100010386758	2018-10-4	EXP	2018-9-6	1ZYF33380493586762	1	40	40.5	US	1403.55

图 4-15　[例 4-4]的运费明细

可以按出口日期作分类汇总，在 Jupyter Notebook 中输入如下代码：

```
import Pandas as pd
file="运费明细表.xlsx"
df01=pd.read_Excel(file,sheep_name="运费明细")
df03=df01.groupby("出口日期")
df03
```

运行后的结果如下：

```
<Pandas.core.groupby.generic.DataFrameGroupBy object at 0x000000000397FA90>
```

结果显示分类汇总超过一行，不能直接显示。因为 groupby() 函数只有分类的功能，不能进行计算，所以需要输入 sum() 函数，才是完整地进行分类汇总。

```
import Pandas as pd
file="运费明细表.xlsx"
df01=pd.read_Excel(file,sheep_name="运费明细")
df03=df01.groupby("出口日期").sum()
df03
```

运行结果如图 4-16 所示。

出口日期	账单号码	包裹数量	实际重量	计费重量	应收费用
2018-09-05	300031160274	5	84.0	92.5	3092.91
2018-09-06	700072707306	8	218.0	224.0	7620.22
2018-09-07	900093480822	19	295.0	313.5	10363.53
2018-09-08	1100114254338	13	320.0	340.5	14923.59
2018-09-11	1000103740108	20	296.5	321.0	6803.08
...	...	...	...	...	...
2018-12-27	300032135379	14	414.5	418.5	2259.63
2018-12-28	100010685264	15	307.5	429.0	14750.15

图 4-16　[例 4-4]的运行结果

如果不仅要对"出口日期"进行分类汇总，同时还想对"账单日期"作分类汇总，就将代码改变为 df03=df01.groupby(["出口日期","账单日期"]).sum()。注意，这里列名要用中括号。

```
import Pandas as pd
file="运费明细表.xlsx"
df01=pd.read_Excel(file,sheep_name="运费明细")
df03=df01.groupby(["出口日期","账单日期"]).sum()
df03
```

运行结果如图 4-17 所示。

出口日期	账单日期	账单号码	包裹数量	实际重量	计费重量	应收费用
2018-09-05	2018-10-04	300031160274	5	84.0	92.5	3092.91
2018-09-06	2018-10-04	700072707306	8	218.0	224.0	7620.22
2018-09-07	2018-10-04	900093480822	19	295.0	313.5	10363.53
2018-09-08	2018-10-04	1100114254338	13	320.0	340.5	14923.59
2018-09-11	2018-09-26	400041419560	10	156.0	169.0	1462.26
...	...	...	...	...	...	...
2018-12-27	2019-01-09	300032135379	14	414.5	418.5	2259.63
2018-12-28	2019-01-03	100010685264	15	307.5	429.0	14750.15
2018-12-29	2019-01-03	100010685264	2	30.0	40.5	1411.42

图 4-17　对"出口日期"和"账单日期"作分类汇总后的结果

除了对两个项目进行分类汇总，也可以对三个及以上的项目进行分类汇总，如同

时还需对"账单号码"进行分类汇总,其代码格式如下:

```
df03=df01.groupby(["出口日期","账单日期","账单号码"]).sum()
```

运行结果如图 4-18 所示。

出口日期	账单日期	账单号码	包裹数量	实际重量	计费重量	应收费用
2018-09-05	2018-10-04	100010386758	5	84.0	92.5	3092.91
2018-09-06	2018-10-04	100010386758	8	218.0	224.0	7620.22
2018-09-07	2018-10-04	100010386758	19	295.0	313.5	10363.53
2018-09-08	2018-10-04	100010386758	13	320.0	340.5	14923.59
2018-09-11	2018-09-26	100010354890	10	156.0	169.0	1462.26
...	...	...				
2018-12-27	2019-01-09	100010711793	14	414.5	418.5	2259.63
2018-12-28	2019-01-03	100010685264	15	307.5	429.0	14750.15
2018-12-29	2019-01-03	100010685264	2	30.0	40.5	1411.42
2019-01-02	2019-01-14	100010723210	17	337.5	469.5	2466.01

图 4-18 对"账单号码"同时进行分类汇总后的运行结果

如果不作分类汇总,而是对它们进行分类计算或分类平均,就将 sum() 函数换成计算平均值的 mean() 函数或计算数量的 count() 函数即可,如图 4-19 所示。

```
df03=df01.groupby(["出口日期","账单日期","账单号码"]).mean()
df03
```

出口日期	账单日期	账单号码	包裹数量	实际重量	计费重量	应收费用
2018-09-05	2018-10-04	100010386758	1.666667	28.000000	30.833333	1030.970000
2018-09-06	2018-10-04	100010386758	1.142857	31.142857	32.000000	1088.602857
2018-09-07	2018-10-04	100010386758	2.111111	32.777778	34.833333	1151.503333
2018-09-08	2018-10-04	100010386758	1.181818	29.090909	30.954545	1356.690000
2018-09-11	2018-09-26	100010354890	2.500000	39.000000	42.250000	365.565000

图 4-19 求平均值的代码及运行结果

下面加上 count() 函数运行结果如图 4-20 所示。

```
df03=df01.groupby(["出口日期","账单日期","账单号码"]).count()
df03
```

出口日期	账单日期	账单号码	账单类型	运单号(长)	包裹数量	实际重量	计费重量	收件国家	应收费用
2018-09-05	2018-10-04	100010386758	3	3	3	3	3	3	3
2018-09-06	2018-10-04	100010386758	7	7	7	7	7	7	7
2018-09-07	2018-10-04	100010386758	9	9	9	9	9	9	9
2018-09-08	2018-10-04	100010386758	11	11	11	11	11	11	11
2018-09-11	2018-09-26	100010354890	4	4	4	4	4	4	4

图 4-20 计算数量的代码及运行结果

如果既要作分类汇总，又要对数据进行汇总，就可以用 apply()函数去实现。apply()函数的中文意思是申请，是 Pandas 库的一个很重要的函数。所以这里重点介绍一下。

这个函数就是将分类之后的每一个元素都运行它所指定的命令，且能一个个地查找所有的元素，并判断是不是符合条件。如果符合，就运行它后面所指定的命令。其语法如下：

```
df01.groupby().apply(lambda x: x)
```

以[例 4-4]中的运费明细为例，其代码如下：

```
import Pandas as pd
import matplotlib.pyplot as plt
file="运费明细表.xlsx"
df01=pd.read_Excel(file,sheep_name="运费明细")
df02=df01.groupby("出口日期").apply(lambda x: x)##一定要输入apply,否则，不显示
```

运行结果如图 4-21 所示。

	账单号码	账单日期	账单类型	出口日期	运单号（长）	包裹数量	实际重量	计费重量	收件国家	应收费用
0	100010370342	2018-10-01	EFD	2018-09-18	1ZYF333867986616683	4	92.0	100.0	GB	2380.25
1	100010386758	2018-10-04	EXP	2018-09-05	1ZYF33380490413668	2	32.0	33.5	US	1130.74
2	100010386758	2018-10-04	EXP	2018-09-05	1ZYF33380492793656	1	22.0	27.0	US	897.94
3	100010386758	2018-10-04	EXP	2018-09-05	1ZYF33380494291480	2	30.0	32.0	US	1064.23
4	100010386758	2018-10-04	EXP	2018-09-06	1ZYF33380490192399	2	22.0	22.5	US	776.79
...	...	...	...	...	...	...	...	...	...	...
292	100010711793	2019-01-09	EFD	2018-12-27	1ZYF33386796388648	4	118.0	128.5	GB	989.01

图 4-21　既作分类汇总，又对数据进行汇总后的运行结果

apply()后面是一个 lambda 函数（x:x），是一个不需要定义名称的函数，其经常与apply()函数组合一起使用，意思是"按固定的格式输入 x，再按固定的格式输出 x"。上面的代码的意思就是，在按出口日期分类之后，再将每个单元格输入到 x 中，然后再将 x 输出到结果中。

如果将 apply(lambda x: x)改为 apply(lambda x: x.max())，就变成了将按固定的格式输入 x，再将最大的 x 输出。在运行结果中会显示在每个出口日期中金额最大的某一行，如图 4-22 所示。

```
df01=pd.read_excel(file,sheep_name="运费明细")
df02=df01.groupby("出口日期").apply(lambda x:x.max()) ##一定要带apply,不然不能显示,
df02
```

出口日期	账单号码	账单日期	账单类型	出口日期	运单号（长）	包裹数量	实际重量	计费重量	收件国家	应收费用
2018-09-05	100010386758	2018-10-04	EXP	2018-09-05	1ZYF33380494291480	2	32.0	33.5	US	1130.74
2018-09-06	100010386758	2018-10-04	EXP	2018-09-06	1ZYF33380493793378	2	50.0	49.0	US	1629.78
2018-09-07	100010386758	2018-10-04	EXP	2018-09-07	1ZYF33386796784586	6	54.0	57.0	US	1696.31
2018-09-08	100010386758	2018-10-04	EXP	2018-09-08	1ZYF33380442889683	2	60.0	60.0	US	2541.25
2018-09-11	100010386758	2018-10-04	EXP	2018-09-11	1ZYF33386796784586	6	60.0	60.0	US	1929.13

图 4-22　最大值的输出结果

如果将 apply（lambda x:x）改为 apply(lambda x:x.describe())，就会将每个出口日期的最大值、最小值、平均值、25%、75%等的指标显示出来，如图 4-23 所示。

```
df02=df01.groupby("出口日期").apply(lambda x:x.describe())##一定要带app
df02.head(10)
```

出口日期		账单号码	包裹数量	实际重量	计费重量	应收费用
2018-09-05	count	3.000000e+00	3.000000	3.000000	3.000000	3.000000
	mean	1.000104e+11	1.666667	28.000000	30.833333	1030.970000
	std	0.000000e+00	0.577350	5.291503	3.403430	119.910928
	min	1.000104e+11	1.000000	22.000000	27.000000	897.940000
	25%	1.000104e+11	1.500000	26.000000	29.500000	981.085000
	50%	1.000104e+11	2.000000	30.000000	32.000000	1064.230000
	75%	1.000104e+11	2.000000	31.000000	32.750000	1097.485000
	max	1.000104e+11	2.000000	32.000000	33.500000	1130.740000

图 4-23　多参数的显示结果

以上就是 groupby()+apply()+lambda()函数的组合用法。除此之外，还有 groupby()+agg()函数的用法，可以实现一组数据中不同列同时进行不同汇总计算，也是非常实用的。

例如，若按出口日期计算"应收费用"的合计数和"账单数量"的件数时，就可以在后面加上 agg()函数来实现。agg 不是一个单词，而是 aggregate（聚合）的简写。其语法如下：

```
df02=df01.groupby("出口日期").agg({"账单号码":"count","应收费用":"sum"})
```

运行结果如图 4-24 所示。

出口日期	账单号码	应收费用
2018-09-05	3	3092.91
2018-09-06	7	7620.22
2018-09-07	9	10363.53
2018-09-08	11	14923.59
2018-09-11	10	6803.08
2018-09-12	5	5088.56
2018-09-13	4	7317.97
2018-09-14	2	281.23
2018-09-18	1	2380.25

图 4-24　agg()函数的运行结果

不同的是，agg()无法像 apply()一样可以实现组内分组排序，只能合并计算。常用的函数是 count(),mean(),sum(),max()等的内置函数，另外，如果这些函数是以字典的格式使用，一定要加双引号；否则，不能计算。

4.5.2　Pandas 的透视表功能

用Pandas可以实现类似Excel的数据透视表功能，可以用pivot_table()函数来实现，中文翻译就是透视表的意思。仍以[例 4-4]为例来讲解，在Excel中可以用数据透视表来进行分类汇总，如图 4-25 所示。

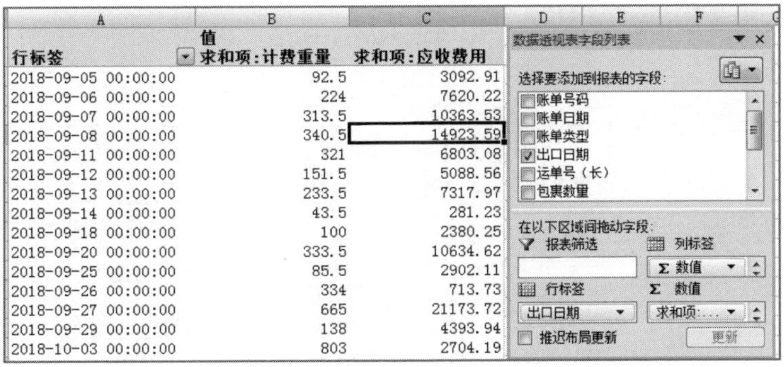

行标签	值 求和项:计费重量	求和项:应收费用
2018-09-05 00:00:00	92.5	3092.91
2018-09-06 00:00:00	224	7620.22
2018-09-07 00:00:00	313.5	10363.53
2018-09-08 00:00:00	340.5	14923.59
2018-09-11 00:00:00	321	6803.08
2018-09-12 00:00:00	151.5	5088.56
2018-09-13 00:00:00	233.5	7317.97
2018-09-14 00:00:00	43.5	281.23
2018-09-18 00:00:00	100	2380.25
2018-09-20 00:00:00	333.5	10634.62
2018-09-25 00:00:00	85.5	2902.11
2018-09-26 00:00:00	334	713.73
2018-09-27 00:00:00	665	21173.72
2018-09-29 00:00:00	138	4393.94
2018-10-03 00:00:00	803	2704.19

图 4-25　在 Excel 表格中做数据透视表

同样，也可以输入 pd.pivot_table()实现数据透视表功能，代码如下：

```
    import Pandas as pd
    import matplotlib.pyplot as plt
    file="运费明细表.xlsx"
    df01=pd.read_Excel(file,sheep_name="运费明细")
    df02=pd.pivot_table(df01,index=["出口日期"],values=["应收费用","实际重量"],
aggfunc={"应收费用":"sum","实际重量":"sum"})
```

运行结果如图 4-26 所示。

出口日期	实际重量	应收费用
2018-09-05	84.0	3092.91
2018-09-06	218.0	7620.22
2018-09-07	295.0	10363.53
2018-09-08	320.0	14923.59
2018-09-11	296.5	6803.08
2018-09-12	126.0	5088.56
2018-09-13	193.0	7317.97
2018-09-14	42.0	281.23
2018-09-18	92.0	2380.25
2018-09-20	327.0	10634.62
2018-09-25	84.0	2902.11

图 4-26　运用 pd. pivot_table()实现数据透视表后的运行结果

由图 4-26 所示可知，结果和 Excel 中的一样，不过 pivot_table() 的参数还有好几个，如 columns=["账单号码"]，表示加上行标签，如图 4-27 所示。

账单号码	实际重量				
出口日期	100010354890	100010370342	100010386758	100010406724	100010421663
2018-09-05	NaN	NaN	84.0	NaN	NaN
2018-09-06	NaN	NaN	218.0	NaN	NaN
2018-09-07	NaN	NaN	295.0	NaN	NaN
2018-09-08	NaN	NaN	320.0	NaN	NaN
2018-09-11	156.0	NaN	140.5	NaN	NaN

图 4-27　加上行标签的运行结果

如果再加上参数 margins=True 和 margins_name="汇总"，就会新增一列汇总列，对于合并计算非常有帮助。如图 4-28 所示。

100010723210	100010737576	900000957068	900000959307	汇总
NaN	NaN	NaN	NaN	3092.91
NaN	NaN	NaN	NaN	7620.22
NaN	NaN	NaN	NaN	10363.53
NaN	NaN	NaN	NaN	14923.59

图 4-28　新增一列汇总列的运行结果

当然，如果只是做数据透视表，在 Excel 表格中操作即可。为什么不用 Excel 呢？这里要推荐与 pivot_table() 一起用的另一个函数 stack()（堆栈函数），可以理解为会计学中的后进先出法。

接上面的内容，输入如下代码：

```
df03=df02.set_index(["应收费用"]).stack()
```

运行后的结果如图 4-29 所示。

应收费用		
3092.91	实际重量	84.0
7620.22	实际重量	218.0
10363.53	实际重量	295.0
14923.59	实际重量	320.0
6803.08	实际重量	296.5
5088.56	实际重量	126.0
7317.97	实际重量	193.0
281.23	实际重量	42.0
2380.25	实际重量	92.0
10634.62	实际重量	327.0
2902.11	实际重量	84.0
713.73	实际重量	327.5

图 4-29　输入 stack()后的运行结果

如果想将索引变成普通的行，可以输入 reset_index()函数。全部代码如下：

```
import Pandas as pd
import matplotlib.pyplot as plt
file="运费明细表.xlsx"
df01=pd.read_Excel(file,sheep_name="运费明细")
df02=pd.pivot_table(df01,index=["出口日期"],values=["应收费用","实际重量"],
            aggfunc={"应收费用":"sum","实际重量":"sum"})
df03=df02.set_index(["应收费用"]).stack().reset_index()
df03.head(30)
```

运行结果如图 4-30 所示。

	应收费用	level_1	0
0	3092.91	实际重量	84.0
1	7620.22	实际重量	218.0
2	10363.53	实际重量	295.0
3	14923.59	实际重量	320.0
4	6803.08	实际重量	296.5
5	5088.56	实际重量	126.0
6	7317.97	实际重量	193.0
7	281.23	实际重量	42.0

图 4-30　变为普通行的运行结果

综上所述，无论是对表格进行分类汇总还是数据透视，操作方法有很多。相对于 Excel 来说，Pandas 的分类汇总更加强大和灵活，对审计的帮助也很大。当然，前提条件是熟悉这些操作。

至此，已基本对 Pandas 有所了解。若想运用自如，就需要在日常工作中多练习、实践。对很多人来说，学习计算机语言最好的方法就是实践。

题外话：

Pandas 是一个非常受欢迎的库，原因是它可以用很简单的代码来操作复杂的运算，特别是金融分析上面，于是很多商业投资公司或证券公司多了一个职位：数据分析师。这个职位的要求有一定的财务经验，又懂得一些数据科学，能运用计算机语言去分析数据。最具代表的是 R 语言和 Python 语言。

对于很多金融行业的人来说，做研报是一件非常基础的工作，一般由新人去完成，但做研报也是一件非常严肃的事，所以需要有人去验证，而海量分析的工作交由计算机去完成还是交由人工去完成，这个就不用说了。

当然，数据如果是真实可靠的，分析数据一定会非常接近真相，所以对从事金融的人来说，技术就是资产，这些技术包括可以在某上市公司的历史数据上"运行"Pandas 的分析程序，得到一些分析数据后，能自动判断现有的投资策略是否会随着历史形势的发展而带来收益。

简单点就是，我跟投资者说，这个股票价格到顶了，应该卖出股票，然后回购一些相对便宜的股票，等将来以较高的价格出售。

不过，实践中经常会遇到问题，你无法保证在实际市场中会重复使用有关历史数据是真实可靠的。所以也会引起一些调查公司的兴趣，专门找人去做程序分析某些公司的历史数据，判断这些数据是否真实，如果不是，就找个时点去"做空"。

所以还是这么一句，对于金融公司来说，技术就是资产，而在未来，技术越强的金融公司其实力就越雄厚。例如目前高盛有约 9000 名计算机工程师，占高盛员工总数量的 1/3。

4.6　Pandas+OS 库下的批量处理 Excel 表格

作为一名财务人员，需要打理的表格非常多，可能不止十几个，更多的时候会有上百个文件，如果这些文件放在同一个文件夹中，以上面的方法和例子去一个个地读取文件，将是一件非常烦琐的工作，所以在这里介绍一下关于 OS 库的用法。

OS 是 Python 标准库，即不需要安装就可以使用，中文翻译是接口的意思，格式是 import os。其内置了几个函数，组合起来应用可以方便地与计算机进行交互。

例 4-5 假设同一个文件夹下存在 A、B、C 三个表，如图 4-31 所示，请将这三个表合并成一个表。

图 4-31　ABC 三表

要将以上三个表合并成一个表，如果没有引入 OS，就需要一个一个地读取，工作相当烦琐。如果运用 OS，只需要两句代码，就可以批量地读取同一个文件夹下的所有 Excel 表。其代码如下：

```
import os      ##引入 OS 库
import Pandas as pd  ##引入熊猫库
Excels = [pd.read_Excel(fname) for fname in os.listdir('./') if 'xls' in
fname]
  ##Excel 文件有两种后缀：xls 和 xlsx，都包含了 xls，故通过文件名中是否有 xls 来判断该文
件是否为 Excel 文件。
  ##须注意文件路径，我编写的代码和 Excel 文件在同一目录下，所以是'./'
df01 = pd.concat(Excels)     ##简单合并
df01.to_Excel('汇总.xlsx', index=False)
```

若 index=True，则在每行数据的前面会多出一个索引值，在文件夹中会出现一个新的 Excel 文件"汇总"，内容是已经合并成功的汇总表了，如图 4-32 所示。

图 4-32　合并成功显示结果

对于很多人来说，不是很明白原理，其实很简单。其基本思路：先使用 OS 库中的 listdir() 遍历指定的文件夹，找到所有文件，然后一个个地匹配文件后缀名，如果是 xls，就判断为 Excel 文件，然后根据上一步找到的 Excel 文件路径直接读取 Excel 文件。在默认情况下会读取列标题。

这样的操作虽然简单，但不一定适合有特别需求的人，所以他们会用 FOR+OS 的循环语法去批量读取有特定条件的文件。这是允许的。这样的例子在网络上有很多，也就不一一介绍了。要说明的是，如果想批量处理文件，用 OS 库配合其他库使用，是最快的方法。

1. 复制粘贴多个文件至目标文件夹

例 4-6 我有一个叫"石场报表"的文件夹，当中包含了很多个文件夹，而这些文件夹又有很多个报表，如何将这些报表全部复制到一个叫"石场报表.TEXT"的文件夹中呢？如图 4-33 所示。

每个文件夹中包含有 30 个 Excel 文件，全部有 900 多个 Excel 文件。

图 4-33 "石场报表"的文件夹

使用 OS 库将"石场报表"文件夹复制到"石场报表.TEXT"文件夹中的具体代码如下：

```
import os,shutil                                          ##引入 OS 库
from tqdm import tqdm                                     ##加了个进度条
A=r"C:\Users\Administrator\Desktop\石场报表"               ##需复制的文件夹
B=r"C:\Users\Administrator\Desktop\石场报表 TEXT"          ##目标文件夹
for root, dirs, files in os.walk(A):
    for file in tqdm(files,desc="Waiting..."):
        shutil.copy(os.path.join(root,file),B)
```

运行结果如下：

```
Waiting...: 100%|███████████████████████████|
6/6 [00:00<00:00, 859.55it/s]
Waiting...: 100%|███████████████████████████|
1/1 [00:00<00:00, 1001.98it/s]
Waiting...: 100%|███████████████████████████|
2/2 [00:00<00:00, 1002.22it/s]
Waiting...: 100%|███████████████████████████|
13/13 [00:00<00:00, 1629.63it/s]
Waiting...: 100%|███████████████████████████|
13/13 [00:00<00:00, 1629.29it/s]
Waiting...: 100%|████████████████████|
```

运行完成后，所有文件夹中共 900 多个 Excel 文件将汇总到一个文件夹内。

2. 合并多个科目余额表，并标明文件来源

例 4-7 假设有二十家企业，每家企业的会计都发送了一个科目余额表给我，并将这二十个科目余额表合并成一个科目余额表。为了方便合并报表，希望只合成一个工作表，并且每个科目后面都带有所属公司名称。如果一张一张地打开复制，太麻烦了，于是将这

些科目余额表都放在 "C:\\Users\\Administrator\\Desktop\\事例\\合并科目余额表" 的文件夹中。

其具体代码如下：

```
import os##引入 OS 库
import Pandas as pd
import numpy as np
import glob
path="C:\\Users\\Administrator\\Desktop\\事例\\合并科目余额表"
all_files = glob.glob(os.path.join(path, "*.xls")) ##列出所有的路径，获得指
定目录下的所有 Excel 文件
df = pd.DataFrame()
for file_ in all_files:
    file_df = pd.read_Excel(file_,header=0)
    file_df['企业名称'] = file_
    df = df.append(file_df)
df02=df
df02= df02.fillna(0)#将 NAN 值变成 0
df02.to_Excel('汇总.xlsx', index=False)   ##若 index 为 True，则每行数据最前面会
多出一个索引值
```

其中，glob 是一个文件操作库，只有一条函数：glob.glob()，可以用它查找符合自己目的的文件，类似于 Windows 下的文件搜索，可结合 OS 用，也可以不用，自己指定文件路径。

OS 库的函数不多，但对于文件的批量操作，具有重要的作用。

很多时候，需要混合几个库进行操作，单纯地使用 Pandas 或 NumPy 会有所限制，遇上需要进行复杂的操作，就不得不引入其他库，如 OS 库。而在 Python 中，有好几千个这样的常用库。

有人会问，为什么上面 "合并各银行流水" 的那份长长的代码中没有使用 OS 库？这里我要说一下，因为上面各个银行的 Excel 表格格式不一样，所以不能直接使用 OS库。OS 合并的是文件格式相同的文件，且列与列的结构也须相同，这样合并出来的结果才是正确的。

☕ 题外话：

不少人最早接触到的操作系统，估计是 Windows 了，当年微软公司为了处理结构化数据，开发出 Excel，这个也是当年最好、最容易使用的办公软件。直到现在，很多人都认为 Excel 已经没有更多优势了，但我认为这是不对的，Excel 依然是大多数人处理数据的重要工具。

那么为什么在网上经常有人认为 Python 会取代 Excel 呢？其实这是一个误解。我本人喜欢用 Excel 做数据录入的工作，但如果做报表或 PPT 的话，我会选择用 BI 工具，

如果做批量处理，做数据清洗，我会用 Python，哪个方便用哪个。

工作上，不是所有人都是多面手，都有自己的专长，熟悉更多的工具，是为了让自己多一种思路。很多事情往往换一种思路就可以解决。学习更多工具的原动力，我认为还是要有好奇心。如果带着功利去学习，不是不行，但容易忽视其他东西，而且容易失去兴趣。

4.7　Pandas+爬虫库下的网络表格

很多人以为 Python 就是用来做网络爬虫的，其实不是，这里有一些误会。

网络爬虫其实就是网络蜘蛛，能通过浏览器模仿人类行为在网站读取内容数据，如果运用得好，就可以变成自动上网抢票、自动上网点赞、自动上网下载电影等。这只是 Python 刚好有好几个库，能按照一定规则、自动抓取互联网信息，而且使用简单，所以才能广泛应用于网络。

不过本书不涉及网络工程，所以不会介绍相关方面的知识，而且在财务和审计中应用也较少。如果在爬取网络表格后再结合 Pandas 库做数据分析，就可能有一部分内容会用到爬虫。所以这里简单介绍一下，但不会作深入研究。现在很多网站都有反爬技术，防止别人用爬虫技术占用服务器资源，设置出一些文字、图片之类的验证码。所以爬虫技术也越来越复杂，这更不是我们要学习的重点。

学习的重点是在合法合规的情况下，获取一些数据类型网站的数据，如交易行情、价格行情等，以提高工作效率。

这里介绍 requests 库，这是一个常用的爬虫库，它可以向网页发出 HTTP/1.1 的请求。在介绍这个库之前，先重点介绍 HTTP，它是所有爬虫的基础。

HTTP 是万维网的数据通信的基础。例如，我们用浏览器打开一个网页，输入的网址就是一个请求，目的就是打开网页。而 HTTP 就统一了这些请求的格式。

这些请求被统一为八个标准动作，分别是 GET()、HEAD()、POST()、PUT()、DELETE()、TRACE()、OPTIONS()和 CONNECT()。具体含义如下：

（1）GET()：向指定的资源发出"显示"请求。使用 GET()方法只用于读取资料，不会更改网页的内容。

（2）HEAD()：与 GET()方法一样，都是向服务器发出指定资源的请求，服务器将不传回资源的本文部分。

（3）POST()：向指定资源提交数据，请求服务器进行处理（如提交表单或者上传文件）。数据被包含在请求文本中。这个请求可能会创建新的资源或修改现有资源。

（4）PUT()：向指定资源位置上传递最新内容。

（5）DELETE()：请求服务器删除所标识的资源。

（6）TRACE()：回显服务器收到的请求，主要用于测试或诊断。

（7）OPTIONS()：这个方法可使服务器传回该资源所支持的所有 HTTP 请求方法。用'*'来代替资源名称，向 Web 服务器发送 OPTIONS()请求，可以测试服务器功能是否正常。

（8）CONNECT(): HTTP/1.1 协议中预留给能够将连接改为隧道方式的代理服务器。

以上就是 HTTP 中的八个规定动作。如果想下载网页上面的某些内容，但内容又太多，有什么好办法吗？比如，要下载某个财经网站的所有股票信息，但一看页码，有几百页，难道真的要一个个地打开吗？Python 的程序员就开发了一个 requests 库来解决这个问题——用函数命令代替人工录入，轻松解决人工重复操作的问题。但用机器去发送请求有没有问题？有的，服务器在短时间内的压力加大了！

假设有一个柜台，如果我面对的是一个人，给他一张申请表，他填写，我可以轻松处理其他业务；但如果面对的是一个机器人，我给它一张表格，它竟然可以一秒填完，而且还不断地向我要表格，这个时候压力是不是太大了。

因此，现在很多服务器都设置了人工验证，如填数字、选图片，还有反爬等。

当然，我们的要求不会很高，只是方便下载一些公共的数据而已。其中的原理很简单，就用 requests()函数模拟 HTTP 中的 get()动作，向网站发送请求，然后获取请求数据。其具体语法如下：

```
Requests.get()
```

例 4-8　想看下中国银行历年的财务报告,打开后发现财务报告非常多,有好几页,如图 4-34 所示,于是想保存一下这些报告的网址,以便日后有空时查看。

图 4-34　中国银行历年的财务报告

其代码如下：

```
import requests
#step1:指定 HTTP 格式的 url
a = 'https://www.boc.cn/investor/ir3/'##中国银行网站财务报告
#step2: 发起请求
#用 get()方法发起一个请求
response = requests.get(url=a)
#step3:获取请求数据，text 返回字符串形式的响应数据
page_text=response.text
print(page_text)
```

运行结果如图 4-35 所示。

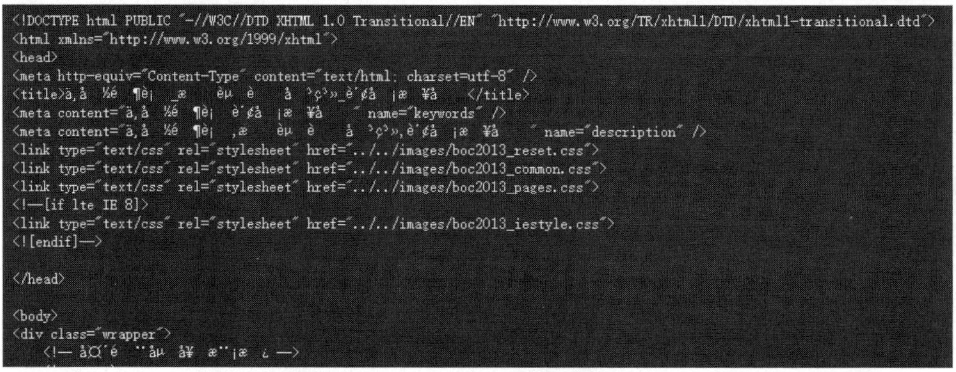

```
<!DOCTYPE html PUBLIC "-//W3C//DTD XHTML 1.0 Transitional//EN" "http://www.w3.org/TR/xhtml1/DTD/xhtml1-transitional.dtd">
<html xmlns="http://www.w3.org/1999/xhtml">
<head>
<meta http-equiv="Content-Type" content="text/html; charset=utf-8" />
<title>ä,å ½é ¶è¡ _æ èµ è å ³ç³»_è´¢å ¡æ ¥å </title>
<meta content="ä,å ½é ¶è¡ è´¢å ¡æ ¥å " name="keywords" />
<meta content="ä,å ½é ¶è¡ ,æ èµ è å ³ç³»,è´¢å ¡æ ¥å " name="description" />
<link type="text/css" rel="stylesheet" href="../../images/boc2013_reset.css">
<link type="text/css" rel="stylesheet" href="../../images/boc2013_common.css">
<link type="text/css" rel="stylesheet" href="../../images/boc2013_pages.css">
<!—[if lte IE 8]>
<link type="text/css" rel="stylesheet" href="../../images/boc2013_iestyle.css">
<![endif]—>

</head>

<body>
<div class="wrapper">
    <!— å¤´é ¨åµ å¥ æ¨¡æ ¿ —>
```

图 4-35 [例 4-7]的运行结果

运行的结果非常长，在图 4-35 中只截取的开头部分。由图中发现，除了英文外，还有一堆乱码。这是因为 requests 会自动解码来自服务器的内容。这时，可以修改 requsets 的属性，将其解码成为中文。其代码如下：

```
import requests
#step1:指定 HTTP 格式的 url
a = 'https://www.boc.cn/investor/ir3/'##中国银行网站
#用 get 方法会发起一个请求
response = requests.get(url=a)
#step3:获取请求数据，text 返回的字符串形式的响应数据
response.encoding='utf-8'  ##修改 requests 后的属性
page_text=response.text
print(page_text)
```

运行结果如下：

```
<!DOCTYPE html PUBLIC "-//W3C//DTD XHTML 1.0 Transitional//EN" "http://www.
w3.org/TR/xhtml1/DTD/xhtml1-transitional.dtd">
```

```
<html xmlns="http://www.w3.org/1999/xhtml">
<head>
<meta http-equiv="Content-Type" content="text/html; charset=utf-8" />
<title>中国银行_投资者关系_财务报告</title>
<meta content="中国银行财务报告" name="keywords" />
<meta content="中国银行,投资者关系,财务报告" name="description" />
<link type="text/css" rel="stylesheet" href="../../images/boc2013
```

由图 4-36 可知，已将乱码解码成了中文。这时，我们就可以看看反馈回来的信息了，查找一下，就可以找到想要的信息。

图 4-36　反馈结果 1

图 4-37 是每个报告的网址，将这些网址放到表格或者文档中。

图 4-37　反馈结果 2

然后将<a href=".替换成 https://www.boc.cn/investor/ir3，完整的网址就出来了，按【Ctrl】键同时单击网址，就可以打开该网页的报告，如图 4-38 所示。

```
                              <li>
                  https://www.boc.cn/investor/ir3./202104/t20210429_19347216.html
   title="2021 年第一季度报告（A 股）">2021 年第一季度报告（A 股）</a>
                  <span>[ 2021-04-29]</span>
                  https://www.boc.cn/investor/ir3./202104/t20210429_19347199.html
   " title="2021 年第一季度报告（H 股）">2021 年第一季度报告（H 股）</a>
                  <span>[ 2021-04-29]</span>
                  https://www.boc.cn/investor/ir3./202104/t20210427_19332472.html
   " title="2020 年年度报告（A 股印刷版）">2020 年年度报告（A 股印刷版）</a>
                  <span>[ 2021-04-27]</span>
                  https://www.boc.cn/investor/ir3./202104/t20210427_19332175.html
   " title="2020 年年度报告（H 股印刷版）">2020 年年度报告（H 股印刷版）</a>
                  <span>[ 2021-04-27]</span>
                  https://www.boc.cn/investor/ir3./202103/t20210330_19212227.html
   " title="2020 年年度报告（A 股）">2020 年年度报告（A 股）</a>
                  <span>[ 2021-03-30]</span>
```

图 4-38　反馈结果 3

当然，这个是比较简单的方法，如果结合某些特定库，就可以爬取更丰富的内容，如自动上网抢票、自动上网点赞、自动上网下载电影等。一般来说，在实际工作中，用户更喜欢用 Pandas+requests 库爬取表格。如想爬取中国银行历年 LRP 利率（贷款市场报价利率），找到 LRP 利率的网址，然后运行如下代码：

```
import requests
import Pandas as pd
re = requests.get('https://www.bankofchina.com/
fimarkets/lilv/fd32/201310/t20131028_2578984.html')
df = pd.read_html(re.content)[0]##[0]代表页面上第几张表格。
print(df)
```

运行结果如下：

```
        公布日期      期限    LPR（%）    涨跌（BP）
0       2019-08-16  1Y     4.300      0.0
1       2019-08-15  1Y     4.300      0.0
2       2019-08-14  1Y     4.300      0.0
3       2019-08-13  1Y     4.300      0.0
4       2019-08-12  1Y     4.300      0.0
...        ...      ..      ...        ...
1439    2013-11-1   1Y     5.703      0.0
1440    2013-10-31  1Y     5.703      0.0
1441    2013-10-30  1Y     5.703      0.0
1442    2013-10-29  1Y     5.703      0.0
1443    2013-10-28  1Y     5.703      0.0
[1444 rows x 4 columns]
```

以上是一些简单的应用，除此之外，还有一些专门爬取股票的库。若做好了 requests 接口，只需要一行命令就可以下载相关股票信息，如想下载美股，可以用的库有

Pandas_datareader、yfinance，用于国内的库有 tushare、baostock。

4.8　Pandas+baostock 库进行股票分析

国内涉及证券的两个库分别为 tushare、baostock，由于 tushare 需要积分，这里介绍 baostock 库，它对个人用户除了能免费使用外，还不需要注册，对初学者比较友好。而且它能提供大量上市公司历年财务数据以及行情数据。

安装命令如下：

在安装了 Python 运行环境的电脑上，通过 cmd 进入命令行，然后输入如下代码：

```
pip install baostock
```

安装命令如图 4-39 所示。

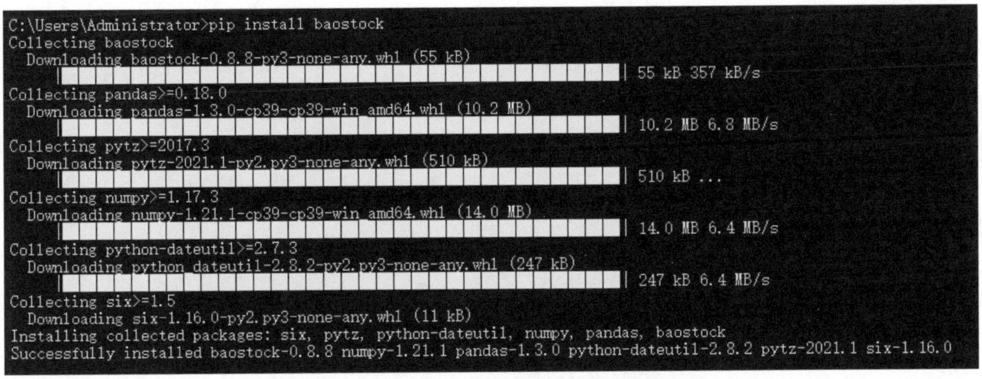

图 4-39　安装命令

如果是 Anaconda 运行环境，就可通过 Anaconda 进入命令行。

若用 Jupyter Notebook，就一定要在 Anaconda 中输入 pip install baostock 才能成功安装，如图 4-40 所示。

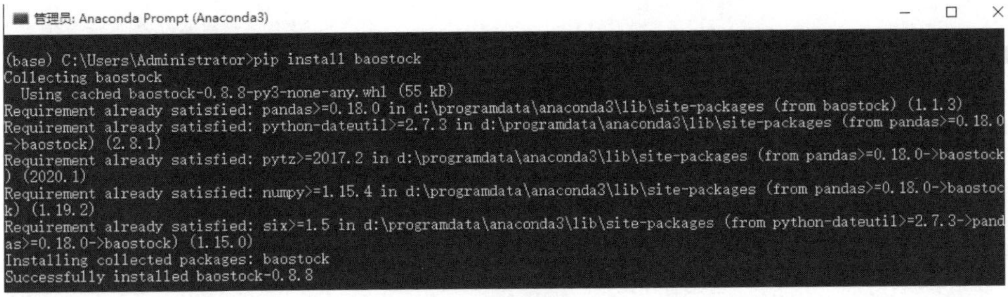

图 4-40　安装结果

安装成功后，就可以通过 baostock 接口查询到股票数据。具体使用方法可以到官网查找相关文档。

不过官网的代码只有基本功能，且没有中文。一般来说，在这里都会做一些修改，如我的日 K 线代码：

```
##历史 K 线指标
import baostock as bs   ##调用 baostock 库
import Pandas as pd     ##调用 Pandas 库
# 登录系统
lg = bs.login()
# 周月线指标: date,code,open,high,low,close,volume,amount,adjustflag,turn,
pctChg
#code: 股票代码，sh 或 sz.+6 位数字代码
rs = bs.query_history_k_data_plus("sh.000001",
    "date,code,open,high,low,close,preclose,volume,amount,pctChg",##以半
角逗号分隔。此参数不可为空;
    start_date='2017-01-01', end_date='2021-06-30', frequency="d")##查询
的起始日
##frequency: 数据类型，默认为 d，日 K 线; d=日 K 线、w=周、m=月、5=5 分钟、15=15 分钟、
30=30 分钟、60=60 分钟 K 线数据
# 设定一个空集
data_list = []
while (rs.error_code == '0') & rs.next():##rs.error_code: 当为"0"时表示连
接成功; 当为非 0 时表示失败; next()返回下一个项目
    # 获取一条记录，将记录合并在一起
    data_list.append(rs.get_row_data())#当以上的条件成立时，将数据放到空集中
result = pd.DataFrame(data_list, columns=rs.fields)##导入 Pandas 中
result.rename(columns={'date':'日期'},inplace=True) #将表头的名称改成统一的
名称
    result.rename(columns={'code':'证券号'},inplace=True) #将表头的名称改成统一
的名称
    result.rename(columns={'open':'开盘价'},inplace=True) #将表头的名称改成统一
的名称
    result.rename(columns={'high':'最高价'},inplace=True) #将表头的名称改成统一
的名称
    result.rename(columns={'low':'最低价'},inplace=True) #将表头的名称改成统一的
名称
    result.rename(columns={'close':'收盘价'},inplace=True) #将表头的名称改成统一
的名称
    result.rename(columns={'preclose':'昨日收盘价'},inplace=True) #将表头的名称
改成统一的名称
    result.rename(columns={'volume':'成交数量(股)'},inplace=True) #将表头的名称
改成统一的名称
    result.rename(columns={'amount':'成交金额(元)'},inplace=True) #将表头的名称
改成统一的名称
    result.rename(columns={'pctChg':'涨跌幅'},inplace=True) #将表头的名称改成统
一的名称
```

```
result["成交金额(元)"].astype(float)

# 输出到 Excel 文件
with pd.ExcelWriter("d:\历史 K 线指标.xlsx", mode='a',engine='openpyxl') as
writer:
    result.to_Excel(writer,index=False)
print(result)

# 退出系统
bs.logout()
```

结果如图 4-41 所示。

日期	证券号	开盘价	最高价	最低价	收盘价	昨日收盘价	成交数量(股)	成交金额(元)	涨跌幅
2017-01-03	sh.000001	3105.308	3136.455	3105.308	3135.92	3103.637	14156718592	159887138816.00	1.04%
2017-01-04	sh.000001	3133.787	3160.102	3130.114	3158.794	3135.92	16786085120	195914293248.00	72.94%
2017-01-05	sh.000001	3157.906	3168.502	3154.281	3165.41	3158.794	17472764416	199692025856.00	20.94%
2017-01-06	sh.000001	3163.776	3172.034	3153.025	3154.321	3165.41	18370896640	207296036864.00	-35.03%
2017-01-09	sh.000001	3148.531	3173.136	3147.735	3171.236	3154.321	17171407616	192110579712.00	53.62%
2017-01-10	sh.000001	3167.57	3174.578	3157.332	3161.671	3171.236	17975921664	194963218432.00	-30.16%
2017-01-11	sh.000001	3156.685	3167.028	3136.266	3136.753	3161.671	17836222208	189186457600.00	-78.81%
2017-01-12	sh.000001	3133.601	3144.969	3115.978	3119.288	3136.753	14888923904	161922297856.00	-55.68%
2017-01-13	sh.000001	3116.082	3130.514	3102.162	3112.764	3119.288	15627421440	174438555648.00	-20.92%
2017-01-16	sh.000001	3104.492	3105.142	3044.291	3103.428	3112.764	25788599552	262826041344.00	-29.99%
2017-01-17	sh.000001	3087.029	3108.907	3072.338	3108.774	3103.428	13615785984	154757554176.00	17.23%
2017-01-18	sh.000001	3104.766	3123.72	3098.586	3113.012	3108.774	13178012928	144546717696.00	13.63%
2017-01-19	sh.000001	3104.971	3115.777	3094.005	3101.299	3113.012	12385142016	139280461824.00	-37.63%
2017-01-20	sh.000001	3095.818	3125.659	3095.214	3123.138	3101.299	12236677632	141471809536.00	70.42%

图 4-41　运行结果

由于查看的是 2017 年 1 月 1 日—2021 年 6 月 30 日的数据,数据量不大,所以直接可用 Excel 的图表进行分析，如图 4-42 所示。

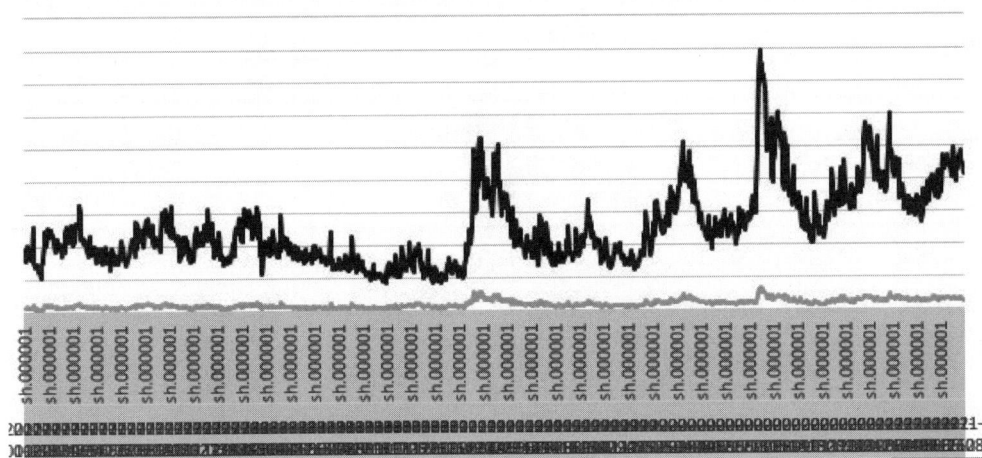

图 4-42　可视化结果

由图 4-42 可知，这几个月上证的成交金额在逐渐升高。

重要代码说明：

（1）lg = bs.login()是必须要用到的代码，没有这一行的话，就不能连接到库。

（2）bs.query_history_k_data_plus 是一个专门用来查询 K 线指标的函数，在 baostock 库还有很多不同的函数。baostock 库中的主要函数见表 4-6。

表 4-6　baostock 库中的主要函数

函数名称	作　用
query_history_k_data_plus()	获取沪深 A 股估值指标(日频)数据（指数未提供估值数据）
query_dividend_data()	获取除权除息信息数据（预披露、预案、正式都已通过）
query_adjust_factor()	获取复权因子信息数据
query_profit_data()	获取季频盈利能力信息
query_operation_data()	获取季频营运能力信息
query_growth_data()	获取季频成长能力信息
query_balance_data()	获取季频偿债能力信息
query_cash_flow_data()	获取季频现金流量信息
query_dupont_data()	获取季频杜邦指数信息
query_performance_express_report()	获取季频公司业绩快报信息
query_stock_basic()	获取证券基本资料
query_stock_industry()	获取行业分类信息
query_sz50_stocks()	获取上证 50 成分股信息，更新频率：每周一更新
query_hs300_stocks()	获取沪深 300 成分股信息，更新频率：每周一更新
query_zz500_stocks()	获取中证 500 成分股信息，更新频率：每周一更新
query_deposit_rate_data()	获取存款利率
query_loan_rate_data()	获取贷款利率
query_required_reserve_ratio_data()	获取存款准备金率
query_money_supply_data_month()	获取货币供应量
query_shibor_data()	获取银行间同业拆放利率

基本上代码不用改，只改函数命令就可以得出不同的结果。

（3）while (rs.error_code == '0') & rs.next():是一个条件语句，如果不等于 0，就表示连接不成功，所以当等于 0 时，若还有下一个数据，就可以进行合并。

（4）合并用了 append()函数，用于在列表末尾添加新的对象，rs.get_row_data()就是这些新的对象了。

（5）result.rename(columns={'date':'日期'},inplace=True)是一个将列名替换的语句，意思就是将原来用英文表示的 date 替换成中文"日期"。

从这段代码中，可以将 baostock 库理解成一个固定了格式的爬虫库，使用的目的是获得一个数据接口，然后将数据转化成 Pandas 格式，以便进行数据分析。

例如你想获得某类股票的基本信息，但又不记得这些股票的代码，那么如何进行模糊查询呢？具体代码如下：

```python
##获取某类股票的信息
import Pandas as pd
import baostock as bs
# 登录系统
lg = bs.login()
# 显示登录返回信息
print('login respond error_code:' + lg.error_code)
print('login respond error_msg:' + lg.error_msg)
rs = bs.query_stock_basic(code_name="银行")  # 支持模糊查询
data_list = []
while (rs.error_code == '0') & rs.next():
    # 获取一条记录，将记录合并在一起
    data_list.append(rs.get_row_data())
result = pd.DataFrame(data_list, columns=rs.fields)
bs.logout()
print(result)
```

运行结果如下：

```
login success!
login respond error_code:0
login respond error_msg:success
logout success!
        code      code_name      ipoDate    outDate type status
0   sh.000134      上证银行股指数  2012-05-29              2      1
1   sh.000849   沪深 300 非银行金融指数  2012-12-21       2      1
2   sh.000951    沪深 300 银行指数  2009-10-28          2      1
3   sh.600000        浦发银行  1999-11-10              1      1
4   sh.600015        华夏银行  2003-09-12              1      1
5   sh.600016        民生银行  2000-12-19              1      1
6   sh.600036        招商银行  2002-04-09              1      1
7   sh.600908        无锡银行  2016-09-23              1      1
8   sh.600919        江苏银行  2016-08-02              1      1
9   sh.600926        杭州银行  2016-10-27              1      1
10  sh.600928        西安银行  2019-03-01              1      1
11  sh.601009        南京银行  2007-07-19              1      1
12  sh.601128        常熟银行  2016-09-30              1      1
13  sh.601166        兴业银行  2007-02-05              1      1
14  sh.601169        北京银行  2007-09-19              1      1
15  sh.601187        厦门银行  2020-10-27              1      1
16  sh.601229        上海银行  2016-11-16              1      1
17  sh.601288        农业银行  2010-07-15              1      1
18  sh.601328        交通银行  2007-05-15              1      1
19  sh.601398        工商银行  2006-10-27              1      1
```

20	sh.601528	瑞丰银行	2021-06-25	1	1
21	sh.601577	长沙银行	2018-09-26	1	1
22	sh.601658	邮储银行	2019-12-10	1	1
23	sh.601665	齐鲁银行	2021-06-18	1	1
24	sh.601818	光大银行	2010-08-18	1	1
25	sh.601838	成都银行	2018-01-31	1	1
26	sh.601860	紫金银行	2019-01-03	1	1
27	sh.601916	浙商银行	2019-11-26	1	1
28	sh.601939	建设银行	2007-09-25	1	1
29	sh.601963	重庆银行	2021-02-05	1	1
30	sh.601988	中国银行	2006-07-05	1	1
31	sh.601997	贵阳银行	2016-08-16	1	1
32	sh.601998	中信银行	2007-04-27	1	1
33	sh.603323	苏农银行	2016-11-29	1	1
34	sz.000001	平安银行	1991-04-03	1	1
35	sz.002142	宁波银行	2007-07-19	1	1
36	sz.002807	江阴银行	2016-09-02	1	1
37	sz.002936	郑州银行	2018-09-19	1	1
38	sz.002948	青岛银行	2019-01-16	1	1
39	sz.002966	苏州银行	2019-08-02	1	1

如果我不想查"银行"，而是想查"茅台"呢？一样可以的，只要将 rs = bs.query_stock_basic(code_name="银行")改成(code_name="茅台")就可以了。

运行结果如下：

```
login success!
login respond error_code:0
login respond error_msg:success
logout success!
        code    code_name      ipoDate outDate type status
0  sh.600519     贵州茅台  2001-08-27              1      1
```

这样的操作比较简单，但如果要做一个贵州茅台的财务分析，需要一个一个指标去查，将会比较麻烦。一般来说，我会将需要查询的指标放到一个 Python 程序中，以固定格式，在需要时直接查询。为了方便初学者理解，代码不用 for in 循环结构，详细代码如下：

```
##查询某只股票的财务状况能力
import baostock as bs
import Pandas as pd


# 登录系统
lg = bs.login()
# 显示登录返回信息
print('login respond error_code:'+lg.error_code)
```

```
print('login respond  error_msg:'+lg.error_msg)
stocknum = input("请输入股票代码,例如茅台为:sh.600519,平安银行为 sz.000001 等:")

# 查询季频估值指标盈利能力
profit_list = []
rs1= bs.query_profit_data(code=stocknum, year=2020, quarter=1)##获取 2020
年第一季盈利能力
rs2= bs.query_profit_data(code=stocknum, year=2020, quarter=2)##获取 2020
年第二季盈利能力
rs3= bs.query_profit_data(code=stocknum, year=2020, quarter=3)##获取 2020
年第三季盈利能力
rs4= bs.query_profit_data(code=stocknum, year=2020, quarter=4)
rs5= bs.query_profit_data(code=stocknum, year=2021, quarter=1)

while (rs1.error_code == '0') & rs1.next():
    profit_list.append(rs1.get_row_data())
    profit_list.append(rs2.get_row_data())
    profit_list.append(rs3.get_row_data())
    profit_list.append(rs4.get_row_data())
    profit_list.append(rs5.get_row_data())
resp = pd.DataFrame(profit_list,columns=rs1.fields)##导入 Pandas
resp.rename(columns={'code':'证券号'},inplace=True) #将表头的名称改成统一的名称
resp.rename(columns={'pubDate':'财报日期'},inplace=True) #将表头的名称改成统
一的名称
resp.rename(columns={'statDate':'财报统计截止日'},inplace=True) #将表头的名
称改成统一的名称
resp.rename(columns={'roeAvg':'净资产收益率(平均)'},inplace=True) #将表头的
名称改成统一的名称
resp.rename(columns={'npMargin':'销售净利率'},inplace=True) #将表头的名称改
成统一的名称
resp.rename(columns={'gpMargin':'销售毛利率'},inplace=True) #将表头的名称改
成统一的名称
resp.rename(columns={'netProfit':'净利润(元)'},inplace=True) #将表头的名称
改成统一的名称
resp.rename(columns={'MBRevenue':'主营营业收入(元)'},inplace=True) #将表头
的名称改成统一的名称
resp.rename(columns={'totalShare':'总股本'},inplace=True) #将表头的名称改成
统一的名称
resp.rename(columns={'liqaShare':'流通股本'},inplace=True) #将表头的名称改成
统一的名称
resp.rename(columns={'epsTTM':'每股收益'},inplace=True) #将表头的名称改成统
一的名称
```

```
#获取公司业绩快报 #
result_list = []
rs6 = bs.query_dupont_data(code=stocknum, year=2020, quarter=1)
rs7 = bs.query_dupont_data(code=stocknum, year=2020, quarter=2)
rs8 = bs.query_dupont_data(code=stocknum, year=2020, quarter=3)
rs9 = bs.query_dupont_data(code=stocknum, year=2020, quarter=4)
rs10 = bs.query_dupont_data(code=stocknum, year=2021, quarter=1)

while (rs6.error_code == '0') & rs6.next():
    result_list.append(rs6.get_row_data())
    result_list.append(rs7.get_row_data())
    result_list.append(rs8.get_row_data())
    result_list.append(rs9.get_row_data())
    result_list.append(rs10.get_row_data())
    # 获取一条记录，将记录合并在一起
resp2 = pd.DataFrame(result_list, columns=rs6.fields)
resp2.rename(columns={'code':'证券号'},inplace=True) #将表头的名称改成统一的
名称
    resp2.rename(columns={'pubDate':'财报日期'},inplace=True) #将表头的名称改成
统一的名称
    resp2.rename(columns={'statDate':'财报统计截止日'},inplace=True) #将表头的名
称改成统一的名称
    resp2.rename(columns={'dupontROE':'净资产收益率'},inplace=True) #将表头的名
称改成统一的名称
    resp2.rename(columns={'dupontAssetStoEquity':'权益乘数'},inplace=True) #
将表头的名称改成统一的名称
    resp2.rename(columns={'dupontAssetTurn':'总资产周转率'},inplace=True) #将
表头的名称改成统一的名称
    resp2.rename(columns={'dupontPnitoni':' 归 属 母 公 司 股 东 的 净 利 润
'},inplace=True) #将表头的名称改成统一的名称
    resp2.rename(columns={'dupontNitogr':'净利润率'},inplace=True) #将表头的名
称改成统一的名称
    resp2.rename(columns={'dupontTaxBurden':' 税 负 水 平 （ 净 利 润 / 利 润 总
额）'},inplace=True) #将表头的名称改成统一的名称
    resp2.rename(columns={'dupontIntburden':' 利 息 负 担 （ 利 润 总 额 / 息 税 前 利
润）'},inplace=True) #将表头的名称改成统一的名称
    resp2.rename(columns={'dupontEbittogr':'经营利润率'},inplace=True) #将表头
的名称改成统一的名称

    respall=pd.merge(resp,resp2)
    # 打印输出
```

```
print(respall)
# 结果集输出到.csv 文件
#result_profit.to_csv("D:\\profit_data.csv", encoding="gbk", index=False)
# 退出系统
bs.logout()
```

当程序在运行的时候，会弹出图 4-43 所示的询问界面。

```
请输入股票代码，例如茅台为:sh.600519，平安银行为sz.000001等: |

login success!
login respond error_code:0
login respond  error_msg:success
```

图 4-43　询问界面

这时输入要查询的股票代码，如查询茅台，输入 sh.600519。运行结果如图 4-44 所示。

```
请输入股票代码，例如茅台为:sh.600519，平安银行为sz.000001等:sh.600519
        证券号       财报日期     财报统计截止日 净资产收益率(平均)     销售净利率     销售毛利率  \
0  sh.600519  2020-04-28  2020-03-31   0.091849  0.568024  0.916722
1  sh.600519  2020-07-29  2020-06-30   0.165436  0.544392  0.914628
2  sh.600519  2020-10-26  2020-09-30   0.237832  0.533374  0.913250
3  sh.600519  2021-03-31  2020-12-31   0.314108  0.521763  0.914092
4  sh.600519  2021-04-28  2021-03-31   0.082915  0.541678  0.916763

             净利润(元)        每股收益            主营营业收入(元)           总股本  \
0  13862853487.240000  34.293015                       1256197800.00
1  23927546476.230000  34.912575  43911644100.000000  1256197800.00
2  35850673342.160000  35.487022                       1256197800.00
3  49523329882.400000  37.173513  94821999102.450000  1256197800.00
4  14772030035.620000  37.858669                       1256197800.00

           流通股本    净资产收益率       权益乘数    总资产周转率 归属母公司股东的净利润       净利润率
0  1256197800.00  0.091849  1.279020  0.138748    0.944522  0.547972
1  1256197800.00  0.165436  1.300118  0.256921    0.944587  0.524332
2  1256197800.00  0.237832  1.292337  0.378514    0.943556  0.515282
3  1256197800.00  0.314108  1.333313  0.494368    0.942935  0.505375
4  1256197800.00  0.082915  1.273374  0.130956    0.944654  0.526356

  税负水平(净利润/利润总额) 利息负担(利润总额/息税前利润)      经营利润率
0        0.750093          1.000398  0.730247
1        0.748239          1.002461  0.699034
2        0.748781          1.003434  0.685805
3        0.748121          1.004228  0.672682
4        0.750044          1.007304  0.696677
logout success!
```

图 4-44　查询茅台的运行结果 1

如果想查询五粮液，可输入 sz.000858。运行结果如图 4-45 所示。

```
login success!
login respond error_code:0
login respond  error_msg:success
请输入股票代码，例如茅台为:sh.600519，平安银行为sz.000001等:sz.000858
        证券号        财报日期      财报统计截止日 净资产收益率(平均)      销售净利率      销售毛利率  \
0  sz.000858  2020-04-28  2020-03-31   0.098592  0.398281  0.765316
1  sz.000858  2020-08-28  2020-06-30   0.143878  0.369577  0.745393
2  sz.000858  2020-10-30  2020-09-30   0.188184  0.358341  0.745307
3  sz.000858  2021-04-28  2020-12-31   0.249440  0.364846  0.741597
4  sz.000858  2021-04-28  2021-03-31   0.103174  0.402183  0.764319

             净利润(元)       每股收益              主营营业收入(元)              总股本  \
0   8060492743.980000  4.799903                         3881608005.00
1  11370985057.640000  4.874763  30767525988.400000  3881608005.00
2  15226890133.110000  4.998978                         3881608005.00
3  20913340409.540000  5.140862  57321059453.150000  3881608005.00
4   9783044789.880000  5.558040                         3881608005.00

           流通股本     净资产收益率        权益乘数     总资产周转率 归属母公司股东的净利润        净利润率
0  3795757968.00  0.098592  1.355521  0.191063     0.955809  0.398281
1  3795811143.00  0.143878  1.330613  0.306471     0.954657  0.369577
2  3795811143.00  0.188184  1.335011  0.411800     0.955248  0.358341
3  3795786270.00  0.249440  1.376842  0.520414     0.954167  0.364846
4  3795786270.00  0.103174  1.295350  0.207802     0.953038  0.402183

  税负水平(净利润/利润总额) 利息负担(利润总额/息税前利润)       经营利润率
0        0.753245          1.038842  0.508983
1        0.758011          1.052042  0.463444
2        0.756616          1.059873  0.446855
3        0.755582          1.058186  0.456316
4        0.752134          1.036160  0.516063
logout success!
```

图 4-45　查询五粮液的运行结果 2

在查询后将结果保存在 Excel 文件中。

从基本上说，涉及统计和数据分析的库中，Pandas 是必须要掌握的数据结构，它能提供快速、灵活的数据整理方法，又可以结合其他不同功能的库进行使用，应用生态丰富，所以很多做大数据分析的人都会用到 Pandas 这个工具，就像修车的一定会用到扳手一样。而作为财务人员，我的建议是掌握几个基本的“方法”，因为一般的财务工作大多带有重复性，只要重复的“方法”用多了，迟早会熟能生巧。

题外话：

在学习 Pandas 的时候有时候会觉得非常奇怪，为什么美国的投资公司这么重视 Pandas，甚至在招聘要求上注明量化投资分析师要掌握 Pandas 呢？例如我看到 Gelber Group 的交易员岗位中，注明了这样的一句话：“经济学、金融、统计学或相关领域的学士学位，且具有以下的编程经验，Python（NumPy、Pandas 和相关库）。”

后来也去登录一下美股的股票库，觉得是以下几个原因：

首先，美股上市公司的股票量大，全美国大概有 2 万只上市公司股票，而要在一定时间内查找 2 万只美股票中有哪些可以在近期进行投资，可以说是非常耗时间的操作，如果能靠计算机来解决，这将会大大提高工作效率。

其次，现金账户交易规则不同。A 股主要是当天买的股票最早第二个交易日才能卖（T+1），美股没有此方面的限制，当日可卖（T+0），这就决定了必须在最短的时间内决定是否购入和出售手中的股票。更厉害的是高频交易的投资公司，平均每次持仓时间极短，用量变来达到质变，甚至还要求交易员自己写计算机程序。

不过，现实中很少有高频交易这样的操作，因为单日开仓交易量超过 10 手的，会被纳入"日内开仓交易量异常"等异常交易行为。

再次，美股下跌过程中也有进行对冲的工具，即可以买跌获利，如浑水之类的公司，这个时候，如果想稳健一点，用计算机每天计算出好几个能互冲的投资组合，理论上可以抵挡不少的市场风险，达到持续收益的目的。

所以在美国金融市场，可以见到很多投资公司有一个专门的量化投资部门或量化投资公司，而交易员和分析员大多数是数学专业出身，或是计算机程序员，他们除了研究股票，还会研究什么类型的 CPU 能提高交易速度，也会修改代码，努力减少出现 bug。因为他们清楚，这些虽然不会让他们盈利很多，但往往会减少亏损。这也是审计中常说的——风险控制比盈利重要。

第 5 章 xlwings 库在财务及审计中的应用

可以处理 Excel 文件的 Python 库有很多，如 xlrd、openpyxl 或 xlwings 库。其中，openpyxl 应用得较多，而且网上有很多操作实例。如果已经安装了 Anaconda，直接引用就可以了。相比较 Pandas 库，两个库的重点不一样，一个是用于数据分析，另一个是用于表格处理。

Excel 的表格有两种，一种是工作表（Sheet1、Sheet2 之类），另一种是工作簿（Wordbook）。在导入 openpyxl 之后，可以使用 openpyxl.load_wordbook()函数导入一个 Excel 文件。具体代码如下：

```
import openpyxl
A1=openpyxl.load_workbook(r'C:\\Users\\HR\\Documents\\ 货币资金登记表
20210121.xlsx' )
```

如果要访问某个工作表，可以加一个中括号['工作表名称']。

如果不记得工作表名称，可以用.sheetnames 命令进行查找。

现在，越来越多的人喜欢用 xlwings 库。比较 openpyxl 和 xlwings 库，两者的功能差不多，都能读写修改 Excel 表格，批量处理多个 Excel 表格，也能结合 Pandas 使用，可以轻松处理各项数据分析工作。

但在某些情况下，很多人需要一个交互式的环境来进行数据分析，即用 xlwings 库将 Excel、Python 和 Pandas 库连接在一起，以构建一个数据分析工具，该工具将从外部数据库中提取信息，对其进行处理，然后将其以电子表格格式呈现给用户。

xlwings 的优势：它可以直接在 Excel 上调用 Python 程序，特别是需要做可视化分析的时候，这个方法需要对代码语句比较熟悉的人来操作，而一般不太懂代码的人都会选择用微软公司开发的 BI 可视化分析软件，以 BI 软件中比较出名的 Power BI 为例，它对 Excel 表格的兼容性非常好，而且图例也丰富，所以也会用它做一些简单的数据可视化分析。而用 xlwings 库可以给我们更多的选择，更重要的是它是免费的。

5.1　xlwings 与 Excel 的连接

在 Anaconda 中输入 pip install xlwings，即可安装 xlwings 库。

使用 xlwings 库的第一步是启动 xlwings 对象并建立与 Excel 工作簿的连接。语句为 import xlwings as xw。这个语句是标准的用法，然后可以在 xw.book 中新建 Excel 工作表或打开工作表。

```
import xlwings as xw        ## 导入 xlwings 库
wb = xw.book()             ##创建一个新的 Excel 文件
```

这里和 Pandas 不一样的是，即使没有关掉 Excel 文件，也可以通过计算机语言直接修改 Excel 文件中的数据。

一般来说，可以用 wb = app.book（filename）打开一个现有 Excel 文件。代码如下：

```
file = r"C:\Python"
wb = app.books.open(file + r'\practice.xlsx')
```

因为有时候打开一个 Excel 文件后，可能还会打开同一文件夹下的好几个 Excel 文件，这个时候加入文件路径 file 就很有用了。

使用 xlwings 打开文件会有两个不同的命令：一个是 book()，另一个是 app.books. open()。如果只是打开一个 Excel 文件，用 book() 和 app.books() 均可；如果是打开多个 Excel 文件，就用 app.books()。因为使用 app.books() 方式只能打开一个 Excel 窗口，而用 book() 方式会打开多个窗口，如果是几百个 Excel 文件，就等于一次性打开了几百个窗口。

注意，由于 xlwings 可以打开 Excel 的后台，但不显示窗口，所以在打开 Excel 文件之前需要先执行命令：app=xw.app(visible=False,add_book=False)。如果想弹出窗口，可以将 visible 参数改为 True。

这个时候，就可以用 Python 通过 xlwings 操作 Excel 了，其功能非常强大，可以做出很多操作，如网上爬取股价，然后将结果用 xlwings 保存在 Excel 表中，网络上有很多这样的教学，原理都是通过 Python 的 requests 库，可以在一定程度上用计算机代替手工访问网页，然后将网页的信息记录到 xlwings 中。但这不是本书的重点，就不详细介绍了。

下面简要介绍 xlwings 的 view() 函数，通过这个函数，可以在 Jupyther Notrbook（宙斯笔记本）中马上查看数据在 Excel 上保存的结果。

以[例 4-2]合并利润表为例，其代码如下：

```
import Pandas as pd
file = 'A表.xlsx' #此处为相对路径, 可根据xlsx文件的实际路径更改此变量
file2 = 'B表.xlsx'
df01 = pd.read_Excel(file,sheet_name=0,header = 3)
df02 = pd.read_Excel(file2,sheet_name=0,header = 3)
这就将A表与B表都导入到df01与df02两个值内, 然后再用
df03 = pd.merge(df02,df01,on="项目",how='left')
```

代码窗口如图 5-1 所示。

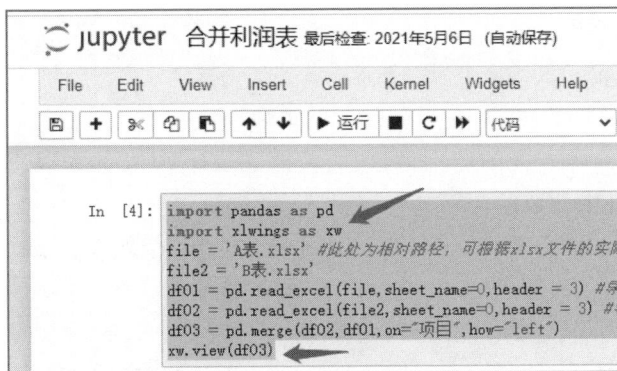

图 5-1　代码窗口

在代码中输入 import xlwings as xw，再执行 xw.view()命令，结果就是马上弹出一个 Excel 窗口，即可查看数据合并的结果如图 5-2 所示。

图 5-2　弹出的 Excel 窗口

这是很多操作 Excel 的 Python 库所没有的功能，另外，xlwings 库可以让 Excel 从宏调用 Python，也可以用 Python 函数作为 Excel 公式的调用，不过，这个操作要使用 VBA 宏，很多人的 Excel 是设置禁用宏的，有兴趣的读者可以去 xlwings 官方网站查阅。

5.2 xlwings 的简单命令和函数用法

打开工作簿之后，就会有保存和关闭工作簿的需要，具体命令如下：

（1）保存工作簿：workbook.save()；

（2）关闭工作簿：workbook.close()；

（3）退出工作簿：app.quit()。

以上这三个命令是经常一起使用的，下面以合并利润表的代码为例，具体代码如下：

```
import Pandas as pd
import xlwings as xw
file = 'A 表.xlsx' #此处为相对路径，可根据 xlsx 文件的实际路径更改
file2 = 'B 表.xlsx'
df01 = pd.read_Excel(file,sheet_name=0,header = 3)  #导入表, header=3 就是
从第 3 行开始读取
df02 = pd.read_Excel(file2,sheet_name=0,header = 3) #导入表, header=3 就是
从第 3 行开始读取
df03 = pd.merge(df02,df01,on="项目",how="left")
app = xw.App(visible = False)                          #打开程序
workbook = app.books.add()                             ##新建工作簿
worksheet = workbook.sheets.add('新工作表')             ##新建工作表
worksheet.range('A1').value = df03                     ##导入工作表
workbook.save('table.xlsx')                            ##保存工作表
workbook.close()                                       ##关闭工作表
app.quit()                                             ##关闭程序
```

如果没有最后三行代码，就表示程序没有结束。如果将 app = xw.App 改为 visible = True，对程序有没有影响？没有影响。因为现在计算机的内存普遍都较高。

除了以上三个常用命令之外，xlwings 还有以下八个经常使用的函数。

（1）xlwings 给 Excel 单元格或单元格区域赋值常量。代码如下：

```
worksheet.range('a1').value=[]
```

数据写入的是 Excel 的第一行。代码如下：

```
worksheet.range(('a1').value=[1,2,3]
```

数据写入的是 Excel 的第一列。代码如下：

```
worksheet.range('A1').options(transpose=True).value=[1,2,3]
```

（2）xlwings 给 Excel 单元格或单元格区域赋值一个二维列表。

如直接选一个同样大小的区域进行赋值：

```
worksheet.range('a1:b2').value=[[1,2],[3,4]]
```

（3）xlwings 给 Excel 单元格引入一个 Pandas 库中的 dateframe：

```
Worksheet.range(('a1').value=df
```

（4）xlwings 向 Excel 单元格中写入公式：

```
worksheet.range('c1').formula = '=sum(a1:b1)'
```

（5）xlwings 设置 Excel 单元格大小（行高与列宽）：

```
worksheet.autofit()          # 自动调整单元格大小。
worksheet.range('a1:d5').column_width = 8      # 设置第 1~第 4 列的列宽
worksheet.range(1,4).row_height = 25           # 设置第 1 列第 4 行行高
```

（6）xlwings 设置 Excel 单元格字体（font）格式：

```
worksheet.range('a1').api.Font.Name = 'Times New Roman' # 设置字体
worksheet.range('a1').api.Font.Size = 15               # 设置字号为 15
worksheet.range('a1').api.Font.Bold = True             # 加粗
worksheet.range('a1').api.Font.Color = 255.0.0         # 设置为红色
```

（7）xlwings 设置 Excel 单元格对齐方式：

```
worksheet.range('a1').api.HorizontalAlignment = -4108   # -4108 水平居中
worksheet.range('a1').api.VerticalAlignment = -4130     # -4131 靠左
```

（8）合并拆分单元格，删除某行某列：

```
worksheet.range('A1:D8').api.merge()        # 合并单元格 A1~D8
worksheet.range('A1:D8').api.unmerge()      # 拆分单元格。
worksheet.range ('A3').api.EntireRow.Delete()     # 删除 A3 单元格所在的行
worksheet.range ('B2').api.EntireColumn.Delete()  # 会删除 B2 单元格所在的列
```

xlwings 除了可以对 Excel 中的字体、行高、列宽进行调整外，还有其他操作，这里不全部介绍，有兴趣的读者可以在网上进行查找。总之 xlwings 可以对 Excel 进行较多的操作，可以做出非常漂亮的表格，这是 Pandas 和 Numpy 所不能做到的。

5.3　xlwings+pyautogui 库的自动化表格

pyautogui 库是一个模拟人工操作鼠标键盘的自动化工具，它不仅可以模拟鼠标的移动、点击、拖动以及键盘按键输入操作，还可以实现控制消息框、截图、定位等功能。我们可利用它将大量重复性的手动操作转变为自动运行，这就大大提高了办公效率。

例如，自动在屏幕上查找 Excel 等应用程序快捷方式图标的位置坐标，并移动鼠标到该图标上；模拟鼠标双击，自动运行该程序；模拟"Ctrl+V"操作，将剪贴板中的内容粘贴到光标当前位置；模拟点击回车键，再次换行录入。

安装命令：pip install pyautogui。

在安装完成后，可用 import pyautogui 导入这个库，不过这个库没有复制的功能，如果想模拟"Ctrl+V"的操作，需要结合 pyperclip 库加载复制功能，所以很多时候都

会与 import pyperclip 组合在一起使用。

　　pyautogui 库最常用的操作是控制鼠标移动,在移动之前,必须先确定鼠标的坐标。屏幕上的位置由 x 和 y 坐标组成。x 坐标从左侧的 0 开始,向右增加。与数学不同,y 坐标从顶部的 0 开始,向下增加。

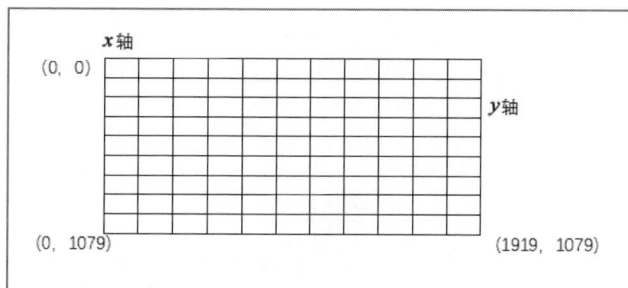

图 5-3　坐标组成

　　图 5-3 中,左上角的像素位于坐标（0, 0）。如果屏幕分辨率为 1920×1080,则右下角的像素位于坐标（1919, 1079）（因为坐标从 0 开始,而不是 1）。

　　那么,如何查到需要的坐标呢?可以通过 display-MousePosition() 函数来持续回报坐标,代码如下:

```
import pyautogui
pyautogui.displayMousePosition()
```

　　如果直接在 Jupyter Notebook 中运行,效果就不是很好。最好是直接在 Python 自带的 IDLE 内运行会更方便如图 5-4 所示。录入以上代码后按【F5】键即可查找坐标。

图 5-4　查找结果

　　pyautogui 库常用的函数名称、功能和参数见表 5-1。

表 5-1　pyautogui 库常用的函数、功能和主要参数

函数名称	功　　能	主要参数
pyautogui.position()	鼠标当前位置值	
pyautogui.moveTo(255,100,duration=0.25)	鼠标移动到（255,100）位置	duration 为移动时间
pyautogui.dragTo(300,400,2,button='left')	按住鼠标左键,用 2s 把鼠标拖动到(300,400)位置	button 为按住鼠标
pyautogui.click(10,20,2,button='left')	用 2s 把鼠标移到(10,20)位置后,单击	—
pyautogui.doubleClick(10.20)	鼠标移到(10,20)位置后,双击	默认为左键
pyautogui.scroll(10)	向上滚动 10 个单元格	10 表示滚动的单元格数

函数名称	功 能	主要参数
pyautogui.scroll(–10)	向下滚动 10 个单元格	负数表示向下滚动
pyautogui.scroll(10,x=100,y=100)	移动到(100,100)位置再向上滚动 10 个单元格	
pyautogui.typewrite('Hello world!')	键盘输入文字	
pyautogui.press('enter')	按下回车键	
pyautogui.press(['left','left','left'])	按下左方向键三次	
pyautogui.keyDown('shift')	按住【Shift】键	
pyautogui.keyUp('shift')	松开【Shift】键	
pyautogui.hotkey('ctrl','v')	快捷组合键【Ctrl+V】，贴上剪贴板的文字	
pyautogui.screenshot(r'C:\shot.png')	全屏截图，并保存图片和设置图片名称 shot.png	图片位置和名称
pyautogui.screenshot(r'C:\shot.png',region=(100,100,300,400))	指定范围截图	region 为截图的左长宽高
pyautogui.locateOnScreen()	获得档案图片在现在的屏幕上的坐标	截图没找到返回 None
pyautogui.locateAllOnScreen(r'C:\shot.png')	匹配屏幕所有与目标图片 shot 的对象	

还有很多不常用的函数，没有全部列出，有兴趣的朋友可以到官网查找。

下面为一个自动输入网址的示范例，具体代码如下：

```python
import pyautogui
#快速移动到指定位置
pyautogui.moveTo(932,45,1)
#左键点击一下
pyautogui.click()
#键盘输入文字
pyautogui.typewrite('www.baidu.com')
#按下回车
pyautogui.press('enter')
```

运行后，就可以自动在浏览器内输入百度网址。

如果要复杂一点的操作，可以结合其他库，例如结合 xlwings 库可以实现自动打开 Excel 录入截图对应的文字，也可以指定操作表格内的某些功能键或按钮，达到解放双手的目的。

结合上面的代码：

```
#导入 xlwings 模块
import xlwings as xw
#新建工作簿，这里默认为新建了一个 App，即打开 Excel 程序，并新建一个工作簿
xw.Book("pyautogui 函数明细.xlsx")
sht=xw.sheets['sheet3']
import pyautogui
#快速移动到指定位置
pyautogui.moveTo(242,114,2)
#左键点击一下
pyautogui.click()
pyautogui.click()
#键盘输入文字
pyautogui.typewrite('www.baidu.com')
#按下回车
pyautogui.press('enter')
pyautogui.press('enter')
rng=sht.range('B1')
# 将 B1 单元格的值改为 666
rng.value=666
```

运行后可以在 Excel 单元格加上黄色，再输入网址，然后在 B2 的单元格输入 666，如图 5-5 所示。

图 5-5　Excel 表格

除此之外，还可以定位商品图片，然后在后面输入商品的摘要和其他信息，如果加上 For "循环语句"结构，将不是输入一行，而是多行。

5.4　xlwings 的财务实操实例

1. 合并多个工作簿中的利润表

例 5-1　在某个文件夹中有很多年的 Excel 财务报表，每个工作簿中都会有一个叫作"利润表"的工作表，想将这些利润表合并到一张表中。如果只单纯地用 Pandas，需要逐一用 read 打开每个财务报表，再导入到一张表中，会花费很长时间。

如果结合 OS 库和 xlwings 库进行合并操作，其代码如下：

```
import os
import xlwings as xw
file_path = os.getcwd() #获得当前工作目录
file_list = os.listdir(file_path) #获得当前目录下所有文件名称
sheet_name = '利润表'        #指定合并利润表
app = xw.App(visible = True, add_book = True) ##不要后台运行
header = None   ##设置表头
alldata = []  ##设置一个空表
for i in file_list:
    if i.startswith('.ipynb'): ##这个是 Python 文件，意思是跳过这类型的文件
        continue   ##跳过这个文件，执行下一个。
    file_paths = os.path.join(file_path, i) ##连接路径
    workbook = app.books.open(file_paths) ##逐一打开 Excel 文件
    for j in workbook.sheets:   ##打开后历遍全部工作表
        if j.name == sheet_name:   ##如果找到叫作利润表的工作表
            if header == None:    ##且表头不是空白的
                header = j['A1:C4'].value ##复制表头
            values = j['A5'].expand('table').value  ##复制表头下的数据
            alldata = alldata + values ##表头+数据
new_workbook = xw.Book()    ##建个新表
new_worksheet = new_workbook.sheets.add(sheet_name)
new_worksheet['A1:C4'].value = header
new_worksheet['A5'].value = alldata
new_worksheet.autofit()
new_workbook.save('利润表合并.xlsx')
new_workbook.close()##一定要加上，不然的话就 Excel 进程会留在后台
app.quit()##退出
app.kill()##强制结束进程
```

一般来说，本书案例很少会用到 for 循环语句结构，之前的代码都没有用，但这次不得不用。本例是一个循环加循环的结构，叫作嵌套循环，其特性是在循环里面又包含着其他的循环。外层循环每执行一次，内层循环就会把整个循环执行一遍，执行完毕后才跳回到外层循环准备下一次的动作。

如果我们所要处理的问题有重复执行的情况，而且是两次以上，使用嵌套循环将是最适合的方式。另外，循环的结束分为中断结束和跳过结束。

```
for i in XX
    continue
  for j in YY
```

上文用的是 continue，意思是跳过某个特例，属于跳过结束。

Python 提供了两个指令，分别如下：

（1）break：中断循环的执行并跳脱循环结构，继续执行循环外的叙述。

（2）continue：不会让循环结束；只跳过循环内 continue 后面的语句，接着继续执行下一次的循环动作。

也就是说，当程序执行到循环结构内的 break 叙述时，break 叙述会中断循环的执行，并且跳出循环结构，开始向下执行循环结构外的叙述。

下面来举一个例子就明白了，利用循环逐一列印出字串中的字元内容，但当循环的变数变为字元"3"时，则中断循环的执行，立刻跳脱循环：

```
for i in "123456":
    if i == "3":
        break
    print(i)
```

执行结果如下：

```
1 2
```

利用 break 叙述中断循环执行，跳脱这个循环。

如果将 break 改成 continue，其他不变；当循环的变数变为字元"3"时，程序只是跳过一次的循环，但循环并未结束，会在更新参数后继续执行下去：

```
for i in "123456":
    if i == "3":
        continue
    print(i)
```

执行结果如下：

```
1 2 4 5 6
```

当变数等于字元"3"时，不再执行 continue 下面的 print 叙述，继续往下执行下一次循环。

为了更好地说明 for 和 if 结构，下面再着重说明一下，因为这两个结构在处理复杂的操作中必须要熟练运用。与讲解其他书不一样的是，本书不是一开始就介绍 for 和 if 结构，而是深入具体实例时再详细介绍，因为其是非常重要的结构，如果不掌握，是没法解决复杂一点的操作的。

2．将 Excel 的分录模拟人工录入用友财务软件 T3 中

例 5-2　本例用了 for 和 if 结构，其基本思路是用 xlwings 读取 Excel 文件，再用 Python 操作键盘和鼠标，以代替人工把数据录入用友财务软件 T3 中，每天只需要制作好 Excel 表格，运行脚本，就可以让计算机代替手工操作，能节约很多时间。因为如果要导入 Excel 表格，就需要专门购买接口，而且价值不菲。所以以下这段代码是非常有价值的。

首先，先准备好 Excel 文件——凭证录入模块.xlsx 及工作表"录入分录明细"，其格式如图 5-6 所示。

摘要	结算号	方向	借方金额	贷方金额
付顺丰速运快递费	550201	借	350.94	0.00
付顺丰速运快递费	21710101	借	21.06	0.00
付顺丰速运快递费	100206	贷	0.00	372.00
付话费（移动）	550202	借	80.00	
付话费（移动）	100201	贷	0.00	80.00
付银行手续费	550301	借	55.00	
付银行手续费	100201	贷	0.00	55.00
付房产税	217109	借	139,683.10	
付房产税	100201	贷	0.00	139,683.10

图 5-6　录入分录明细

然后准备用友 T3，打开总账模块，选择填制凭证，如图 5-7 所示。

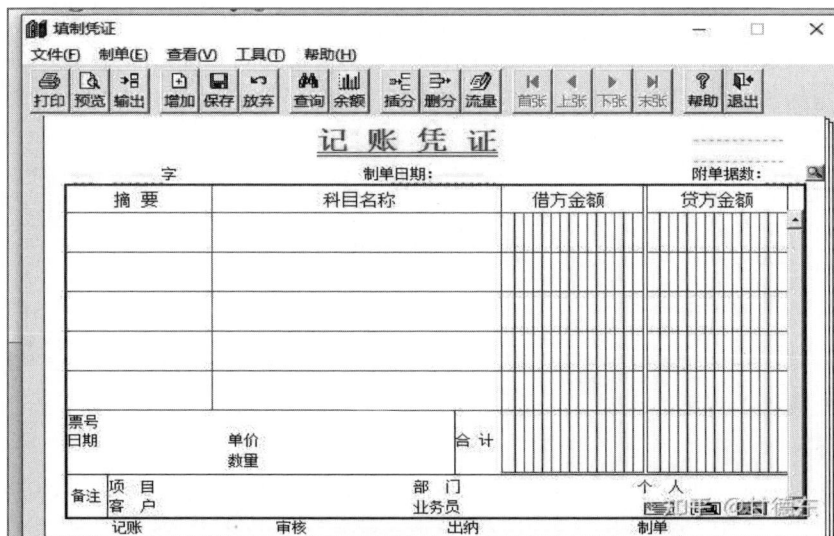

图 5-7　T3 记账凭证

最后打开 Jupyter Notebook，输入如下代码：

```
import pyautogui as pag  ##先用 pip3 install python3-xlib,
#再用 pip3 install pyautogui 进行安装
import pyperclip
import xlwings as xw
import time
pag.PAUSE = 0.8  # pyautogui.PAUSE 函数在 pyautogui 中的含义是每一步停留的时间间隔
#库默认值是 0.1s, 此财务软件反应稍慢, 因此延长了时间设置成了 0.8s。
pag.FAILSAFE = True
app=xw.App(visible=False,add_book=False)
```

```
app.display_alerts=False    #不显示 Excel 消息框
app.screen_updating=False   #关闭屏幕更新，可加快宏的执行速度
wb = xw.Book("凭证录入模块.xlsx")
sheet = wb.sheets["录入分录明细"]
info = sheet.used_range  # 读取 Excel 中的最大行
max_row =info.last_cell.row# 读取 Excel 中的最大行
max_column=info.last_cell.column# 读取 Excel 中的最大列


pag.click(766, 365)  # 增加凭证")
pag.hotkey('Enter')##回车
pag.hotkey('Enter')##回车
pag.hotkey('Enter')##回车
for x in range(2,max_row+1):
    #pyperclip.copy(str(sheet.cell(x,1).value))##复制 Excel 中的摘要
    #pag.hotkey('ctrl', 'v')##粘贴单元格
    #pag.hotkey('Tab')###回车 ##热键 Tab 到科目代码栏
    #pag.typewrite(str(sheet.cell(x,2).value))##输入科目代码
    #pag.hotkey('Tab')##热键 Tab 到科目代码栏
    if sheet.cells(x,3).value is None: ##xlwings 中，cell 后要加 S
        pag.click(755, 392)  # 单击保存
        pag.click(766, 365)  # 增加凭证")
        pag.hotkey('Enter')##回车
        pag.hotkey('Enter')##回车
        pag.hotkey('Enter')##回车
        print(f"i={x},保存凭证")
        continue
    if sheet.cells(x,3).value=="贷":
        pag.hotkey('Backspace')
        #pag.click(680, 480 + (x%2)*40) ##点击摘要
        pyperclip.copy(str(sheet.cells(x,1).value))##复制 Excel 中的摘要
        pag.hotkey('ctrl','v')##粘贴单元格
        pag.hotkey('Tab')###回车 ##热键 Tab 到科目代码栏
        pag.typewrite(str(sheet.cells(x,2).value))##输入科目代码
        pag.hotkey('Tab')###回车 ##热键 Tab 到科目代码栏
        pag.hotkey('Tab')###回车 ##热键 Tab 到科目代码栏
        pag.typewrite(str(sheet.cells(x,5).value))##输入贷方
        pag.hotkey('Enter')##回车
        pag.hotkey('Backspace')
        print(f"i={x},str(sheet.cells(x,5).value)")
    else:
        pag.hotkey('Backspace')
        pyperclip.copy(str(sheet.cells(x,1).value))##复制 Excel 中的摘要
        pag.hotkey('ctrl','v')##粘贴单元格
        pag.hotkey('Tab')###回车 ##热键 Tab 到科目代码栏
        pag.typewrite(str(sheet.cells(x,2).value))##输入科目代码
        pag.hotkey('Tab')###回车 ##热键 Tab 到科目代码栏
```

```
      pag.typewrite(str(sheet.cells(x,4).value))##输入借方
      pag.hotkey('Enter')##回车
      print(f"i={x},str(sheet.cells(x,4).value)")
      ##   elif str(sheet.cell(x,3).value=="借"):
      ##pag.hotkey('Tab')###回车 ##热键 Tab 到科目代码栏
      ##pag.typewrite(str(sheet.cell(x,4).value))##输入贷方
      #print(f"i={x},str(sheet.cell(x,4).value)")
wb.close()
app.quit()
```

代码说明：

（1）import pyautogui as pag：引用 pyautogui 库。其功能是：根据屏幕分辨率的坐标模拟鼠标移动，模拟鼠标点击，包括鼠标左击、右击、双击、拖动等。也支持键盘按键和英文输入，但不支持中文输入。在这段代码里主要是操控键盘鼠标把 Excel 中的值输入财务软件 T3 里。

```
      pag.hotkey('ctrl', 'v')##粘贴单元格
      pag.hotkey('Tab')###回车 ##热键 Tab 到科目代码栏
      pag.typewrite(str(sheet.cell(x,2).value))##输入科目代码
      pag.hotkey('Tab')##热键 Tab 到科目代码栏
```

（2）import pyperclip：pyperclip 库是为了解决 pyautogui 库不支持中文输入补充的，pyperclip 库可以把指定文本复制到粘贴板上，再用热键粘贴中文摘要到财务软件中。具体用法是 pyperclip.copy(str(sheet.cell(x,1).value))，表示复制 Excel 中的摘要。

（3）for x in range(2,max_row+1)：常用的开头，max_row 指的是 Excel 文件中最大的行数，这里有 37 行，max_row+1 指的是 38 行。这个循环就是从第 2 行开始执行，一直到 38 行结束。当然，如果 Excel 文件的数据变多了，要执行的数量也会变多。

（4）if…if…else：常用的条件判断，与 for 结合之后，就表示从第 2 行开始至第 38 行，每一行都进行条件判断，这里一般用"借"和"贷"进行判断，"借"方执行第一栏，"贷"方执行另一栏，如果都没有"借"，又没有"贷"，就执行保存。记得在这种结构，一定要保证所有的条件都能从最下面 else 开始执行；否则，条件判断成功就会返回上一层。

5.5　xlwings 与 Openpyxl 的区别

相比较两个库，其实它们的功能都差不多，区别在于，Openpyxl 不能在打开 Excel 的情况下修改当中的数据，只有在关闭 Excel 的情况下，才可以修改和保存数据。不过，如果需要 Openpyxl 频繁地去读取 Excel 文件，使用 Openpyxl 也是不错的。

如果不是用 xlwings，而是用 Openpyxl，那么要改代码吗？基本上不用。以下是用 Openpyxl 写的"将 Excel 的分录模拟人工录入用友财务软件 T3 中"的代码：

```
import pyautogui as pag  ##先用 pip3 install python3-xlib,
#再用 pip3 install pyautogui 进行安装
import pyperclip
import openpyxl
import time
pag.PAUSE = 0.8# pyautogui.PAUSE 函数在 pyautogui 中含义是每一步停留时间间隔
#模块默认值是 0.1s, 不过我用的财务软件反应不过来, 因此延长了时间设置成了 0.8s
pag.FAILSAFE = True
wb = openpyxl.load_workbook("凭证录入模块.xlsx", data_only=True)
sheet = wb.get_sheet_by_name("录入分录明细")
max_row = sheet.max_row# 读取 Excel 中的最大行
max_column=sheet.max_column##读取最大列
pag.click(766, 365) # 增加凭证")
pag.hotkey('Enter')##回车
pag.hotkey('Enter')##回车
pag.hotkey('Enter')##回车
for x in range(2,max_row):
    #pyperclip.copy(str(sheet.cell(x,1).value))##复制 Excel 中的摘要
    #pag.hotkey('ctrl', 'v')##粘贴单元格
    #pag.hotkey('Tab')###回车 ##热键 Tab 到科目代码栏
    #pag.typewrite(str(sheet.cell(x,2).value))##输入科目代码
    #pag.hotkey('Tab')##热键 Tab 到科目代码栏
    if sheet.cell(x,3).value is None:
        pag.click(755, 392) # 点击保存
        pag.click(766, 365) # 增加凭证")
        pag.hotkey('Enter')##回车
        pag.hotkey('Enter')##回车
        pag.hotkey('Enter')##回车
        print(f"i={x},保存凭证")
        continue
    if sheet.cell(x,3).value=="贷":
        pag.hotkey('Backspace')
        #pag.click(680, 480 + (x%2)*40) ##单击摘要
        pyperclip.copy(str(sheet.cell(x,1).value))##复制 Excel 中的摘要
        pag.hotkey('ctrl','v')##粘贴单元格
        pag.hotkey('Tab')###回车 ##热键 Tab 到科目代码栏
        pag.typewrite(str(sheet.cell(x,2).value))##输入科目代码
        pag.hotkey('Tab')###回车 ##热键 Tab 到科目代码栏
        pag.hotkey('Tab')###回车 ##热键 Tab 到科目代码栏
        pag.typewrite(str(sheet.cell(x,5).value))##输入贷方
        pag.hotkey('Enter')##回车
        pag.hotkey('Backspace')
        print(f"i={x},str(sheet.cell(x,5).value)")
    else:
        pag.hotkey('Backspace')
        pyperclip.copy(str(sheet.cell(x,1).value))##复制 Excel 中的摘要
```

```
pag.hotkey('ctrl','v')##粘贴单元格
pag.hotkey('Tab')###回车 ##热键 Tab 到科目代码栏
pag.typewrite(str(sheet.cell(x,2).value))##输入科目代码
pag.hotkey('Tab')###回车 ##热键 Tab 到科目代码栏
pag.typewrite(str(sheet.cell(x,4).value))##输入借方
pag.hotkey('Enter')##回车
print(f"i={x},str(sheet.cell(x,4).value)")
```

代码说明：

（1）Openpyxl：导入 Excel 的代码只有两行，而且导入函数中有一个 data_only 参数，利用这个参数，可以选择导入公式或单纯的数值。

（2）max_row = sheet.max_row# 读取 Excel 中的最大行和 sheet.max_column##读取最大列：这两个函数比较简单，在 xlwings 中，要选用 info 做索引，然后才可以赋值。

（3）涉及单元格的引用，xlwings 库中的函数是 Cells()，Openpyxl 库中的函数是 Cell()，大同小异。区别在于，使用 Openpyxl 时不用打开 Excel，较方便。

xlwings 库和 Openpyxl 库在代码的录入上，差别不是很大，程序也差不多，不过为什么有的人使用 xlwings，而有的人只使用 Openpyxl 呢？我认为最主要的原因是在 Excel 的使用习惯上，有的人喜欢在 Excel 上运行宏；有的人喜欢 Excel 在后台运行。如果要调试程序，Openpyxl 不用经常运行 Excel，会比较方便。

例如，如果有的用户在 T3 上设置了辅助核算，那么上述代码会出错。如果用 Openpyxl 库去修改代码，后台就不用经常打开 Excel。

代码如下：

```
import pyautogui as pag ##先用 pip3 install python3-xlib,
#再用 pip3 install pyautogui 进行安装
import pyperclip
import openpyxl
import time
pag.PAUSE = 0.8# pyautogui.PAUSE 函数在 pyautogui 中含义是每一步停留时间间隔
#模块默认值是 0.1s，不过我用的财务软件反应稍慢，因此延长了时间设置成了 0.8s。
pag.FAILSAFE = True
wb = openpyxl.load_workbook("带辅助核算凭证模板.xlsx", data_only=True)
sheet = wb.get_sheet_by_name("录入分录明细")
max_row = sheet.max_row# 读取 Excel 中的最大行
max_column=sheet.max_column##读取最大列
pag.click(766, 365) # 增加凭证")
pag.hotkey('Enter')##回车
pag.hotkey('Enter')##回车
pag.hotkey('Enter')##回车
for x in range(2,max_row+1):
    #pyperclip.copy(str(sheet.cell(x,1).value))##复制 Excel 中的摘要
    #pag.hotkey('ctrl', 'v')##粘贴单元格
    #pag.hotkey('Tab')###回车 ##热键 Tab 到科目代码栏
```

```
#pag.typewrite(str(sheet.cell(x,2).value))##输入科目代码
#pag.hotkey('Tab')##热键 Tab 到科目代码栏
if sheet.cell(x,4).value is None:
    pag.click(755, 392)  # 单击保存
    pag.click(766, 365)  # 增加凭证")
    pag.hotkey('Enter')##回车
    pag.hotkey('Enter')##回车
    pag.hotkey('Enter')##回车
    print(f"i={x},保存凭证")
    continue
if sheet.cell(x,4).value=="贷":
    pag.hotkey('Backspace')
    #pag.click(680, 480 + (x%2)*40) ##单击摘要
    pyperclip.copy(str(sheet.cell(x,1).value))##复制 Excel 中的摘要
    pag.hotkey('ctrl','v')##粘贴单元格
    pag.hotkey('Tab')###回车 ##热键 Tab 到科目代码栏
    pag.typewrite(str(sheet.cell(x,2).value))##输入科目代码
    if sheet.cell(x,3).value is not None:  # 判断是否有辅助核算
        pag.hotkey('Tab')###回车 ##热键 Tab 到科目代码栏
        pyperclip.copy(str(sheet.cell(x,3).value))##复制 Excel 中的摘要
        pag.hotkey('ctrl','v')##粘贴单元格
        pag.click(1074, 525)##单击放大镜确认
        pag.hotkey('Enter')##回车
        pag.click(1148, 515)##点击确认
    else:
        pag.hotkey('Tab')###回车 ##热键 Tab 到科目代码栏
    pag.hotkey('Tab')###回车 ##热键 Tab 到科目代码栏
    pag.typewrite(str(sheet.cell(x,6).value))##输入贷方
    pag.hotkey('Enter')##回车
    #pag.click(983, 622)  # 点击确认
    pag.hotkey('Backspace')
    print(f"i={x},str(sheet.cell(x,5).value)")
else:
    pag.hotkey('Backspace')
    pag.click(683, 486 + (x%2)*40) ##单击摘要
    pyperclip.copy(str(sheet.cell(x,1).value))##复制 Excel 中的摘要
    pag.hotkey('ctrl','v')##粘贴单元格
    pag.hotkey('Tab')###回车 ##热键 Tab 到科目代码栏
    pag.typewrite(str(sheet.cell(x,2).value))##输入科目代码
    if sheet.cell(x,3).value is not None:  # 判断是否有辅助核算
        pag.hotkey('Tab')###回车 ##热键 Tab 到科目代码栏
        pyperclip.copy(str(sheet.cell(x,3).value))##复制 Excel 中的摘要
        pag.hotkey('ctrl','v')##粘贴单元格
        pag.click(1074, 525)##单击放大镜确认
        pag.hotkey('Enter')##回车
        pag.click(1148, 515)##点击确认
```

```
else:
    pag.hotkey('Tab')###回车 ##热键 Tab 到科目代码栏
pag.typewrite(str(sheet.cell(x,5).value))##输入借方
pag.hotkey('Enter')##回车
print(f"i={x},str(sheet.cell(x,4).value)")
```

代码说明：

（1）为了方便，在用友财务软件 T3 中设置了带辅助核算的凭证录入，设计的小程序，代码用了两个 if 语句结构，意思是在判断借贷方向的时候，如果 Excel 文件中科目代码栏后面有辅助核算的科目，就填写辅助核算科目；如果没有，就跳过，直接输入科目代码。

（2）双 if 语句结构中，注意，第一个 if 语句与第二个 if 语句之间的代码的强制缩进是不一样的，第一个 if 语句之后是四个空格，第二个 if 语句之后是八个空格，这样计算机才会判断哪一个 if 语句是嵌套在内的。这也是 Python 语言的特点。

☕ **题外话：**

我用 Excel 的时间都有十几年了，虽然不能说是老手，但也是熟练工，VAB 宏也写过好几个，如进销存自动制单、一键数据透视等，但应用面比较狭窄，只能处理 Office 的文件，如果数据不存放在 Excel 上，有时真的有点无从下手的感觉。有时不得不在网上找一下 C 语言方面的相关代码，希望能找到有用的小程序。因为大学的时候学过一点 C 语言。

后来找了很久，发现已经很少有 C 语言的相关应用了，反而找到不少关于 Python 语言的代码。那时我真的一点都不懂 Python，毕竟自己从事财务相关的工作，不是从事计算机行业。后来买了一本关于 Python 自学的书，工作之余自己翻了一下。学了一阵，感觉不对呀，不是很难呀，于是就慢慢学下去了。

相比较 VBA 宏，Python 给我的感觉是应用更加广阔，除了能批量处理 Excel 文件，代码更加灵活，还能批量处理所有行、列、单元格以及工作表，更特别的是连 PDF 也可以处理。

无论如何，我学习了 xlwings 库和 Pandas 库之后，基本上用 VBA 宏的机会变得很少了。

这时真的想到了一句话："活到老，学到老。"知识的更新换代有时不是靠经验就可以弥补的。很多人以为，学习只是在学校的事，我们已经走向社会了，就没有必要学习。的确，社会没有考试，没有测验，没有人给你留作业。

但市场的饱和与激烈的竞争会超出你的预期，如果没有新的知识去代替旧知识，就会觉得很累，会觉得自己重复性的工作没有形成突破且看不到意义，于是有人选择"躺平"。我觉得，既然你都选择"躺平"了，为什么不躺着学点新知识，反正都是躺，

躺着学总比躺着玩有意义吧!

　　现在是人们能获取知识最多也最容易的时代,多利用空闲时间去学习一点新知识,才不枉这个知识时代。

第6章 Matplotlib 库与 BI 数据可视化

做 PPT 的时候，很多人都会将数据转化成图表、图形、列表、地图等，是因为漂亮吗？不是的，是为了揭示数据的趋势、数据的组织结构、数据的预测理解。概括地说，是为了数据的可描述性、规范性和预测性。

那么过去我们是如何将数据转化成图表呢？用 Excel，但随着数据量的增大，又或者越来越多的分析需求，Excel 创建出来的图表较单一，变化太少，已经很难满足需求了。这时，可以用 Python 的 Matplotlib 库。

6.1 Matplotlib 是一个强大的制图工具

在财务工作中，很多不太懂代码的朋友都会选择用 BI 软件作可视化分析，那么是不是我们就不用学 Matplotlib 了呢？

首先，很多 BI 软件的免费版的功能是有限制的，如果不受限制，就要付费，而且每年续费。一般，BI 软件的起步价都是 10 万元，那不如多花点时间去学习 Matplotlib，毕竟是免费的，而且功能更加强大。

以我为例，如果数据量不大，就会用 BI 软件制作图表；如果数据量大，就会用 Matplotlib 库来制作图表。后面会详细介绍一下 BI 软件的用法，现在先介绍一下 Matplotlib 库。

Matplotlib 库可以制作非常多的图表，相对应的函数就非常多，如 plt.plot()用于制作折线图、plt.bar()用于制作柱形图、plt.pie()用于制作饼图、plt.scatter()为散点图等。语法结构如下：

（1）导入的语句是：import matplotlib.pyplot as plt；

（2）导入 x 轴和 y 轴的数据：$x = [2, 3, 4, 5, 6]$；$y = [5, 7, 3, 9, 5]$。

（3）插入图形函数：plt.plot(x, y)。

（4）输出图像：plt.show()。

运行后的效果如图 6-1 所示。

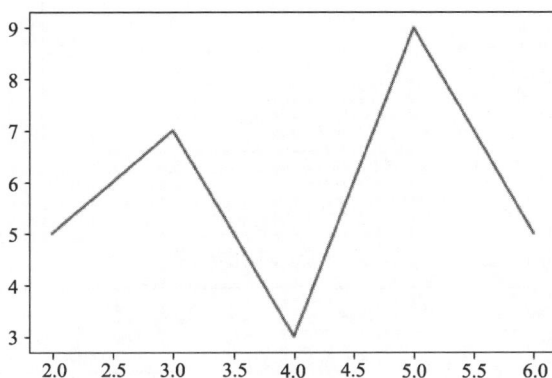

图 6-1　折线图

如果将步骤（3）的图形函数改为 plt.bar(x, y)，其他不变，那么运行后的效果如图 6-2 所示。

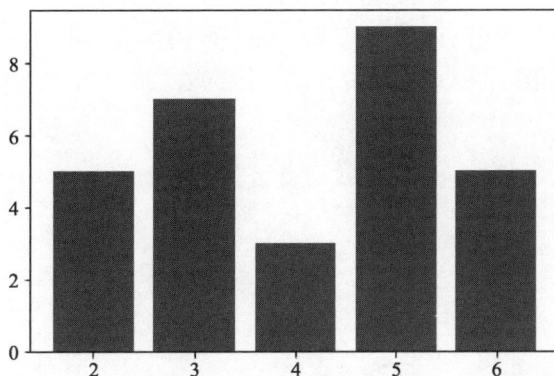

图 6-2　柱形图

如果改为 plt.scatter(x, y)，图片就会变成散点图，如图 6-3 所示。

基本上，Matplotlib 的语法结构是一样的，所以只要掌握好制图的函数和参数后，基本就可以学会制作图表了。以下是一些制图的函数，大家可以作为参考，见表 6-1。

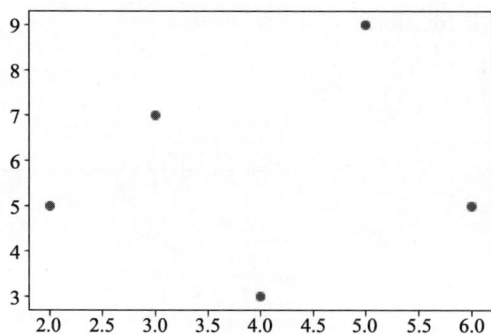

图 6-3　散点图

表 6-1　基本制图函数

图例名称	基本函数	图例名称	基本函数	图例名称	基本函数
线形图	plot( )	误差线图	errorbar( )	曲线图	step( )
散点图	scatter( )	等高图	contour( )	箱形图	boxplot( )
柱形图	bar( )	箭形图	quiver( )	蜂巢图	hexbin( )
方块图	imshow( )	饼形图	pie( )	相关图	xcorr( )
直方图	hist( )	多边形图	fill( )	风场图	barbs()

　　除此之外，还有一些更高级的函数，可以制作 3D 图例、卫星图例等。这里暂时不介绍。每一个图形函数都有对应的参数，而不同的参数作出的图形也不一样。

　　例如，在上面的散点图代码中，增加了一个参数：linewidth=20，结果就不一样了，代码如下：

```
plt.scatter(x, y,linewidth=20)
```

运行效果如图 6-4 所示。

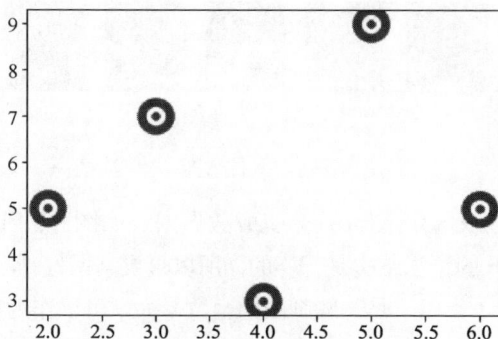

图 6-4　增加参数后运行的散点图

　　总结了一下，通用参数及其说明见表 6-2。

表 6-2　通用参数及其说明

参数名称	参数说明
alpha	透明度，值越小越透明
width	为柱形图的宽度
Linewidth	边框粗细
Edgecolor	柱子边框颜色
color	设置颜色
contains	命中测试函数
shadow	是否添加饼图的阴影效果
dashes	以点为单位的连接/断开墨水序列
label	任何字符串
Inestyle	折线的类型
linewidth or lw	表示折线的粗细
marker	节点标记'+'/','/ '.'
picker	用于交互式线条选择
pickradius	线条的拾取选择半径

接上例，只要将参数修改一下，增加几个参数，修改代码如下：

```
plt.scatter(x,y,color="red",edgecolor="red",marker="+",linewidth=20);
```

图像会变成如图 6-5 所示。

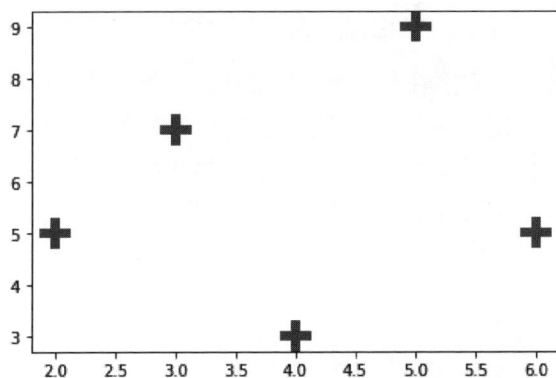

图 6-5　增加了几个参数后运行的散点图

每一种图形函数的背后都有不同的参数，而每个参数的背后都有不同的值。
例如，marker 参数的值及说明见表 6-3。

表 6-3　marker 参数及说明

值	说　明	值	说　明
'o'	圆圈	'd'	菱形
'+'	加号	'^'	上三角
'*'	星号	'v'	下三角
'.'	点	'>'	右三角
'x'	叉号	'<'	左三角
'_'	水平线条	'p'	五角星（五角形）
'|'	垂直线条	'h'	六角星（六角形）
's'	方形	'none'	无标记

如果不喜欢十字形的图案，可改为五角星，参数就改成 marker="p"，修改后如图 6-6 所示。

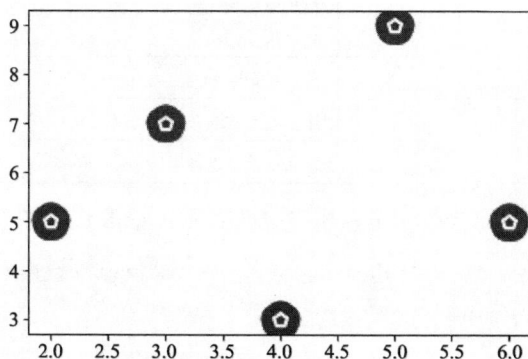

图 6-6　五角星散点图

　　一般来说，财务部门掌握着企业的财务数据和经营数据，所以很多企业将数据的呈现工作交给财务部门完成，而这些工作的完成效率最终影响企业管理层能否及时开会，以讨论财务数据背后反映的经营趋势、警示与商业价值。

　　Matplotlib 库是一个集各种强大功能优势于一体的编程库，相对于其他 BI 软件来说，Matplotlib 不仅开源而且功能强大。掌握了这门技术，基本上加班做 PPT 的时间就会大为减少了。

6.2　Matplotlib 的常用设置

　　一个图表分别由画板（figure）、子图（subplot）、坐标（x 轴+y 轴）、标题（title）、图例（legend）、网格线（grid）、边框线（spines）、数据（data）组成，所以基本上，只要代码没有写错，很多图例都可以使用。

　　一般来说，Matplotlib 的常用设置如下：

（1）坐标能显示中文：

```
plt.rcParams['font.sans-serif']=['SimHei']
```

（2）坐标刻度负号不能显示：

```
plt.rcParams['axes.unicode_minus']=True
```

坐标刻度负号能显示：

```
plt.rcParams['axes.unicode_minus']=False
```

（3）控制 *x* 和 *y* 轴的标签大小为 20 像素：

```
plt.rcParams['axes.labelsize']=20
```

（4）控制 *x* 轴和 *y* 轴刻度大小：

```
plt.rcParams['xtick.labelsize']=12
plt.rcParams['ytick.labelsize']=12
```

（5）显示图例：制图函数指定 label，然后调用 legend 方法可以绘制图例：

```
plt.plot(x,y,label='我是图例')
plt.legend()
```

（6）设置图形大小，设成 8×8 英寸大小：

```
plt.rcParams['figure.figsize']=[8,8]
```

（7）样式美化，定制画布风格：

```
plt.style.use("风格名称")
```

当中最常用的风格有：['bmh', 'classic', 'fast', , 'ggplot', 'grayscale', 'seaborn-whitegrid', 'seaborn', 'Solarize_Light2', '_classic_test']

（8）常用颜色：

关键字参数 color(或 c) 用来设置线的颜色。可取值为：'b'_blue(蓝色)、'g'_green(绿色)、'r'_red(红色)、'c'_cyan(青色)、'm'_magenta(品红)、'y'_yellow(黄色)、'k'_black(黑色)、'w'_white(白色)

（9）显示数据标签：

```
for a,b in zip(x,y):
    plt.text(a,b,("%.0f"%b),
        fontdict={"family":"KaiTi","color":"b","size":8},
        ha='center', va='bottom')
```

plt.text()是数据标签的函数，格式为 text(x,y,s,fontdict，ha,va)。其中，x 和 y 表示 *x* 轴和 *y* 轴，改成 a 和 b 是为了能更好区分；s 是标签的文本内容；%.0f 表示取整数，%b 表示 *y* 坐标值。fontdict 表示设置字体、颜色、字号，ha 设置字体的位置，center 表示中央，va 设置字体底部对齐。

为方便理解，下面使用一个简单的财务例子来说明一下。

例 6-1 假设一家企业的财务收入如下：

月份	收入（元）
1 月	53 695.80
2 月	40 577.90
3 月	188 778.08
4 月	143 013.70
5 月	43 388.70
6 月	97 363.80
7 月	95 389.20
8 月	87 179.40
9 月	87 192.90
10 月	88 199.60
11 月	135 400.00
12 月	113 750.00

下面分别以这些数据进行图表化展示，代码如下：

```
import matplotlib.pyplot as plt
# 正常显示中文标签
plt.rcParams['font.sans-serif']=['SimHei']
# 设置图大小 8*8
plt.rcParams['figure.figsize']=[5,5]
# 设置字体大小
plt.rcParams['font.size']=16
# x 轴标签大小
plt.rcParams['xtick.labelsize']=12
# y 轴标签大小
plt.rcParams['ytick.labelsize']=18
# 设置风格
plt.style.use("fast")
#设置X\Y轴
x=[1,2,3,4,5,6,7,8,9,10,11,12]
y=[53695.8,40577.9,188778.08,143013.7,43388.7,97363.8,95389.2,87179.4,
   87192.9,88199.6,135400,113750]
#设置中文坐标及标题
plt.title('收入图')
plt.xlabel('月份')
plt.ylabel('销售收入（元）')
##以上是制图设置，可以固定不变

##散点图
plt.scatter(x,y,s=300,alpha=0.5,edgecolors= 'r')#s 表示大小，alpha 表示透明度
plt.show()
```

运行结果如图 6-7 所示。

```
# 点的边界颜色白色，大小 500，marker ="s"正方形标记,点的边界 2 (红边)，透明度 0.8
plt.scatter(x, y,alpha=0.8,edgecolors= 'r',s=400,marker='s', linewidths=2);
```

运行结果如图 6-8 所示。

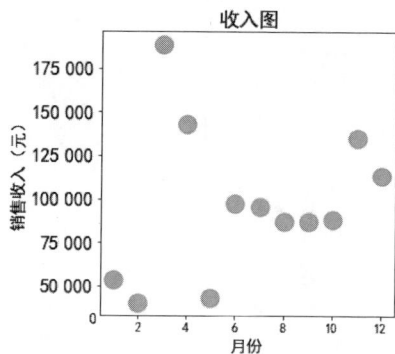

图 6-7　[例 6-1]运行结果（一）

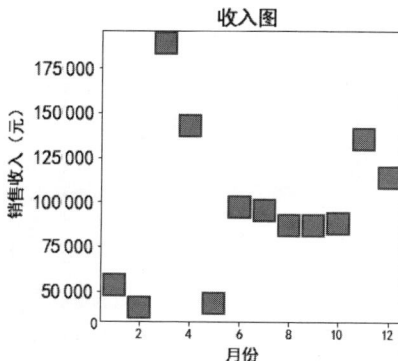

图 6-8　[例 6-1]运行结果（二）

```
# 画一条红色的折线,并加上数字标签
plt.plot(x,y,label='收入线',color='r')
for a,b in zip(x,y):
    plt.text(a,b,("%.0f"%b),
fontdict={"family":"KaiTi","color":"b","size":8},
ha='center', va='bottom')
```

运行结果图 6-9 所示。

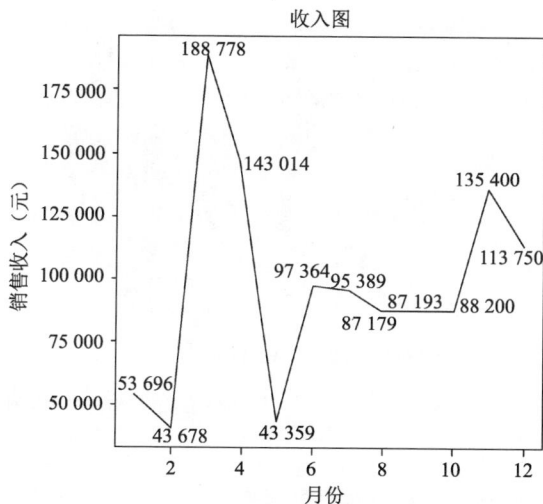

图 6-9　[例 6-1]运行结果（三）

```
# 画一条折线,正六边形, # mfc='orange'  标记为黄色# ms=20 标记大小为 20
plt.plot(x,y,label='收入线',marker='H',mfc='orange',ms=20,alpha=0.7,mec='c')
```

运行结果图 6-10 所示。

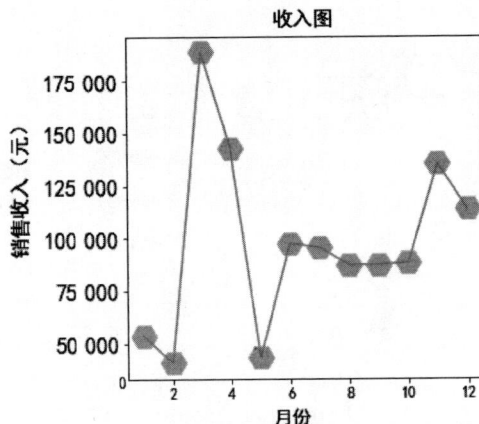

图 6-10　[例 6-1]运行结果（四）

```
# lw 描边宽度（5），柱子颜色（#EECFA1）
plt.bar(x, y, lw=5,color='#EECFA1')
```

运行结果如图 6-11 所示。

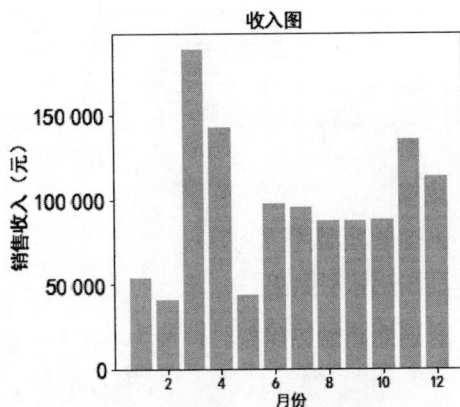

图 6-11　[例 6-1]运行结果（五）

```
plt.bar(x, y,color=['r', 'g', 'b']) # color='红绿蓝'三色轮换
```

运行结果图 6-12 所示。

```
#定义饼状图的标签，标签是列表
plt.pie(y,labels=x)
# 设置 x，y 轴刻度一致，这样饼图才能是圆的
plt.axis('equal')
```

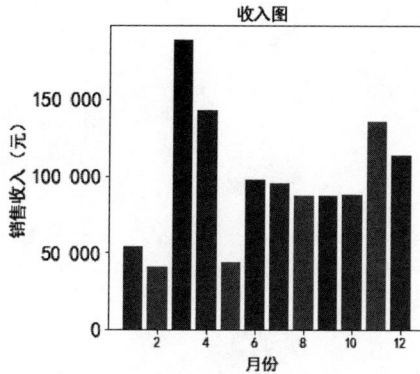

图 6-12　[例 6-1]运行结果（六）

运行结果如图 6-13 所示。

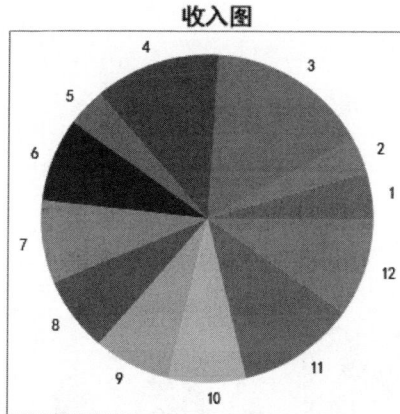

图 6-13　[例 6-1]运行结果（七）

以上是基本的图形图例，更加复杂的图形可以在 Matplotlib 官网中找到，而且官网内的代码可以直接使用。例如，想将以上的图形变成 3D 模式，只要将代码改成如下所示：

```
from matplotlib import cm
import matplotlib.pyplot as plt
import numpy as np
# 正常显示中文标签
plt.rcParams['font.sans-serif']=['SimHei']
# 设置图大小 8*8
plt.rcParams['figure.figsize']=[8,12]
fig = plt.figure()
x=[1,2,3,4,5,6,7,8,9,10,11,12]
y=[53695.8,40577.9,188778.08,143013.7,43388.7,97363.8,95389.2,87179.4,
    87192.9,88199.6,135400,113750]
```

```
##3d 模式
ax = fig.add_subplot(projection='3d')
##计算每个点对的长度
R = np.sqrt(X**2+Y**2)
# 计算 Z 轴的高度
Z = np.sin(R)
# 绘制 3D 曲面
surf = ax.plot_surface(X, Y, Z, rstride=1, cstride=1, cmap=cm.viridis,
                       linewidth=0, antialiased=False)
# rstride:行之间的跨度   cstride:列之间的跨度
# cmap 是颜色映射表
plt.show()
```

运行后的结果如图 6-14 所示。

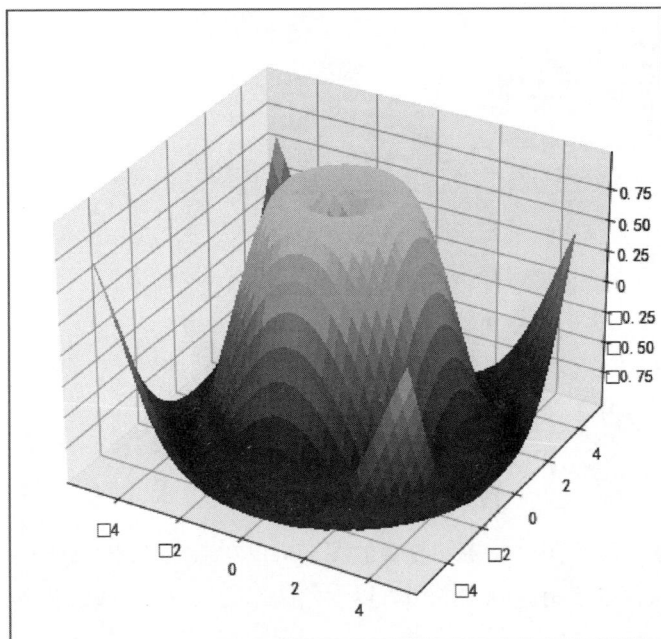

图 6-14　3D 模式图

Matplotlib 官网有一百多种的图例，除了有 3D 版的，还有动画版的。无论是初学者还是资深程序员，都可以找到适合自己的图片。不过由于这些图例不是本章介绍的重点，这里不再深入讲解，日后有机会再作深入的介绍。

6.3　Matplotlib 与 Excel 的结合

很多时候，不会直接在代码中输入数字来设定 x 和 y 的值，因为效率太慢了。特别是做财务工作的，如果不能将报表、序时账、余额表转化成图表，那么分析效果会大打折扣，所以有的人会用 Pandas、xlwings 之类的库，将 Excel 中的数值直接转化成 *x* 值和 *y* 值，这就大大地提高了制图的效率。

例 6-2 假设有一个 Excel 文件叫作"待处理数据"，具体格式如下：

交易编号	物　品	销售日期	销售数量	单位售价	单位成本	总收入	总成本	总利润
696	鲛鱼	26/06/2020	1217	2.18	1.22	2653.06	1484.74	1168.32
666	鳜鱼	16/11/2020	1215	8.38	2.02	10181.7	2454.3	7727.4
265	葡萄	18/04/2020	1212	5.08	3.7	6156.96	4484.4	1672.56
360	葡萄	18/05/2020	1211	3.04	2.2	3681.44	2664.2	1017.24
661	苹果	31/08/2020	1211	2.48	1	3003.28	1211	1792.28
657	鲮鱼	30/08/2020	1210	2.48	0.8	3000.8	968	2032.8
62	苹果	20/01/2020	1209	2.18	1.58	2635.62	1910.22	725.4
166	鲮鱼	10/03/2020	1208	8.68	4.92	10485.44	5943.36	4542.08
256	西葫芦	07/04/2020	1208	5.08	2.04	6136.64	2464.32	3672.32
501	西葫芦	29/06/2020	1208	8.68	2.1	10485.44	2536.8	7948.64
169	萝卜	04/03/2020	1207	12.94	3.14	15618.58	3789.98	11828.6
660	苹果	31/08/2020	1207	1.8	1.02	2172.6	1231.14	941.46

首先在 Jupyter Notebook（宙斯笔记本）中输入以下代码：

```
import matplotlib.pyplot as plt##导入制图库
import Pandas as pd ##导入 Pandas 库
df01=pd.read_Excel("待处理数据.xlsx")#导入 Excel 文件
df01
```

运行结果如图 6-15 所示。

图 6-15　[例 6-2]运行结果（一）

```
figure=plt.figure()          ##创建制图板
#显示中文字体为简体
plt.rcParams['font.sans-serif']=['SimHei']
x=df01["物品"]               ##将物品列设为 X 轴
y=df01["总利润"]             #将总利润列设为 y 轴
plt.bar(x,y)                 ##制成条形图
plt.show()
```

运行结构如图 6-16 所示。

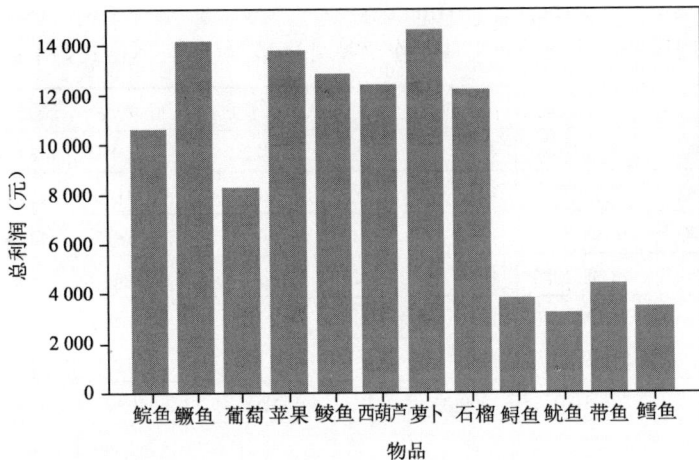

图 6-16　[例 6-2]运行结果（二）

如果觉得没有标题，颜色也不好看，就可以输入如下代码：

```
plt.xlabel('产品销售类别',c="r")        ##加上 X 轴名称,c="r"意思是颜色为红色
plt.ylabel('利润情况',c="w")           ##加上 Y 轴名称,c="w"意思是颜色为白色
plt.title('销售利润情况',c="y")         ##加上标题
plt.bar(x,y,color="c")               ##制成条形图,颜色为青色
plt.show()
```

运行结果如图 6-17 所示。

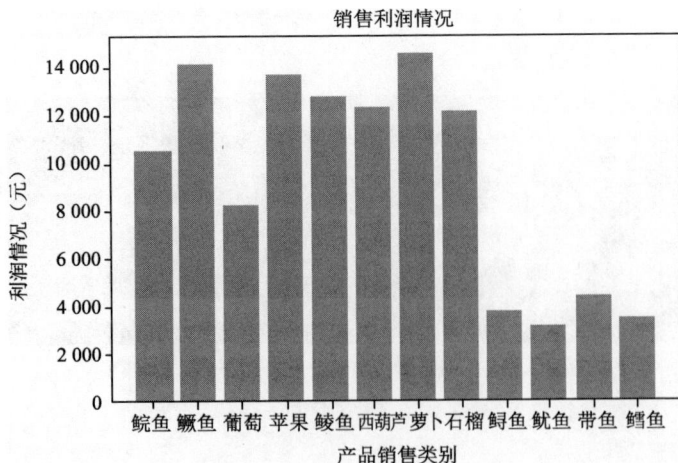

图 6-17　[例 6-2]运行结果（三）

还需添加数据标签和图例，可输入如下代码：

```
#设置图例
```

```
plt.bar(x,y,color="c",label="产品利润") ##设置图例名称
plt.legend(loc='upper right',fontsize=8) ##设置图例位置和大小，upper right
为右上，upper left 为左上
for a,b in zip(x,y): ##加上数据标签，zip 是内置函数，打包成一个的意思
plt.text(a,b,("%.0f"%b),fontdict={"family":"KaiTi","color":"c","size":8
},ha='center', va='bottom')
```

代码说明：text 是数据标签的函数，格式为 text(x,y,s,fontdict, ha,va)，x 和 y 表示 x 轴和 y 轴，改成 a 和 b 是为了能更好区分；s 是标签的文本内容；%.0f 表示取整数；%b 表示 y 坐标值；fontdict 表示设置字体、颜色、字号；ha 设置字体的位置；center 表示中央；va 设置字体底部对齐。

运行结果如图 6-18 所示。

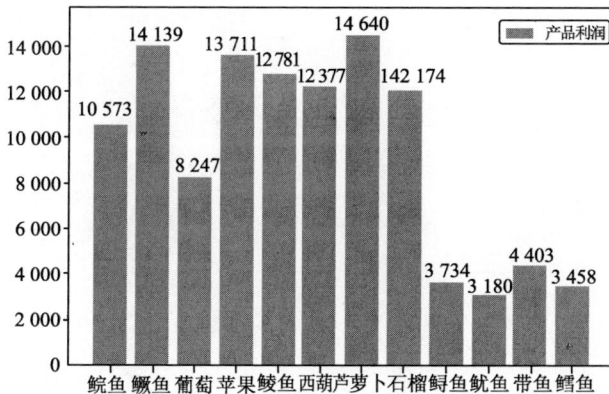

图 6-18　[例 6-2]运行结果（四）

若要将画图板扩大到适合的大小，可以加多一行代码如下：

```
plt.subplots(figsize = (10,5))      ##设置画板大小
```

运行结果如图 6-19 所示。

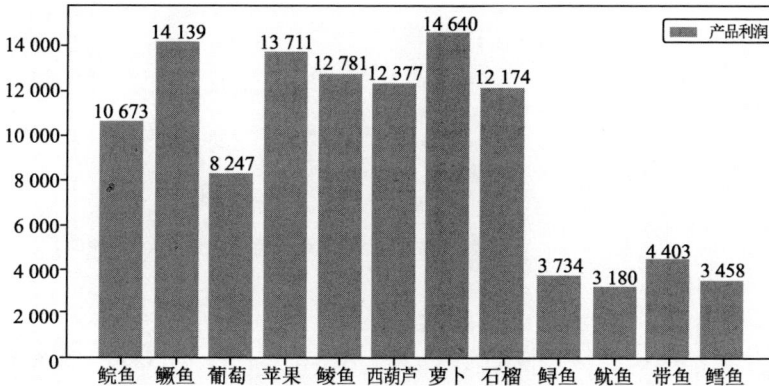

图 6-19　[例 6-2]运行结果（五）

总之，Padans 导入数据的可视化其实就是通过赋值 *x* 和 *y* 后，再用 Matplotilb() 函数转化成图表。

结合上面的代码，可以写一些简单的代码，以提高财务工作者的工作效率。

例 6-3 若每个月只需要更新某个固定格式的 Excel 文件，则可以按固定的"格式"输出相应的图表，并保存在文件夹中。

具体代码如下：

```
import matplotlib.pyplot as plt##导入制图库
import Pandas as pd ##导入 Pandas 库
df01=pd.read_Excel("待处理数据.xlsx")#导入 Excel 文件
df02=df01.groupby("物品").sum()##以物品作分类汇总
df02.to_Excel("待处理数据.xlsx", sheet_name='物品汇总', index=True)##保存表格
df03=pd.read_Excel("待处理数据.xlsx", sheet_name='物品汇总')##导入表格制图
df03
```

物品	交易编号	销售数量	单位售价	单位成本	总收入	总成本	总利润
带鱼	18355	8529	203.80	79.02	46194.06	16091.42	30102.64
石榴	38664	59373	415.64	167.60	339411.70	135185.18	204226.52
苹果	42491	71488	505.26	180.50	409829.72	145062.54	264767.18
萝卜	35689	61306	447.14	161.38	385025.10	135305.36	242337.74
葡萄	40988	63647	342.60	132.56	285285.34	115894.50	169390.84
西葫芦	43092	77674	439.68	177.70	384167.00	157655.00	222522.00
鱿鱼	22073	10033	279.60	113.58	57042.14	26228.94	30813.20
鲟鱼	20772	10875	254.28	109.14	60776.94	25430.44	35346.50
鲩鱼	39997	69937	434.54	178.30	359828.02	148310.54	211517.48
鲮鱼	74263	85852	886.82	362.34	513579.76	198582.80	311298.96
鳕鱼	19557	9231	251.32	98.54	51472.02	18872.98	32599.04
鳜鱼	33477	58312	336.58	139.70	306598.26	127307.66	179290.60

```
figure=plt.figure()##创建制图板
#显示中文字体为简体
plt.rcParams['font.sans-serif']=['SimHei']
x=df03["物品"]##将物品列设为 X 轴
y=df03["销售数量"]#将总利润列设为 y 轴
plt.subplots(figsize = (10,5))##设置画板大小
##设置每条柱子的颜色
color=["b","c","g","k","m","r","y","grey","gold","darkviolet","plum","salmon"]
plt.bar(x,y,color=color,label="销售数量") ##设置图例名称
plt.legend(loc='upper right',fontsize=8) ##设置图例位置和大小，upper right
为右上，upper left 为左上
for a,b in zip(x,y): ##加上数据标签，zip 是内置函数，打包成一个的意思
    plt.text(a,b,("%.0f"%b),fontdict={"family":"KaiTi","color":"b","size":8},
ha='center', va='bottom')
###text 是数据标签的函数，格式为 text(x,y,s,fontdict, ha,va)，x 和 y 表示 x 轴和 y
轴，改成 a 和 b 是为了能更好区分
##s 是标签的文本内容，%.0f 表示取整数，%b 表示 y 坐标值
```

```
##fontdict 表示设置字体、颜色、字号，ha 设置字体的位置，center 表示中央，va 设置字体
底部对齐
plt.title('销量图',c="g",fontsize=15) ##加上标题
plt.savefig('销量图.png')##图片保存在当前文件夹中
```

运行结果如图 6-20 所示。

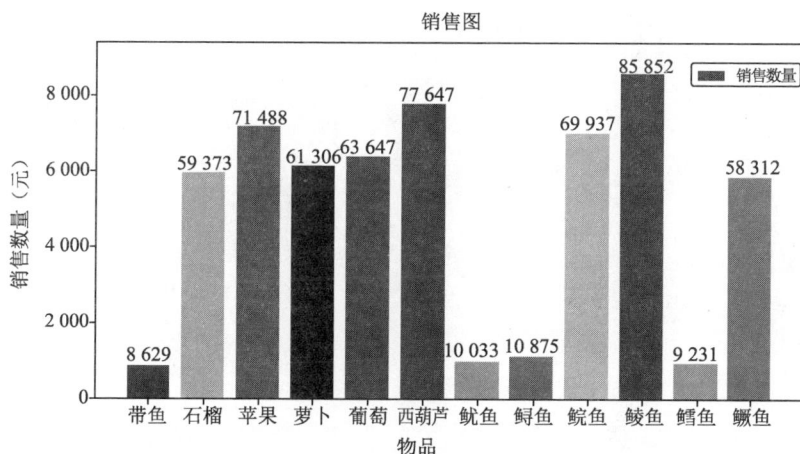

图 6-20　[例 6-3]运行结果

生成文件如图 6-21 所示。

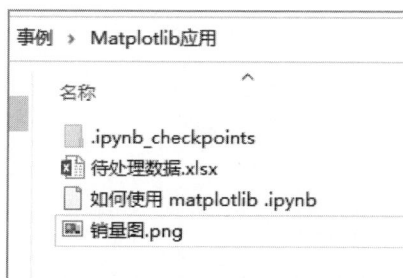

图 6-21　[例 6-3]的生成文件

　　Pandas 与 Matplotlib 结合使用，运行时较容易，想制作出好的图表，一定要学好 Matplotlib 的各个制图函数。市面上有很多关于 Matplotlib 库的资料，包含有很多丰富的案例可以作为参考。不过，建议还是先学好 Pandas 库后再去学 Matplotlib 库。我们不是为了制图而制图的，我们是先做财务分析，有结果之后，再去做图表，主次要分清。

6.4　xlwings 与 Matplotlib 的结合

　　xlwings 与 Excel 其他操作库不一样的地方，就是它有一个专门用于与 Matplotlib

结合的函数 sheet.pictures.add()。通过这个函数，可以将 Matplotlib 生成的图片保存到 Excel 中。

在 xlwings 的官方网站上，给出的语法结构如下：

```
import matplotlib.pyplot as plt
import xlwings as xw
fig = plt.figure()     ##生成画板
plt.plot([1, 2, 3])    ##制图
sheet = xw.Book().sheets[0]  ##生成工作表
sheet.pictures.add(fig, name='MyPlot', update=True)##插入图片
```

代码说明：参数 fig 表示要插入的画板；name 表示将画板命名为 MyPlot，如果设置 update=True，就可以在 Excel 上调整图片的大小和位置。

例 6-4 每个月只需要更新某个固定格式的 Excel 文件，运行程序后，除了可以按固定的"套路"输出相应的图表，并保存在文件夹中，还可以将相应的图表保存在对应的表格上面。

其代码如下：

```
import matplotlib.pyplot as plt
import Pandas as pd ##导入 Pandas 库
import xlwings as xw ##导入 xlwings 库
import os
app=xw.App(visible=False,add_book=False)##后台操作 Excel
df01=pd.read_Excel("待处理数据.xlsx")##导入 Excel 文件
df02=df01.groupby("物品").sum()##以物品作分类汇总
df02
```

运行后得到：

物品	交易编号	销售数量	单位售价	单位成本	总收入	总成本	总利润
带鱼	18355	8529	203.80	79.02	46194.06	16091.42	30102.64
石榴	38664	59373	415.64	167.60	339411.70	135185.18	204226.52
苹果	42491	71488	505.26	180.50	409829.72	145062.54	264767.18
萝卜	35689	61306	447.14	161.38	385025.10	135305.36	242337.74
葡萄	40988	63647	342.60	132.56	285285.34	115894.50	169390.84
西葫芦	43092	77674	439.68	177.70	384167.00	157655.00	222522.00
鱿鱼	22073	10033	279.60	113.58	57042.14	26228.94	30813.20
鲟鱼	20772	10875	254.28	109.14	60776.94	25430.44	35346.50
鲩鱼	39997	69937	434.54	178.30	359828.02	148310.54	211517.48
鲮鱼	74263	85852	886.82	362.34	513579.76	198582.80	311298.96
鳕鱼	19557	9231	251.32	98.54	51472.02	18872.98	32599.04
鳜鱼	33477	58312	336.58	139.70	306598.26	127307.66	179290.60

接着输入以下代码：

```
workbook=app.books.add()##新建一个 Excel 文件
sheet=workbook.sheets[0]##新建工作表
sheet.range("A1").value=df02  ##将分类汇总结果导入到表 1 中
workbook.save("待处理数据分类汇总.xlsx")##保存 Excel 表
```

```
workbook.close()
app.quit()
df02=pd.read_Excel("待处理数据分类汇总.xlsx")#导入 Excel 文件
figure=plt.figure()##创建制图板
#显示中文字体为简体
plt.rcParams['font.sans-serif']=['SimHei']
x=df02["物品"]##将物品列设为 X 轴
y=df02["销售数量"]#将总利润列设为 y 轴
plt.subplots(figsize = (8,8))##设置画板大小
plt.pie(y,labels=x,autopct="%.0f%%",
        pctdistance=0.85,radius=1.0,
        labeldistance = 1.1,
        wedgeprops={"width":0.5,"linewidth":2,"edgecolor":"w"})
##wedgeprops 用于设置环形图的参数，width 为宽度，linewidth 为边框粗细，edgecolor
为边框颜色
plt.title('销量环比',c="g",fontsize=15) ##加上标题
plt.savefig('销量环比图 1.png')##保存在当前文件夹中
plt.show()
app=xw.App(visible=True,add_book=False)##后台操作 Excel
workbook=app.books.open("待处理数据分类汇总.xlsx")
worksheet=workbook.sheets[0]
worksheet.pictures.add(os.path.join(os.getcwd(),'销量环比图 1.png'),left=
200)##使用 OS 库绝对路径会才不会报错
workbook.save()
workbook.close()
app.quit()
```

运行结果图 6-22 所示。

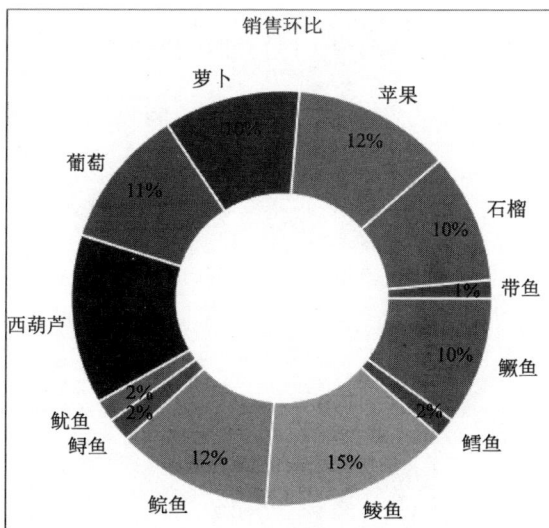

图 6-22　[例 5-7]运行结果

代码说明：

（1）导入 OS 库的原因是在插入图片时，如果不标明路径，导入图片容易出现错误，有时候图片会变成空白图片，因此选用 OS 库下的绝对路径。

（2）代码的工作思路是先将分类汇总后的数据保存在新的 Excel 表中，再读取新表的数据去制作图表。为什么要这样，而不是直接在源表中制作图表呢？首先是为了不与源表的数据混淆，其次是为了更好地管理好图片。

（3）如果不想新建表格，希望直接读取源数据制作图表，可以将代码中的 x=df02["物品"]改成 x=df02.index 来取 x 值也可以。

例 6-5 如果要在 xlwings 中制作出一个仪表盘，即导入表格就能生成一套图表，而不是一个图表，就可以用 plt.subplot()函数来实现。具体代码如下：

```
import matplotlib.pyplot as plt
import Pandas as pd ##导入 Pandas 库
import xlwings as xw ##导入 xlwings 库

df01=pd.read_Excel("待处理数据.xlsx")#导入 Excel 文件
df02=df01.groupby("物品").sum()##以物品作分类汇总
#显示中文字体为简体
plt.rcParams['font.sans-serif']=['SimHei']
plt.rcParams['axes.unicode_minus'] = False  #显示负数符号
df02
#制作数据仪表盘
figure=plt.figure(figsize=(18,15))   #设置图的整体大小
#制作第一个图表，柱形图
x=df02.index##将物品列设为 x 轴
y=df02["销售数量"]#将总利润列设为 y 轴
plt.subplot(2,2,1)#设置子画板大小，2×2 边长的第一个子图
##设置每条柱子的颜色
color=["b","c","g","k","m","r","y","grey","gold","darkviolet","plum","s
almon"]
    plt.bar(x,y,color=color,label="销售数量") ##设置图例名称
    plt.legend(loc='upper right',fontsize=8) ##设置图例位置和大小，upper right
为右上，upper left 为左上
    for a,b in zip(x,y): ##加上数据标签，zip 是内置函数，打包成一个的意思

plt.text(a,b,("%.0f"%b),fontdict={"family":"KaiTi","color":"b","size":8},ha
='center', va='bottom')
    ###text 是数据标签的函数，格式为 text(x,y,s,fontdict, ha,va)，x 和 y 表示 x 轴和 y
轴，改成 a 和 b 是为了能更好区分，
    ##s 是标签的文本内容，%.0f 表示取整数，%b 表示 y 坐标值，
    ##fontdict 表示设置字体、颜色、字号，ha 设置字体的位置，center 表示中央，va 设置字体
底部对齐。
```

```
plt.title('销量图',c="g",fontsize=15) ##加上标题

##制作第二个图表,环形图:
plt.subplot(2,2,2)#设置子画板大小,2×2边长的第二个子图
plt.pie(y,labels=x,autopct="%.0f%%",
        pctdistance=0.85,radius=1.0,
        labeldistance = 1.1,
        wedgeprops={"width":0.5,"linewidth":2,"edgecolor":"w"})
```
##wedgeprops 用于设置环形图的参数,width 为宽度,linewidth 为边框粗细,edgecolor
为边框颜色
```
plt.title('销量环比',c="g",fontsize=15) ##加上标题

##制作第三个图表
plt.subplot(2,2,3)#设置子画板大小,2×2边长的第三个子图
df03 = df01.groupby('物品')['总收入','总利润'].agg({'总收入':'sum','总利润
':'sum'})
x1=df03.index #x 轴
y1=df03["总收入"] #y 主轴数据
y2=df03["总利润"] #y 次轴数据
plt.bar(x,y1,color=color,label='总收入')  #柱形图
for a,b in zip(x,y1):  #添加数据标签
    plt.text(a,b+0.1,'%d'%b,ha='center',va='bottom')  #在 x,y1+0.1 的位置上
添加 GMV 数据 , '%d'%y 即标签数据, ha 和 va 控制标签位置
plt.legend(loc=1)  #显示图例,loc=1 为右上角
#两图组合在一起变成第三幅图
plt.plot(x,y2,label='总利润',color='b')  #订单折线图,蓝色
for a,b in zip(x,y2):  #添加数据标签
    plt.text(a,b+0.2,'%d'%b,ha='center',va='bottom')  #在 x,y2+0.1 的位置上
添加订单数据
plt.legend(loc=1)  #显示图例,loc=1 为右上角

plt.title('收入&利润走势',c="g",fontsize=15) ##加上标题#
plt.savefig('销售走势仪表板.png')##保存在当前文件夹
plt.show()
###导入 Excel 中
import os
app=xw.App(visible=True,add_book=False)##后台操作 Excel
workbook=app.books.open("待处理数据分类汇总.xlsx")
worksheet=workbook.sheets.add()##新建工作表,如果改为 sheets[0]就表示当前工作表
worksheet.pictures.add(os.path.join(os.getcwd(),'销售走势仪表板.png'),
left=500)##使用 OS 库绝对路径会才不会报错
workbook.save()
workbook.close()
app.quit()
```

运行结果如图 6-23 所示。

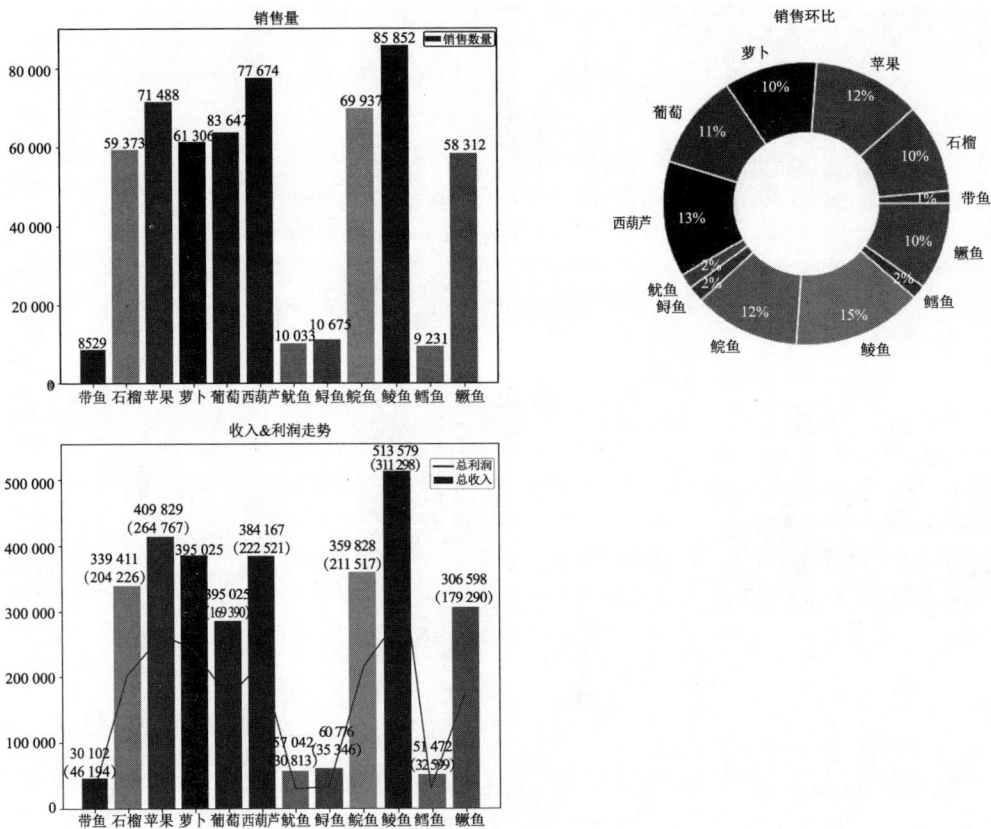

图 6-23　[例 6-2]运行结果（括号中数字表示总利润）

代码说明：

代码由三部分组成，第一部分是导入 Excel 数据，再由 Pandas 分类汇总；第二部分是制图，用 figure=plt.figure(figsize=(18,15)) 表示设置画板的整体大小，然后用 plt.subplot(2,2,1)、plt.subplot(2,2,2)、plt.subplot(2,2,3)确定三个图的位置，plt.subplot（i,j,n）形式，其中 *i,j* 是行列数，*n* 是第几个图，比如（2,2,1）表示画板分成四个图，该图位于第一个。

如果将函数改成 plt.subplot(3,2,1)、plt.subplot(3,2,2)、plt.subplot(3,2,3)，那么运行结果如图 6-24 所示。

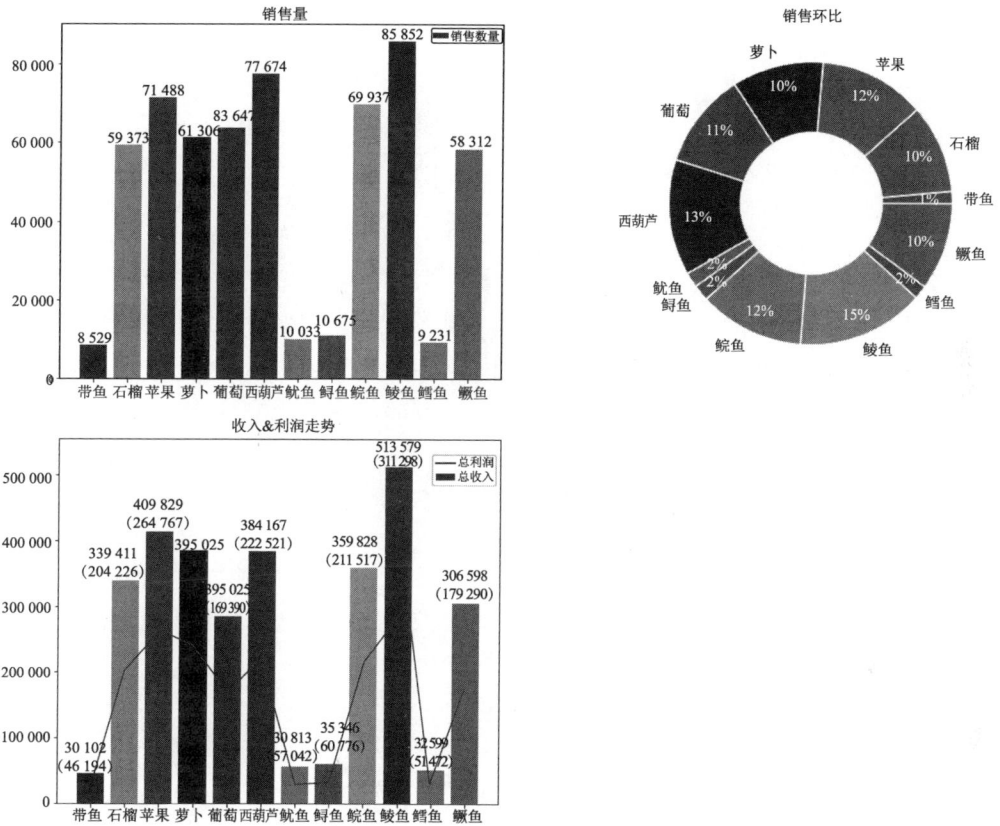

图 6-24 修改函数后的运行结果

如果图比较多，推荐使用 plt.subplot2grid()函数，它可以将几个不同的图表按图 6-25 所示的方式进行排版。

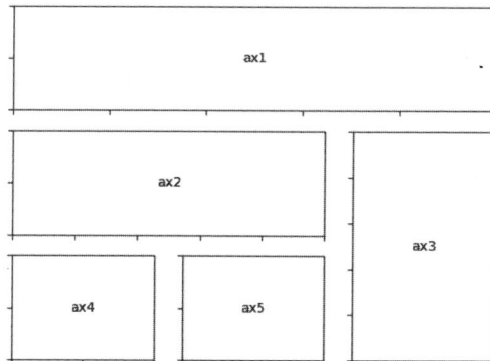

图 6-25 排版图

其代码如下：

```
ax1 = plt.subplot2grid((3, 3), (0, 0), colspan=3)
ax2 = plt.subplot2grid((3, 3), (1, 0), colspan=2)
ax3 = plt.subplot2grid((3, 3), (1, 2), rowspan=2)
ax4 = plt.subplot2grid((3, 3), (2, 0))
ax5 = plt.subplot2grid((3, 3), (2, 1))
```

参数（3，3）表示设置网格的行数和列数，（0，0）表示代表的行号和列号，colspan=3 表示向右横跨 3 列，colspan=2 表示向右横跨 2 列，rowspan=2 表示向下跨越 2 行。

一般来说，大型的仪表板都是用这种代码来设置每个图表的位置的，无论是在大屏上显示或是在幕场上面显示都没有问题，如果技术到位，还可以一边播放动画或广告，一边显示数据图表。

6.5 BI 软件的可视化数据操作

BI 是商业智能（business intelligence）的缩写，其可以从各种数据来源提取数据，然后显示出适应性强的报告/可视化图表。BI 软件更多的是一个图表工具，而且图表还能实时更新。

我用过两个 BI 软件，一个是微软公司的 Power BI，另一个是国产的 FineBI。前者的个人版只有 Power BI desktop 是免费的，而国产的 FineBI 的个人版是免费的。

相比较 Matplotlib 库，两种 BI 软件（个人版）都有功能上的不足，首先对于共享报表，只有付费版才可以不受限制地共享，FineBI 的个人版能提供两个用户的共享链接，而 Power BI desktop 就没有这个功能。

另外，如果数据有日期的话，Power BI desktop 会显示成英文格式，而 FineBI 没有更多的个性化设置。

两个软件都有基本的图例，不过想要更多的图例，就需付费，而且有时候，付费了也未必是你想要的效果。如果自己开发一个 BI 平台，需要的费用会更多。我曾经审计过一些政府工程的 BI 平台报价，单纯一个定制化的图表 BI 视图就报价 12 万元，一个散点图就要 1 万元，全套定制设计 250 万元，更不要说什么数据支持功能了。

从财务工作的角度出发，BI 软件是一个不错的软件，它能应对大多数财务表格并制作可视化图表，又或者解决制作 PPT 的烦恼。只要导入数据，就会自动生成设置好的图表，一目了然，能快速地将数据的趋势以及分布情况显示出来，它是开会作决策和讲解 PPT 的好帮手。对于很多不懂计算机语言的中层来说，这个软件非常不错。

不过，如果你懂得计算机语言，又熟悉好几个可视化的库，同时又懂一点数据库知识，那么自己设计出一个能实时更新的 BI 平台并不难。

例 6-6　有一家集团公司，下面有十几家子公司，如果想及时了解各公司以及整家公司的销售情况，可在会议室中安装一块高 2 米、长 8 米的大屏幕，租用或购买一个云服务器，如果企业有 ERP 的话，就将数据导出到 SQL 服务器中；如果没有，就要求下面的会计定时将开票软件的 xlm 文件上传到服务器中。

服务器存放数据后，先用 Numpy 库和 Pandas 库自动分析数据，然后用 Matplotlib 库实现可视化图表。如果数量较多，用 Python 的 Django 框架进行权限管理，也可以节省购买 BI 软件的支出。

但是，这并不是一件容易的事，需要中层管理者是一个多面手，当中涉及财务核算、数据库、计算机语言等知识的运用。所以权衡之下，购买一个 BI 软件，并对使用者进行培训容易得多。

下面对 Power BI 的操作进行介绍。

如果计算机操作系统是 Windows 10，那么登录微软公司的 Power BI 官网[①]，在产品中选择 Power BI Desktop，单击"免费下载"按钮即可，如图 6-26 所示。

图 6-26　Power BI 下载页面

根据计算机的操作系统选择 32 位或者 64 位的安装包。安装方式不能自动更新，当 Power BI Desktop 更新时，必须按上述方式重新下载安装。Power BI 的一大优势是更新迭代非常迅速，几乎每个月都有更新。安装完成后可以打开图 6-27 所示的界面。

① Power BI Desktop：交互式报表的官网是 powerbi.microsoft.com。

图 6-27　Power BI Desktop 界面图

进入使用后弹出如图 6-28 所示的页面。

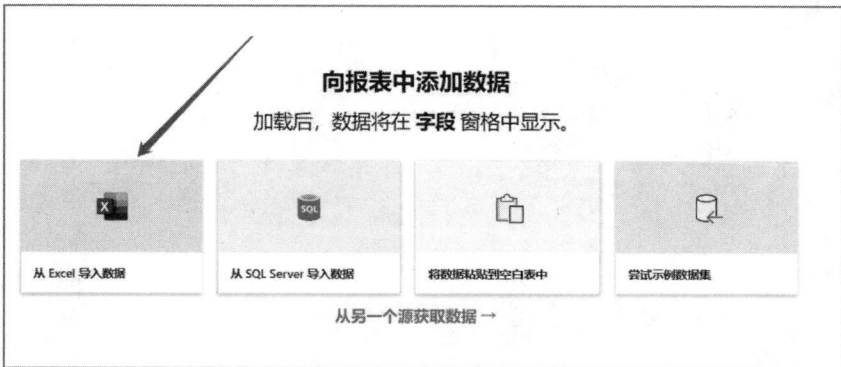

图 6-28　向报表中添加数据界面

　　一般来说，我们都喜欢用 Excel 中的导入数据功能。以一个 Excel 文件为例，在导入数据之后，数据会自动导入内嵌的 Power Query 编辑器，即可在数据视图中查看这些数据，如图 6-29 所示。

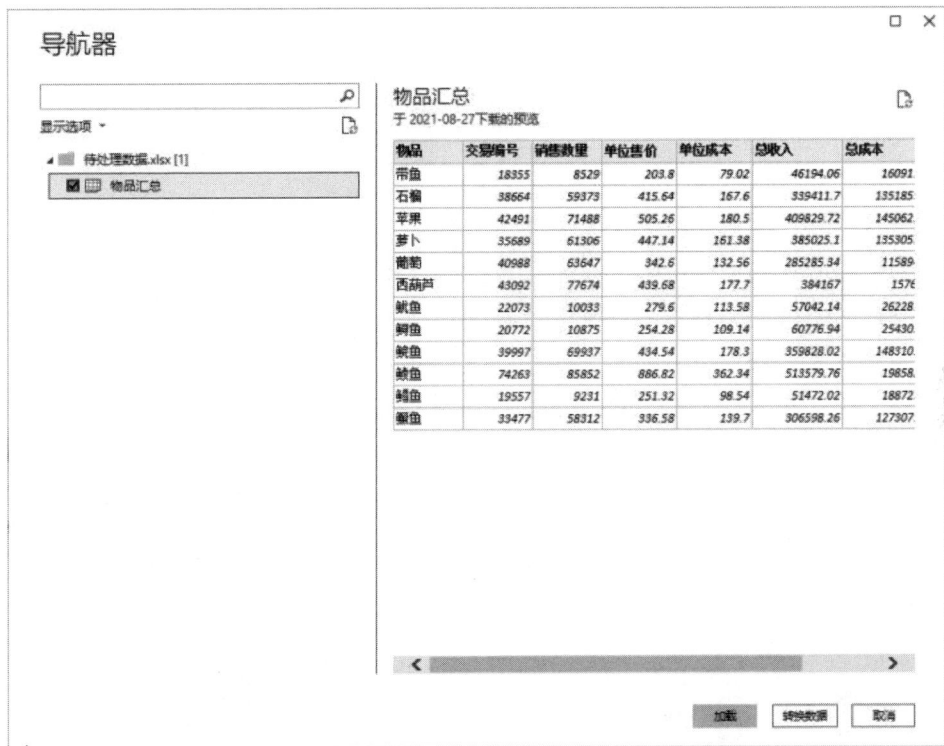

图 6-29　导入数据界面图

加载后可以将数据拖到报表画布上，如图 6-30 所示。

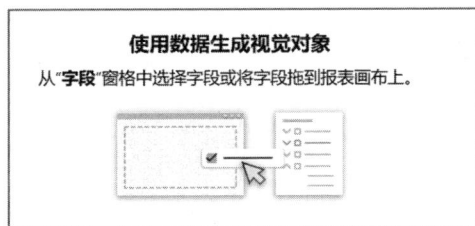

图 6-30　拖动数据到报表画布

如图 6-31 所示，勾选"字段"下面"物品汇总"中的"总成本"和"物品"选项，再选择柱形图类型，然后将"物品"字段放到【轴】中，"总成本"字段放到【值】中，柱形图就做好了，如图 6-32 所示。

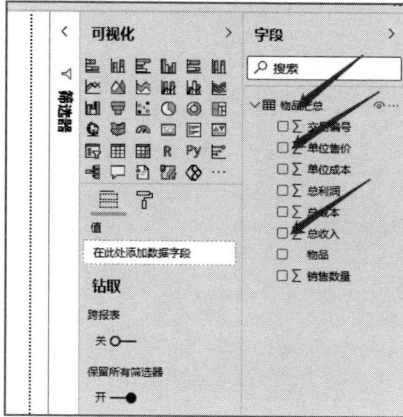

图 6-31　设置视觉对象

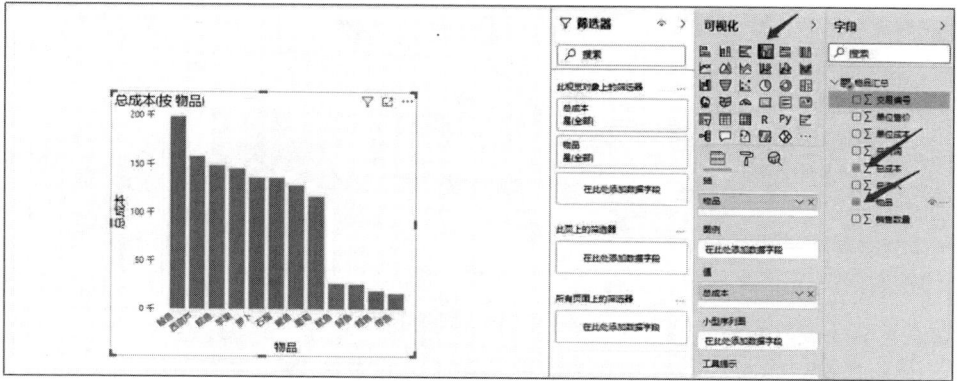

图 6-32　制作柱形图

使用同样的方法再生成以下两个图表。

折线图：用于展示生产总值的数据，如图 6-33 所示。

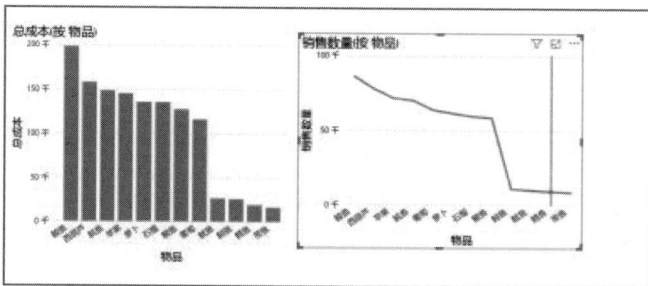

图 6-33　折线图

条形图：用于展示各物品的利润总额排名，如图 6-34 所示。

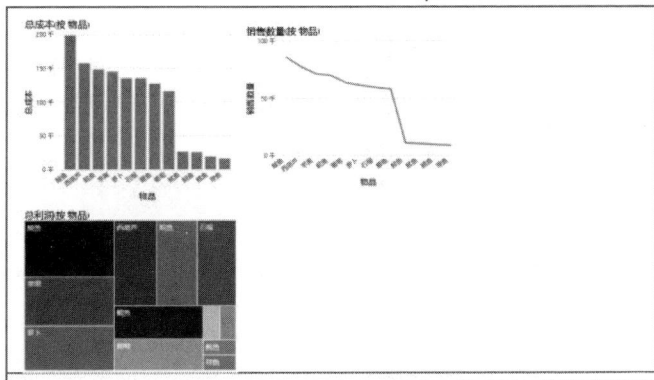

图 6-34　条形图

增加总收入排名、一些文本和标题，如图 6-35 所示。

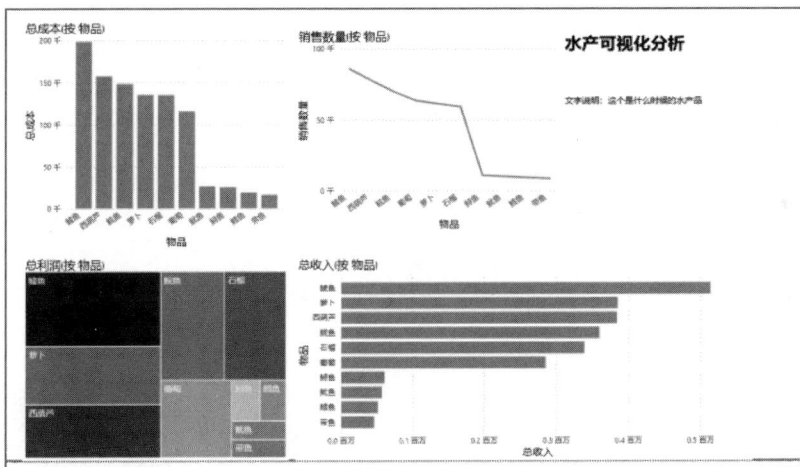

图 6-35　增加内容后的效果示意

一个简单的可视化分析报表就制作成功了，是不是很快？如果操作熟练，几分钟就可以生成这样一个可视化图表。表面看这个报表也没有什么特别的，但 Power BI 报表的特点是所有的图表都可以动态交互，如图 6-36 所示的发布界面。

如果已经注册有微软账号，在登录以后，单击"发布"按钮，就会生成报表网址，就可以随时随地通过浏览器查看这个报表了。

注意，个人用户是不能注册账号的，一定要用企业邮箱注册账号，而且即使有企业邮箱，也要在微软的主页去注册公司账号。

上述示例只是简单介绍了 Power BI 的基本功能，更强大的数据分析和可视化技巧将在下节介绍。

图 6-36　Power BI 的发布界面

6.6　BI 软件的基本操作原理

BI 软件一般有四个模块：一是数据导入；二是数据分析；三是数据可视化；四是权限访问。它们之间的关系如图 6-37 所示。

下面以 FineBI 和 Power BI desktop 为例进行讲解：

（1）FineBI 软件的界面，如图 6-38 所示。

图 6-37　BI 软件四个模块间的关系

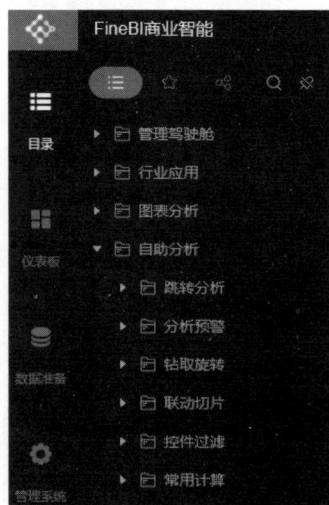

图 6-38　FineBI 的界面

（2）Power BI desktop 界面如图 6-39 所示。

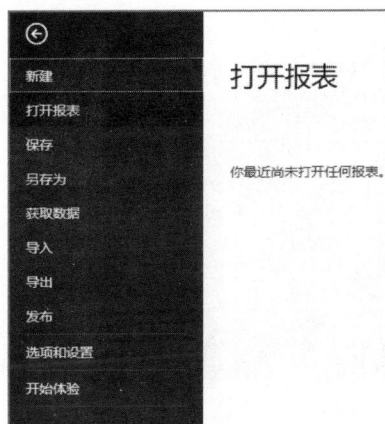

图 6-39　Power BI desktop 界面

它们的结构基本是一样的，下面用实例来说明一下。

1．导入数据

使用 BI 软件的第一件事是准备好数据，即准备好数据表。如果对数据库不熟悉，可以用 Excel 表来代替。注意，Excel 表格不能有合并单元格，由于很多 BI 软件只默认表头为第一行，所以表头只能放在首行。

有的财务工作者想将资产负债表和利润表直接作为数据表，如果表头格式不转换，是不可以的。同样，序时账如果要作为数据表，就一定要改表头。

注意，FineBI 和 Power BI desktop 都是从官网下载安装包，在安装后才可以使用。当我们准备好数据表之后，就可以将数据导入到 BI 软件中。

FineBI 导入数据如图 6-40 所示。

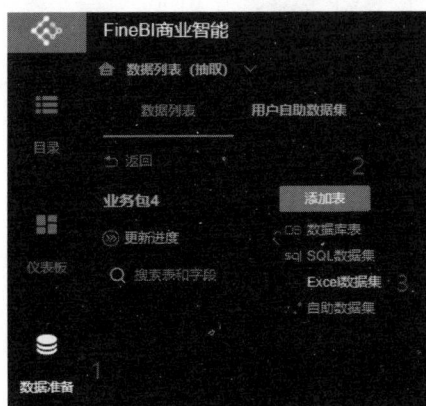

图 6-40　FineBI 导入数据

单击"数据准备"按钮，弹出的列表中选择"添加表"选项，再选择"Excel 数据集"，即可弹出"新建 Excel 数据集"对话框，如图 6-41 所示。

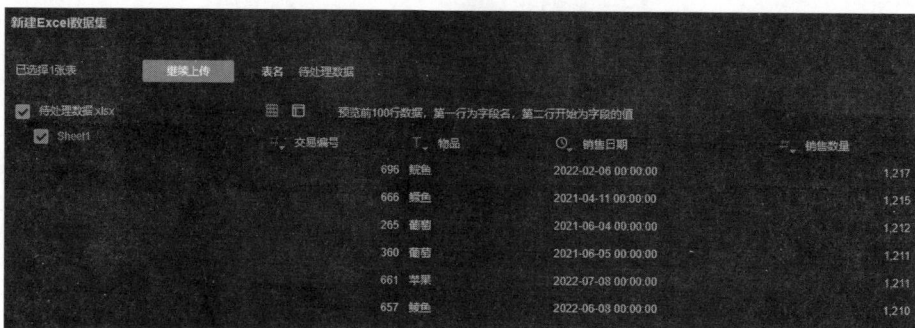

图 6-41 "新建 Excel 数据集"对话框

2．Power BI desktop

Power BI desktop 的操作和 FineBI 的一样。单击文件栏，弹出如图 6-42 所示的界面。

在导入数据之后，就可做可视化图表了。如果图表较多，就可以组合成一个仪表板。无论设计的图表如何，只要图表的样式确定了，只要有数据更新，图表就能随着数据的变化而变化。

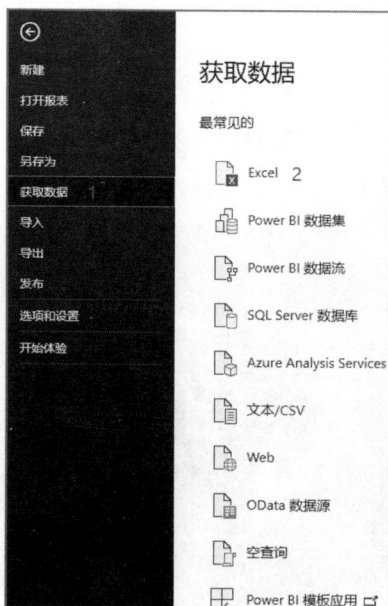

图 6-42 获取数据界面

3．制作图表

（1）FineBI 制表的模块是在仪表板上，单击仪表板上的"新建仪表板"就可以了，如图 6-43 所示。

然后单击"添加组件"按钮，如图 6-44 所示。

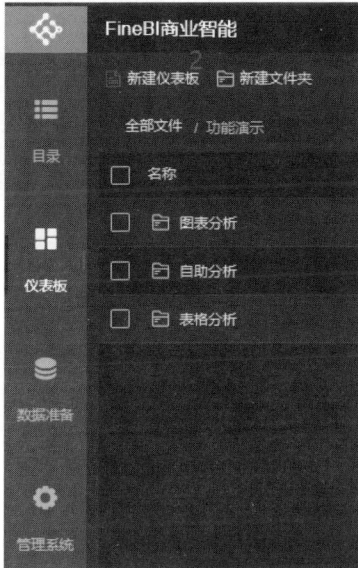

图 6-43　仪表板界面

图 6-44　"添加组件"按钮

选择"抽取数据"选项，如图 6-45 所示。

弹出"图表类型"列表，如图 6-46 所示。

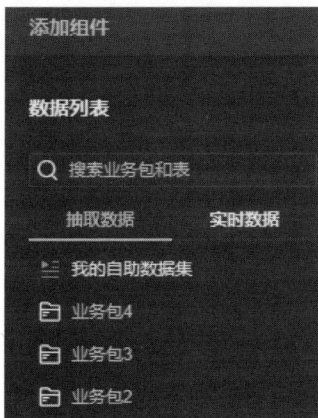

图 6-45　"抽取数据"选项

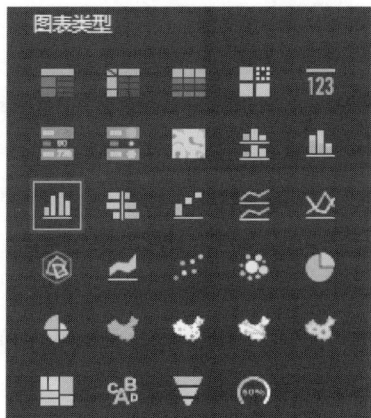

图 6-46　图表类型

（2）在 Power BI desktop 中制作图表的操作步骤如下。

单击"插入"按钮，选择"新建页"选项下的"新建视觉对象"命令，如图 6-47 所示。

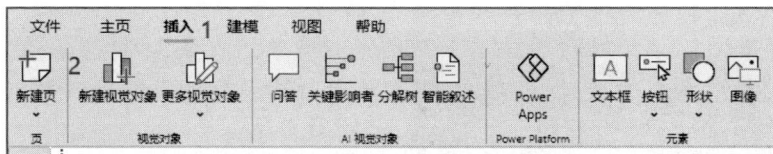

图 6-47　选择"新建视觉对象"命令

弹出空白视觉对象界面，如图 6-48 所示。

然后选择"可视化"工具栏进行制作，如图 6-49 所示。

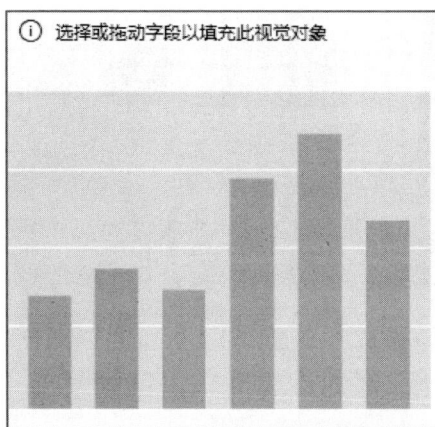

图 6-48　空白视觉对象

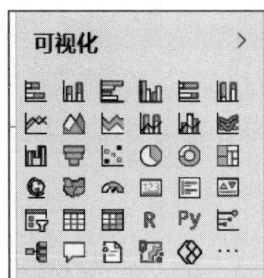

图 6-49　可视化工具

制图过程比较简单，就是将数据字段拖到画布上面，如图 6-50 所示。

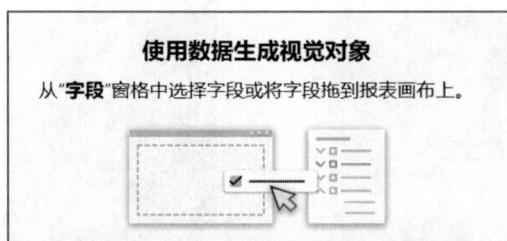

图 6-50　将数据字段拖到画布上

两个软件的基础图表差不多，不过细心的读者会发现，Power BI desktop 的图例比较多，而且多了 R 和 Py 两个选项：一个是 R 语言，一个 Python 语言。

Power BI desktop 能在制图的时候调用 R 语言或 Python 语言进行设计。只要计算机安装了 Python，该软件就可以自动检测出 Python 的安装位置，如图 6-51 所示。

图 6-51　Python 脚本选项

这对于掌握 Python 的 Pandas 库和 Matplotlib 库的读者来说，这是一个非常友好的帮助。

综合比较两个 BI 软件，对使用者来说，FineBI 软件使用简单，可以在浏览器上运行，而且上手容易，更重要的是它有中文社区，有部分现成的业务分析模板，对新手比较友好。

但如果有一定的 Python 代码基础，并对图表的个性化制作有更多的要求，而且分享的对象大多是外国人，那么 Power BI desktop 是一个不错的选择。

可能很多人有疑问，为什么要用 BI 软件呢？Excel 的制图功能够用了。

因为数据量不大，如果数据量大于 10 万行，而且数据每分钟都会实时变化，Excel 的功能是受限的。这就是为什么微软公司单独去开发一个新的 BI 软件的原因。

而且 BI 软件不是微软公司开发的，最初，BI 是 IT 专业人员为某些用户运行查询数据并生成仪表板和报告设计的。当时没有专业的软件，只有几组程序组成。然而，由于越来越多的业务分析师、高管和业务员需要自己设计使用 BI 平台，于是就有一个专门的软件去帮助他们，让他们能自行查询 BI 数据、创建数据可视化和设计仪表板。在数据量不大的时候，即使懂 Matplotlib 库，我也会选择 BI 软件进行数据分析。因为界面更友好，操作更方便。

6.7　BI 软件与 Python 的结合

首先，大多数的 BI 软件的开发语言不是 Python，而是 JavaScript。为什么会是这样呢？因为 JavaScript 可以作为客户端脚本语言在用户的浏览器上运行，不需要服务器的支持，这就可以减轻服务器的压力，特别是运行数据量比较大的 BI 报表时。

那么是不是 Python 就在可视化方面比较弱势呢？不是的。Python 由于库非常多，它在数据挖掘上面和数据分析上面更有优势。因此微软公司在 BI 软件中集成了 Python 语言，就像之前在 Excel 上集成 VBA 一样。

虽然 Power BI 使用 Python 作为脚本非常容易，但需要作一些前期设置。Power BI 集成除了需要安装 Python 程序，还要安装两个 Python 库：Pandas 库和 Matplotlib 库。

打开"运行"窗口，在"打开"文本框中输入 cmd 命令，如图 6-52 所示。

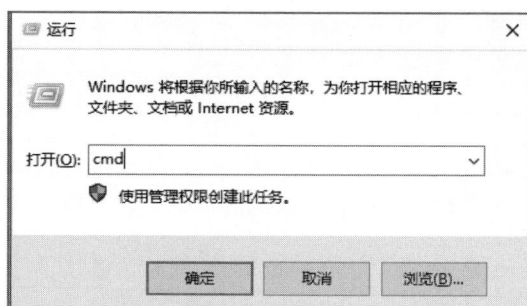

图 6-52 "运行"对话框

然后在弹出的程序窗口中输入"python -m pip list"，这是一个查看已经安装的库的命令，最后输出已安装库清单，如图 6-53 所示。

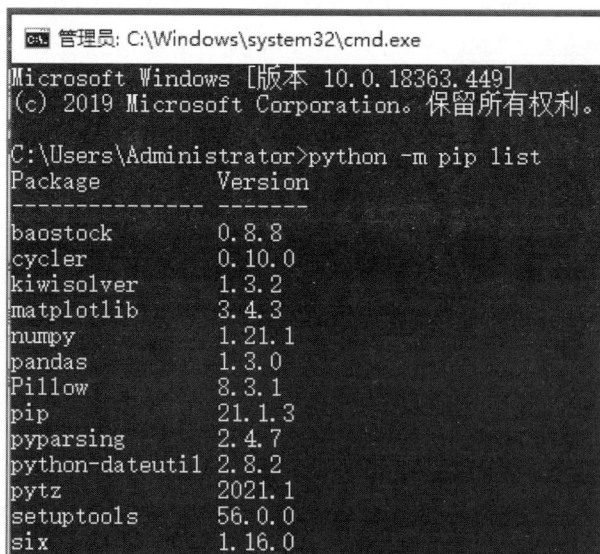

图 6-53 已安装库清单

在清单中能查看到 Pandas 库和 Matplotlib 库即可。

然后启用 Python 脚本：在 Power BI Desktop 中，选择"文件"→"选项和设置"→"选项"→"Python 脚本编写"，弹出"Python 脚本选项"页面，如图 6-54 所示。

其实软件在安装的时候就会自动进行检测，一般来说都没有问题。只要上面的安装目录正确，就可以在 Power BI Desktop 中运行 Python 脚本。

图 6-54　Python 脚本选项

选择 Py 图标后就可以运行 Python 脚本如图 6-55 所示。

弹出"Python 脚本编辑器"运行窗口，可输入一些简单的代码进行测试，如图 6-56 所示。

图 6-55　Py 图标

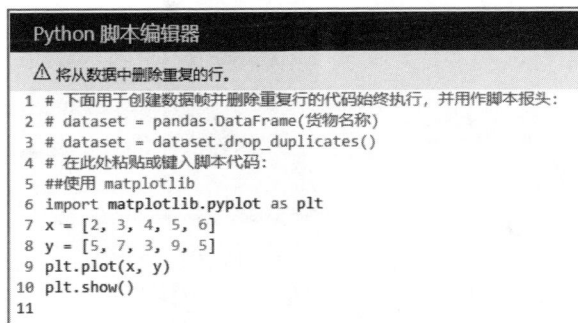

图 6-56　"Python 脚本编辑器"窗口

输入后，在窗口右上角单击运行按钮，如图 6-57 所示。

运行效果如图 6-58 所示。

图 6-57　"运行"按钮

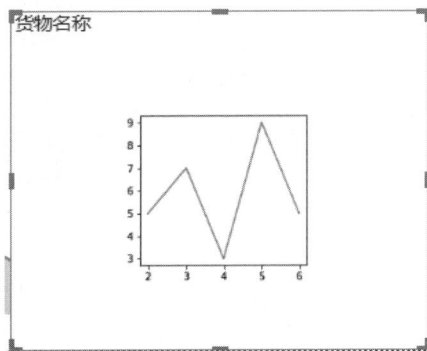

图 6-58　运行效果示意

当然这是比较简单的图像。如果代码写得更完善一点，图片会更好看一点。不过有一点须注意，如果想将全部代码都录入到"Python 脚本编辑器"中，包括 Pandas

导入 Excel 数据的代码，就需要先在另一个地方进行数据连接，操作步骤如图 6-59 所示。

图 6-59 获取数据界面

弹出"获取数据"对话框，操作步骤如图 6-60 所示。

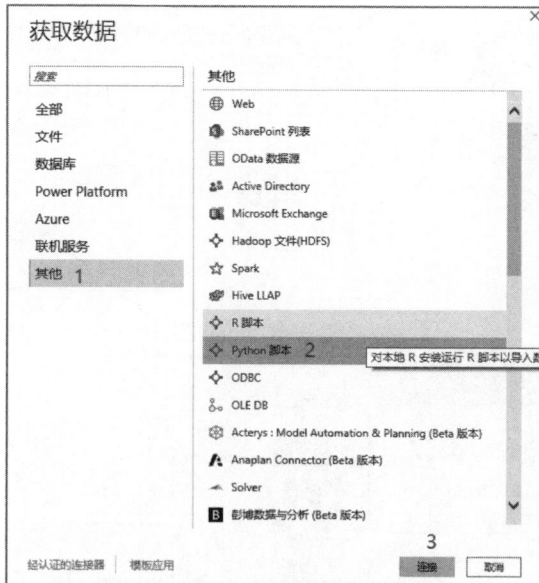

图 6-60 "获取数据"对话框

弹出"Python 脚本"对话框，如图 6-61 所示。然后将 Pandas 导入 Excel 的相关代码。

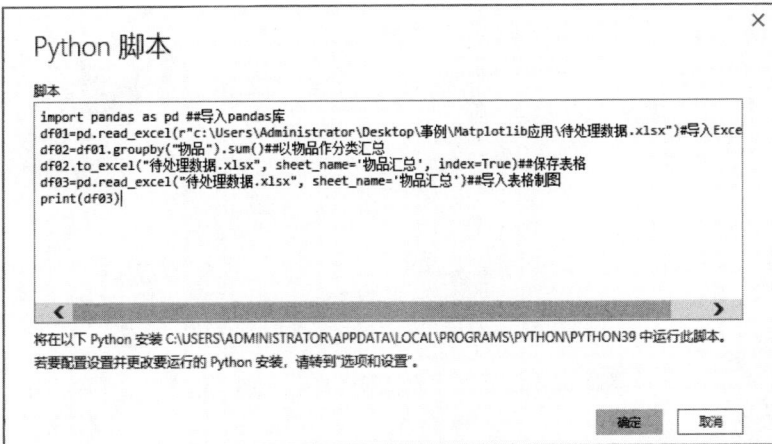

图 6-61　"Python 脚本"对话框

注意：在代码的最后一定要输入 print(df03)或 print(dfXX)等代码，否则不能建立连接。如果提示需要 pip install openpyxl，直接安装就可以了，如图 6-62 所示。

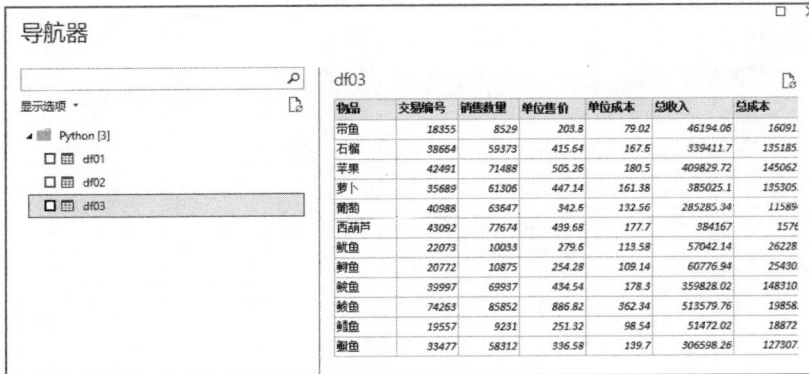

图 6-62　数据"导航器"

在连接成功之后，会显示出相关的 df 表，选择需要可视化的表格就即可。

然后将代码全部录入到"Python 脚本编辑器"窗口（见图 6-63）代码如下：

```
import matplotlib.pyplot as plt##导入制图库
import pandas as pd ##导入pandas库
df01=pd.read_excel(r"c:\Users\Administrator\Desktop\事例\Matplotlib 应用\
待处理数据.xlsx")#导入 Excel 文件
df02=df01.groupby("物品").sum()##以物品作分类汇总
df02.to_excel("待处理数据.xlsx", sheet_name='物品汇总', index=True)##保存表格
```

```
df03=pd.read_excel("待处理数据.xlsx", sheet_name='物品汇总')##导入表格制图
figure=plt.figure()##创建制图板
#显示中文字体为简体
plt.rcParams['font.sans-serif']=['SimHei']
x=df03["物品"]##将物品列设为 X 轴
y=df03["销售数量"]#将总利润列设为 y 轴
plt.subplots(figsize = (10,5))##设置画板大小
##设置每条柱子的颜色
color=["b","c","g","k","m","r","y","grey","gold","darkviolet","plum","salmon"]
plt.bar(x,y,color=color,label="销售数量") ##设置图例名称
plt.legend(loc='upper right',fontsize=8) ##设置图例位置和大小, upper right
为右上, upper left 为左上
for a,b in zip(x,y): ##加上数据标签, zip 是内置函数, 打包成一个的意思

plt.text(a,b,("%.0f"%b),fontdict={"family":"KaiTi","color":"b","size":8},ha
='center', va='bottom')
###text 是数据标签的函数, 格式为 text(x,y,s,fontdict, ha,va), x 和 y 表示 x 轴和 y
轴, 改成 a 和 b 是为了能更好区分,
##s 是标签的文本内容, %.0f 表示取整数, %b 表示 y 坐标值,
##fontdict 表示设置字体、颜色、字号, ha 设置字体的位置, center 表示中央, va 设置字体
底部对齐。
plt.title('销量图',c="g",fontsize=15) ##加上标题
plt.savefig('销量图.png')##保存在当前文件夹中
```

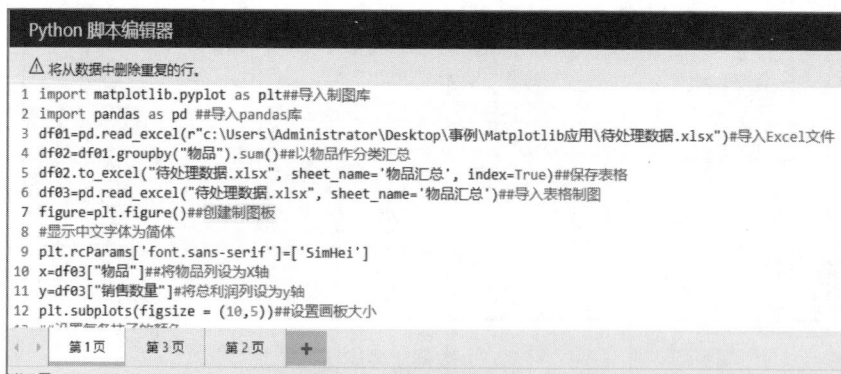

```
Python 脚本编辑器

⚠ 将从数据中删除重复的行。

1  import matplotlib.pyplot as plt##导入制图库
2  import pandas as pd ##导入pandas库
3  df01=pd.read_excel(r"c:\Users\Administrator\Desktop\事例\Matplotlib应用\待处理数据.xlsx")#导入Excel文件
4  df02=df01.groupby("物品").sum()##以物品作分类汇总
5  df02.to_excel("待处理数据.xlsx", sheet_name='物品汇总', index=True)##保存表格
6  df03=pd.read_excel("待处理数据.xlsx", sheet_name='物品汇总')##导入表格制图
7  figure=plt.figure()##创建制图板
8  #显示中文字体为简体
9  plt.rcParams['font.sans-serif']=['SimHei']
10 x=df03["物品"]##将物品列设为X轴
11 y=df03["销售数量"]#将总利润列设为y轴
12 plt.subplots(figsize = (10,5))##设置画板大小

第1页    第3页    第2页    +
```

图 6-63 "Python 脚本编辑器"窗口

运行后的效果如图 6-64 所示。

注意, Python 在 Power BI 中最多能读取 15 万行, 如果超过 15 万行, 就只能读取前 15 万行的数据, 后面的数据就不能读取了。所以, 在数据量不大的情况下, 会选择 BI 做可视化分析; 在数据量大的情况下, 则会在 Python 上做可视化分析。

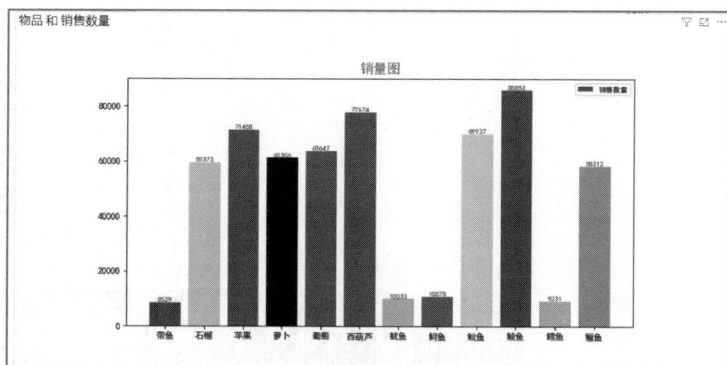

图 6-64　运行后的效果

🍵 **题外话：**

我是做审计的，之前做过几个可视化数据大屏的数据分析，最大的一块是应急指挥中心，4 米 × 15 米的屏幕，当中有好几个子图和一个大地图，大地图上每时每刻显示不同地区、不同医院的有关用品使用数据，子图是学校、工业区、客运站、行政服务中心的人流数据。组合在一起可以在最短的时间显示整个地区的相关趋势。

有时我想，如果这样的可视化数据分析，能应用到商业上，会有很好的应用前景。例如在电商行业，可以在最短的时间内，搞清楚当前网购消费者的购买趋势。一旦你了解到消费者的外形需求、价格痛点、主要功能，就可以使用这些信息来对商品进行定价，写上最好的关键字，摆上当前流行图案，从而提高盈利能力。

如果在物流行业，能实时统计出每个收件点的收货量，可以马上调配不同的路线，又或者遇到突发情况马上更改路线，减少成本的支出。

特别是拥有好几十家连锁店的，销售数据天天变动，时效性非常高，需要会计常加班的集团公司，可视化数据分析能提高决策的效率。当然，有些公司引入 ERP 来提高不同部门生成的数据的准确性和实用性，但 ERP 需要很多不同岗位的人来配合，对流程控制来说是一个考验。

这个时候，如果有人将云服务器后台的数据导入 BI 软件，又或者自建一个可视化平台，那么即使没有 ERP 的情况下，也能提高决策效率。不过，这需要有人熟悉可视化设计以及运作。一般的会计可以用 Excel 做出图表，但很少能做出一套仪表板来。这需要有一定的编程能力、财务分析能力，如果是跨境电商，也需要有一定的外语能力，这样一来对会计的要求更高了。

第 **7** 章   用 Python 读取和生成审计工作底稿

7.1 Python-docx 的基本用法

Python 可以利用 docx 库处理 Word 文件，只要设置好固定的格式，以及在格式上输入关键字，运行后就可以批量生成 Word 文档，可以节约大量时间。

在学习之前，我们必须要安装这个库，语法如下：

```
pip install python-docx
```

如果想在 Jupyter Notebook（宙斯笔记本）中使用，就需要在 Anacond 窗口输入以上命令，如图 7-1 所示。

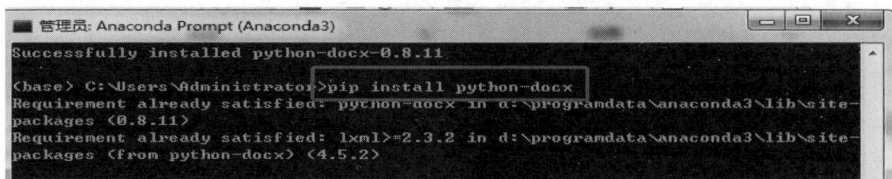

图 7-1　命令输入窗口

在安装完毕之后，就可以导入库进行使用，简单点的可以直接用 import docx 导入，想效率高的可以用 from docx import Document 导入。

注意，这个 docx 库只能处理 docx 文档，如果是 doc 文档，请手动转换成 docx 文档后再进行处理，否则会有乱码。

docx 库的代码一般分为建立文档、编辑文档和保存文档三个部分。

7.1.1　建立文档

建立文档的函数非常简单，代码如下：

```
import docx
doc = docx.Document()##建立空白文档
```

与在 Word 中建立新文档时非常相似。如果是打开已经编辑好的文档，可以用文档的路径来代替：doc = docx.Document(r"D:/已保存文档.docx")。

7.1.2　编辑文档

文章正文一般分成以下六个部分。

1．标题

首先都以一个标题开头。添加标题的方法如下：

```
##建立标题
document.add_heading('文章标题')
```

在默认情况下，会添加一个一级标题，在 Word 中显示为"标题 1"。当想要一个小节的标题时，只需将想要的级别指定为1～9 之间的整数即可，代码如下：

```
document.add_heading('文章标题', level=2)
```

如果指定级别为 0，就会添加"标题"段落。

2．分页

如果打开的页面未满，就可以用此函数进行"硬"分页，代码如下：

```
document.add_page_break()
```

你可以将某段内容设置为始终开始一个新页面，就等于插入了一个分页符。

3．添加表

如果有适合表格展示的内容，以及排列整齐的行和列，就以添加表格的形式来展示。其代码如下：

```
table = document.add_table(rows=2, cols=2)
```

表具有多个属性。访问单个单元格可以通过行和列索引访问：

```
cell = table.cell(0, 1)
```

注意，行和列索引是从 0 开始的，就像在列表访问中一样。

一旦有了一个单元格，就可以在单元格里录入内容。

```
cell.text = '第一行，第二列'
```

每行都有一个 cell 函数，其有 row 和 column 两个参数支持索引访问，就像一个列表，如果想对.rows 和.columns 进行循环使用，就可以直接在 for 循环中使用它们。代码如下：

```
for row in table.rows:
    for cell in row.cells:
        print(cell.text)
```

4. 添加图片

允许在文档中添加图像，其代码如下：

```
document.add_picture('路径+图片.png')
```

路径+图片表示从本地文件系统加载图像文件，如果没有路径，可以将图片放在同一个文件夹里；如果图片太大，就可以用 height=Cm(3)~Cm(9)进行调整。

5. 应用段落样式

其代码如下：

```
document.add_paragraph('你好吗? ', style='go')
```

这种特殊的样式使段落显示为项目符号，这是一件非常方便的事情。下面两行代码与上面一行代码表述的意思是一致的：

```
paragraph = document.add_paragraph('你好吗? ')
paragraph.style = 'go'
```

样式是指 Word 中的使用样式名称与其在 Word 用户界面显示的完全相同，如图 7-2 所示。

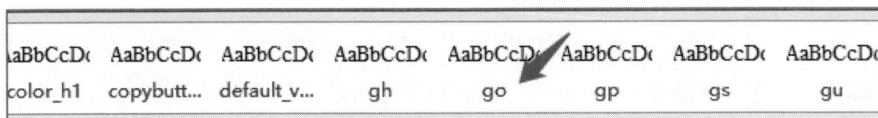

图 7-2　Word 样式界面

6. 应用粗体和斜体

可以使用.add_run()+段落来添加粗体和斜体字，代码如下：

```
paragraph = document.add_paragraph('你好吗? ')
paragraph.add_run('粗体/斜体.')
```

其中，run 参数可以直接设置粗体和斜体。

最后是保存文档，其代码如下：

```
doc.save(保存路径)
```

综合以上的函数，基本上可以创建一个简单的 Word 文件，代码如下：

```
import docx
doc = Document()                                    #新建文档
doc.add_heading('文章标题', level=1)
paragraph1 = doc.add_paragraph("段落1")             #段落1
doc.add_heading('文章标题2', level=2)
paragraph2 = doc.add_paragraph("段落2")             #段落1
paragraph3 = doc.add_paragraph()
paragraph3.add_run("黑体").bold = True              #设置字体
paragraph3.add_run('正常')
paragraph3.add_run('斜体').italic = True
doc.add_picture("(1).png",height=Cm(6))             ##插入图片
doc.add_page_break()                                #新增分页
doc.add_picture("2.1.png",height=Cm(5))
##插入表格
tabs = [
    ["区域",'纬度',"经度"],
    ['106分区',101,93],
    ['108分区',122,194],
    ['212分区',135,98],
    ['485分区',124,110],
]
table = doc.add_table(rows=4,cols=3)                #循环赋值表格
for row in range(4):
    cells = table.rows[row].cells
    for col in range(3):
        cells[col].text = str(tabs[row][col])
doc.save('保存文档.docx')
```

运行后，可以建立一个 Word 文档，结果如图 7-3 所示。

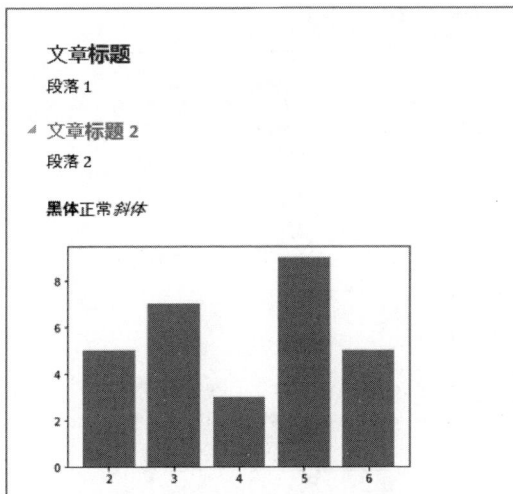

图 7-3　运行结果

以上是 docx 库的基本用法，如果只是用来生成普通 Word 文件，使用以上代码即可。如果要生成好看的 Word 文件，就需要设置更多的函数和参数。由于相关的函数和参数比较多，就不详细介绍了。下面以一个简单的代码为例进行演示，供参考：

```python
import docx
doc = Document("保存文档.docx")                      #读取文件
for paragraph in doc.paragraphs:                    #导入文档的每个段落
    for run in paragraph.runs:                      #设置每个段落的格式
        run.font.bold = True                        #设置黑体
        run.font.italic = True                      #设置斜体
        run.font.underline = True                   #设置下画线
        run.font.strike = True                      #设置删除线
        run.font.shadow = True                      #设置阴影
        run.font.size = Pt(15)                      #字形大小
        run.font.color.rgb = RGBColor(51,255,51)        #颜色为浅绿色
#白色: RGBColor (255,255,255)
#黑色: RGBColor (0,0,0)
#红色: RGBColor (255,0,0)
#绿色: RGBColor (0,255,0)
#蓝色: RGBColor (0,0,255)
#青色: RGBColor (0,255,255)
#紫色: RGBColor (255,0,255)
    run.font.name = "微软雅黑"                         #字形
    r = run._element.rPr.rFonts                     #中文字形
    r.set(qn('w:eastAsia'),"微软雅黑")               ##选择字体
    paragraph.alignment = WD_ALIGN_PARAGRAPH.CENTER #中间对齐
    paragraph.paragraph_format.line_spacing =1.5      #用浮点数，表示1.5行距
doc.save("保存文档2.docx")                           ##保存为第二个文件
```

运行后的文档如图 7-4 所示。

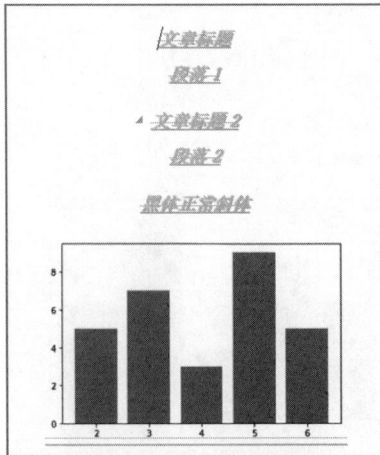

图7-4　运行结果

这里只是简单介绍了常用的几种写法。在运用 Python 操作 Word 文档时，常需要对标题、段落、字体进行设置等，若运用代码来设定，虽然比较复杂，但可以批量生成。不过 Python-docx 的强大在于创建文档，而不是修改它们，如果想设计好字段，然后套入不同的 Word 文档，那么还需要 docxtpl 库。

7.2 用 docxtpl 库实现 docx 报告自动化输出

对于很多审计工作人员来说，加班做底稿是常有的事，但最麻烦的不是做底稿，而是修改报告。一般来说，一份底稿对应一份审计报告，如果底稿的某个数字改动了，将导致整张报表的数字都会变化，那么整份报告的所有数字都要重新修改。

之前的做法是拿着改好后的报表，一个一个地与 Word 文档进行核对修改，如果懂得使用 docxtpl 库，就可以一键自动生成 Word 文档。这是一个很少用的库，而且库中的函数也不多，但功能却很强大，如果结合 Pandas 库，可以将 Excel 表格上的数据自动转成 Word 的标签。如果说 docx 库的强大在于生成我们想要的 Word 文档，那么 docxtpl 库的作用就是将这些文档按固定格式输出。

安装 docxtpl 库的命令如下：

```
pip install docxtpl
```

docxtpl 的安装方式如图 7-5 所示。

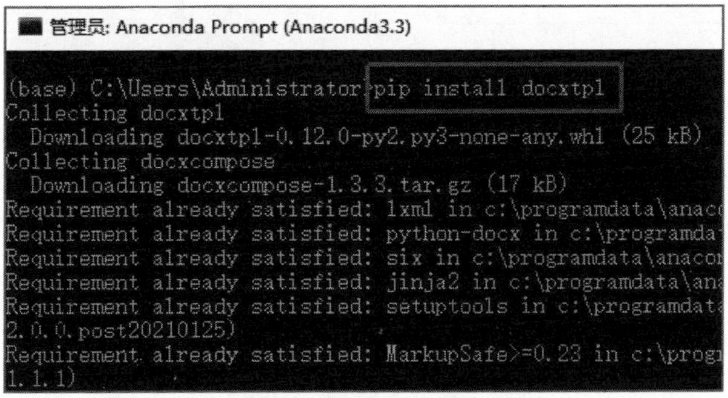

图 7-5 docxtpl 的安装方式

安装成功后，不能马上使用，输入代码前需要设置 Word 模板的标签。

什么是 Word 模板？其实就是一个 Word 文件，如图 7-6 所示。

Word 文档内的双括号就是标签，它是一个变量，可以是张三，也可以是李四。标签只能在同一段落内使用，不能跨多个段落、表格以及行、段使用，并且在双括号两边各留下一个空格。

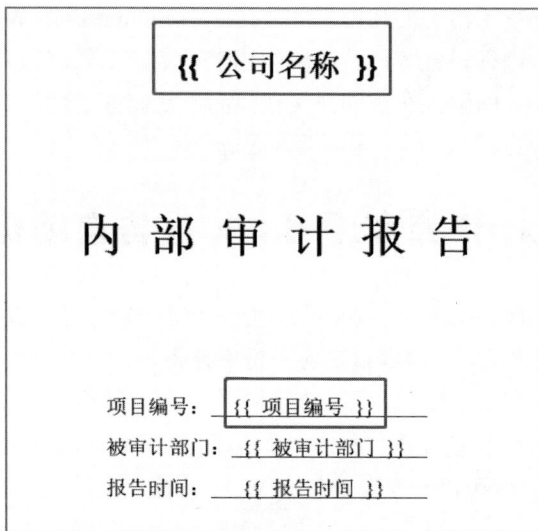

图 7-6　Word 模板示意

设定好标签之后，再去设置 Excel 表格的每一列，如图 7-7 所示。

公司名称	项目编号	被审计部门	报告时间	期间范围
张三有限公司	100101	网络工程部	2021年07月25日	2020年1月1日至2020年12月31日
李四有限公司	100202	销售部	2021年07月26日	2020年1月1日至2020年12月31日

图 7-7　Excel 文档

每一列的表头都要与 Word 文档标签的名称一致。只有这样，Excel 中的数据才可以通过标签，将表头下的内容放置在 Word 中的正确位置。

当 Word 和 Excel 都设置好之后，输入下面的代码：

```
import pandas as pd
from docxtpl import DocxTemplate
df01=pd.read_excel("导入数据.xlsx")              #导入表格，编码为简体
df02 = df01.to_dict(orient="records")            #数据转化成字典
for i in df02:
    tpl = DocxTemplate('内审报告模板03.docx')     #导入 Word 文档
    tpl.render(i)                                #将字典替换 Word 标签
    tpl.save(i['公司名称']+'.docx')               #按公司保存 Word 文档
```

代码非常简单，只有三个函数：DocxTemplate()函数的功能是导入 Word 文档，如果不在相同文件夹下，就输入绝对路径；render()函数的功能是替换 Word 标签；save()函数就是保存多个 Word 文档。

运行后的结果如图 7-8 和图 7-9 所示。

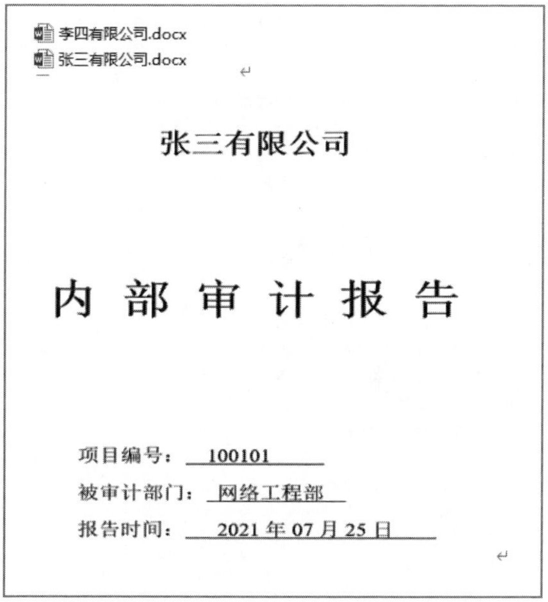

李四有限公司.docx
张三有限公司.docx

张三有限公司

内 部 审 计 报 告

项目编号：100101
被审计部门：网络工程部
报告时间：2021 年 07 月 25 日

图 7-8　运行后的结果（一）

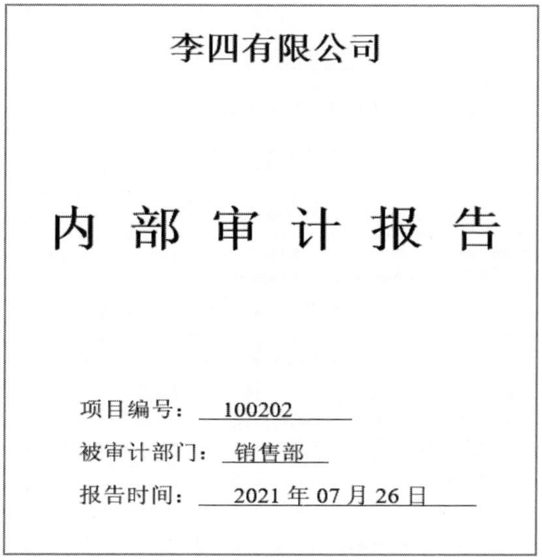

李四有限公司

内 部 审 计 报 告

项目编号：100202
被审计部门：销售部
报告时间：2021 年 07 月 26 日

图 7-9　运行后的结果（二）

如果将 Word 文档设计得精细一些，将标签设计得再详细些，如图 7-10 和图 7-11 所示。

【第一部分：项目概述】

审计目的

1. 核实{{ 公司名称 }}的财务状况和经营成果。

2. 核实{{ 公司名称 }}是否存在舞弊、浪费以及其他重大不合理现象。

审计范围

业务范围：{{ 公司名称 }}所有与财务数据相关的业务。

组织范围：{{ 公司名称 }}的财务部门、业务部门、公司领导。

期间范围：{{ 期间范围 }}。

资料范围：财务报表、凭证、银行对账单、资产盘点表、合同、公司管理制度等（详见资料清单）。

【第二部分：审计总体结论】

经过审计，我们认为某某公司财务资料所反映的财务状况以及当期的经营成果与公司的实际状况基本一致，在审计中没有发现某某公司存在重大差错、舞弊现象，公司的会计凭证和经营成果是真实可信的。

附：报表项目解析如下：

一、资产负债表主要项目

资产负债表主要变化项目简析如下：

（一）期末流动资产与期初相比减少 {{ 期末流动资产减少 }}元。

货币资金减少{{ 货币资金减少 }}亿元。

存货减少{{ 存货减少 }}亿元。

图 7-10　Word 标签示意

A	B	C	D	E	F	G	H	I
公司名称	项目编号	被审计部门	报告时间	期间范围	期末流动资产减少	货币资金减少	存货减少	非流动资产增加
张三有限公司	100101	网络工程部	2021年07月25日	2020年1月1日至2020年12月31日	1000	80	50	70
李四有限公司	100202	销售部	2021年07月26日	2020年1月1日至2020年12月31日	2000	80	50	70

图 7-11　Excel 数据示意

那么就会生成一份更详细的报告，生成结果如图 7-12 所示。

【第一部分：项目概述】

审计目的

1. 核实李四有限公司的财务状况和经营成果。

2. 核实李四有限公司是否存在舞弊、浪费以及其他重大不合理现象。

审计范围

业务范围：李四有限公司所有与财务数据相关的业务。

组织范围：李四有限公司的财务部门、业务部门、公司领导。

期间范围：2020年1月1日至2020年12月31日。

资料范围：财务报表、凭证、银行对账单、资产盘点表、合同、公司管理制度等（详见资料清单）。

【第二部分：审计总体结论】

经过审计，我们认为某某公司财务资料所反映的财务状况以及当期的经营成果与公司的实际状况基本一致，在审计中没有发现某某公司存在重大差错、舞弊现象，公司的会计凭证和经营成果是真实可信的。

附：报表项目解析如下：

一、资产负债表主要项目

资产负债表主要变化项目简析如下：

（一）期末流动资产与期初相比减少 2000 元。

货币资金减少 80 亿元。

存货减少 50 亿元。

图 7-12　生成结果

这种小程序对于很多因为赶报告而要加班的员工来说，大大节省了时间，只要事前做好了模板以及数据，就可以一键生成报告。

除了自动生成报告，也可以自动生成工资单。试想一下，如果将工资明细导入 Word 文档，运行后将自动生成每个人的工资单，那么会计就可以直接将工资单分别发送到每个人的微信号里了。

如果是学校的话，也可以自动生成录取通知书之类的。只要做好 Excel 表，就可以按名单生成个人的录取通知书。

这里有人会问：为什么不用 Word 自带的邮件合并？因为在涉及财务的千分位数字时，用 docxtpl 库更有优势，可以事先在 Excel 表格中设定数值的属性，那么生成的时候，数字就自然带有千分位，如图 7-13 所示。

资产负债表主要变化项目简析如下：

（一）期末流动资产与期初相比减少 2000 元。

货币资金减少 100,000.00 元。

存货减少 50 亿元。

图 7-13　千分位

更方便的是，如果审计工作底稿是 Excel 格式的，那么引用数据就变得非常准确了，只要底稿的数字有变化，报告的数字就会跟着变化。

7.3　用 Camelot 批量提取 PDF 发票信息

PDF 是一种文档格式，因为这种格式不受操作系统的限制，而且方便保存和传输，所以相关的 PDF 软件非常受欢迎。目前市场上有很多 PDF 版本的软件，大部分是阅读类的，也有支持对 PDF 进行编辑以及将其转换成 Word 格式的，但这部分工具大多是付费的。

例如，我就很喜欢某个 PDF 转换器，并成为其 VIP 会员，目的就是将电子发票转换成 Excel 格式，并提取相关数据，如图 7-14 所示。

现在很多增值税普通发票都是电子发票，其格式都是以 PDF 格式进行保存的，而且相信未来的增值税电子专票也会以 PFD 格式保存。那么财务能不能将 PFD 格式的发票信息批量读取到 Excel 中呢？特别是不用付费的情况下。

例如，从××中收到几十份电子发票，能不能通过什么办法将其金额、税额一次性地录入到某个 Excel 文件中呢？可以的，但问题是 Python 可以用于操作 PDF 文件的库有好几个，如 PyPDF2、PyPDF4、PikePDF、ReportLab、Pdfplumber、PyMuPDF 等，那么应该选择哪一个库呢？

图 7-14　PDF 转换器

因为不是所有 PDF 库都能读取所有版本的电子发票，有些库只能读取 2018 年之前的版本，有些库对 2019 年的发票不能读取中文。

例如，用 Pdfplumber 库，在读取中石化的电子发票时，只能读取数字。其电子发票如图 7-15 所示。

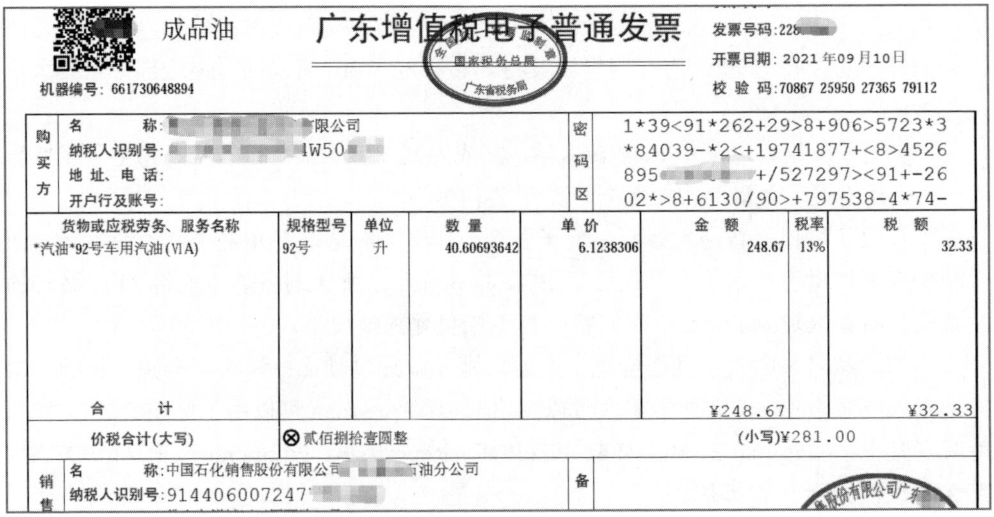

图 7-15　中石化的电子发票格式

具代码如图 7-16 所示。

```
import pdfplumber
pdf=pdfplumber.open("044002007111_22865083.pdf")
page = pdf.pages[0]   # 第一页的信息
text = page.extract_text() ##读取pdf文本信息
print(text)

2021  09  10
1*39<91*262+29>8+906>5723*3
91440604MA54W5083J *84039-*2<+19741877+<8>4526
895+04808>>+/527297<91+—26
02*>8+6130/90>+797538-4*74-
¥248.67 ¥32.33
¥281.00
91440600724779144R
```

图 7-16　中石化电子发票的代码示意（一）

用 Pdfplumber 库的话，虽然可以读取中文，但不能解析表格，如图 7-17 所示。

```
import pdfplumber
# 读取pdf文件，保存为pdf实例
pdf = pdfplumber.open("044002007111_22865083.pdf")
# 访问第二页
first_page = pdf.pages[0]
# 自动读取表格信息，返回列表
table = first_page.extract_table()
table

[['购\n买\n方',
 '名        称:佛L      术有限公司\n纳税人识别号:9144      1A54W508
 None,
 None,
 None,
 None,
 '密\n码\n区',
 '1*39<91*262+29>8+906>5723*3\n*84039-*2<+19741877+<8>4526\n895+04808>>+
 None,
 None,
 None],
 ['货物或应税劳务、服务名称        \n*汽油*92号车用汽油(VIA)\n合        计',
 None,
 '规格型号 \n92号',
 '单位\n升',
 '数 量\n40.60693642',
 '单 价\n6.1238306',
 None,
 None,
 '金 额 \n248.67\n¥248.67',
 '税率\n13%',
 '税 额\n32.33\n¥32.33'],
 ['价税合计(大写)',
 None,
```

图 7-17　中石化电子发票的代码示意（二）

在电子发票上，除了有文本、表格、图片，需要读取图 7-17 的代码信息，还需要有解析表格的功能。当然，其他的 Python 库也可以读取，但为了减少读取时出现错误，建议选择用 Camelot 库来读取发票。

Camelot 译文为卡美洛，但在 Python 库中，这是一个 PDF 表格读取库，而且较少采用，不过非常适合用来提取发票。它能将每个 PDF 表格提取到 Pandas DataFrame 中，工作人员用于数据分析非常方便，特别的是它能比较准确地识别中文。

这个库的安装比较复杂，我也走了不少弯路，以下是我的安装总结：

注意：不要用 pip install camelot 命令来安装，因为即使安装成功了也会报错。正确的方法是在 Anaconda 中用 conda install -c conda-forge camelot-pya 命令，如图 7-18 所示。

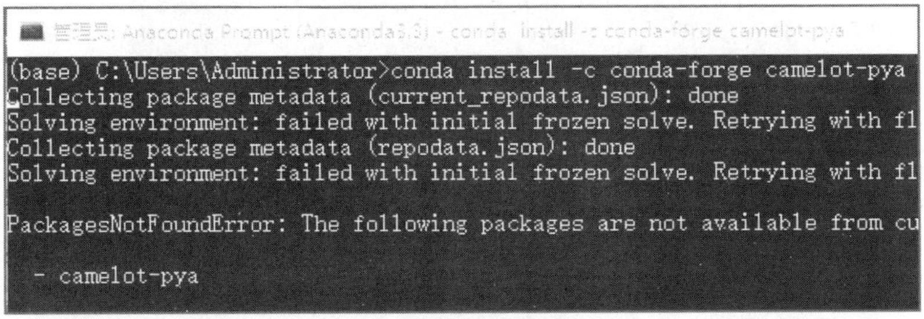

图 7-18　命令窗口

在安装成功之后，就等于安装了一套 Python 库，包括 PyPDF2 库、Camelot 库、Ghostscript 库、Opencv 库、Pdfminer.six-库、Pdftopng 库以及 Tabulate 库。另外，还需要到官网安装 Ghostscript 软件，否则会报错。本例的计算机是 Win10 系统，所以选择用 64bit。注意，在安装成功后一定要重启计算机，如图 7-19 所示。

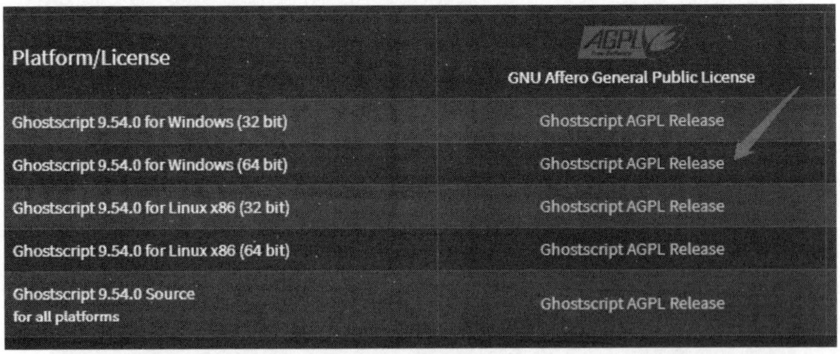

Platform/License	GNU Affero General Public License
Ghostscript 9.54.0 for Windows (32 bit)	Ghostscript AGPL Release
Ghostscript 9.54.0 for Windows (64 bit)	Ghostscript AGPL Release
Ghostscript 9.54.0 for Linux x86 (32 bit)	Ghostscript AGPL Release
Ghostscript 9.54.0 for Linux x86 (64 bit)	Ghostscript AGPL Release
Ghostscript 9.54.0 Source for all platforms	Ghostscript AGPL Release

图 7-19　安装格式

这时再用 Camelot 去读取发票，就会发现，发票已经转换成表格格式了，如图 7-20 所示。

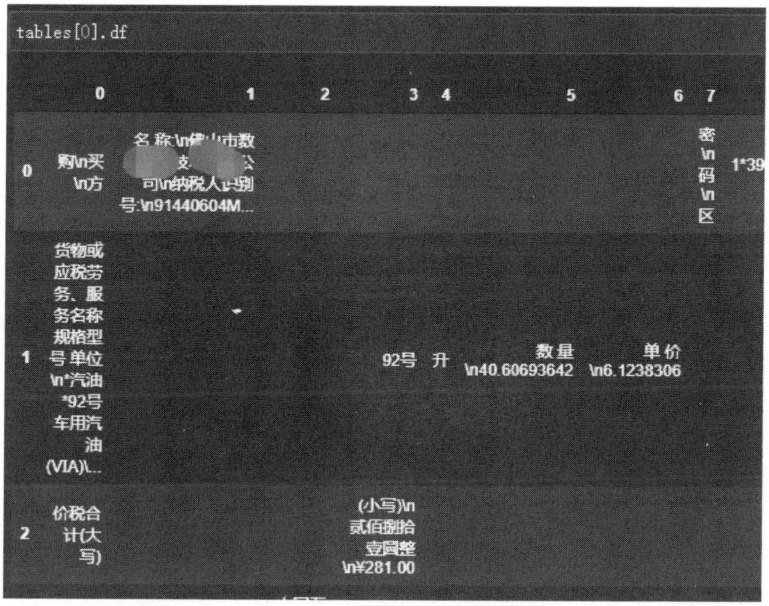

图 7-20　显示结果

下面，先介绍一下这个库的基本操作，代码如下：

```
import camelot            #导入库
tables = camelot.read_pdf('发票名称.pdf')
tables[0].df             ##用提取表格显示
```

其中，tables[0]表示第一张表格，如果是 tables[1]就表示第二张表格，.df 表示用 Pandas 方式显示表格。

在默认情况下，Camelot 库只会对 PDF 的第一页提取表格。如果要指定多个页面，可以使用 pages 关键字参数，代码如下：

```
camelot.read_pdf('发票名称.pdf', pages='1,2,3')##提取1，2，3页的表格
```

或者用

```
camelot.read_pdf('发票名称.pdf', pages='1-3')或者pages='1-end'都可以。
```

导入之后，如果有不需要的字符，如空格、点和换行符之类的，就可以用 strip_text 参数将其去除。代码如下：

```
tables = camelot.read_pdf('发票名称.pdf', strip_text=' \n')
tables[0].df
```

运行结果如图 7-21 所示。

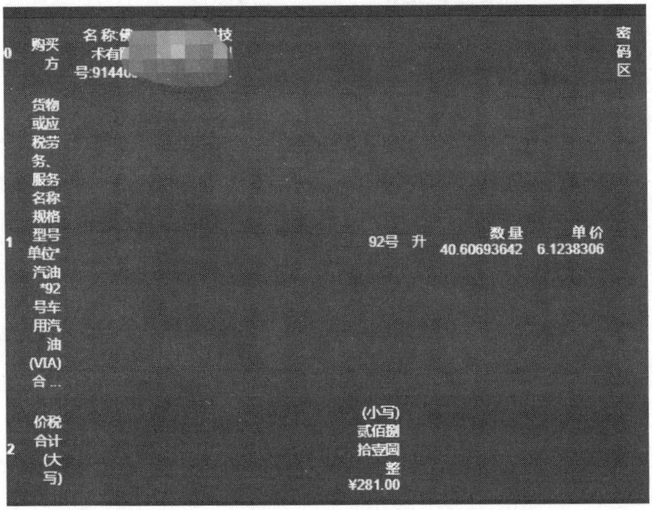

图 7-21　运行结果

　　但是感觉这种单元格不好看，好像有些单元格没有被拆分一样。这时可以加上 shift_text=['']这个参数，让各行各列分组更紧密。代码如下：

```
tables = camelot.read_pdf('044002007111_22865083.pdf',shift_text=[''],
strip_text='\n')
tables[0].df
```

　　运行后的结果如图 7-22 所示。

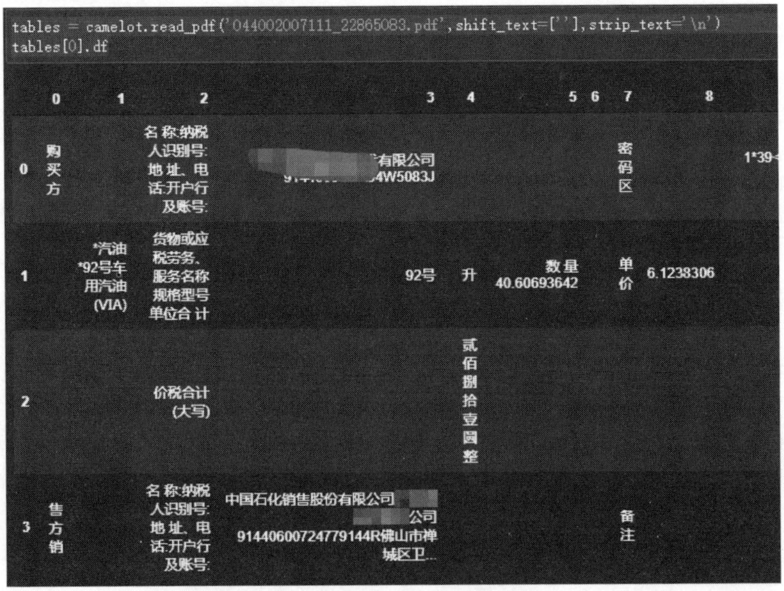

图 7-22　运行结果

最后可以用 tables[0].to_csv('发票.csv')来保存，或用 to_excel()为 Excel 格式，如图 7-23 所示。

A	B	C	D	E	F	G	H	I	J	K
	0	1	2	3	4	5	6	7	8	9
0	购买方		名		有限公司	91440604M	密码区		1*39<9	
1		*汽油*	货物或	92号	升	数 量	40.6069	单 价	6.1238	金 额
2		价税合计(大写贰佰捌拾壹圆整							(小写)	
3	售 方销		名	中国石化销售股份有限公司广备注						

图 7-23　Excel 格式的电子发票

如果是非常多的发票呢？这是一个非常有现实意义的问题，相信不少的会计工作者会希望有一款软件能批量读取发票，然后将其转换成 Excel 文件。以下是分享的代码：

```
##批量读取发票，然后汇总成一个CSV文件
import camelot
import pandas as pd
import os
##定义文件夹位置
directoryPath = r'E:\py读取pdf发票汇总'##如果改为=os.getcwd()表示当前文件夹
os.chdir(directoryPath)
print(os.listdir())                 ##列取该文件夹下所有文件名称
folderList = os.listdir(directoryPath)
for folders, sub_folders, file in os.walk(directoryPath):##所有文件的路径
    for name in file:               ##定义所需文件名
        if name.endswith(".pdf"):   ##如果文件名是以.pdf结束
            filename = os.path.join(folders,name)           ##定义这条路径
            print(filename)         ##输出文件路径
            print(name)             ##输出文件名
            tables = camelot.read_pdf(filename,shift_text=[''],strip_text=
'\n')    ##读取pdf文件，
            df01= tables[0].df      ##转换为df表格
            #df01.to_excel('{name}.xlsx',sheet_name=name)
            df01.to_csv('foo2.csv',mode="a",encoding="utf_8_sig")##保存为
csv格式，以直接使参数mode='a'实现在每个表中追加数据。
```

除了能读取发票之外，也可以读取申报表。在电子税务局，可以查询以及下载已经申报的申报表，包括增值税申报表、所得税申报表以及综合申报表等。这些报表不是 Excel 格式的，全部都是 PDF 格式的。如果只做一家公司的账当然是没有问题的，但如果是好几家公司的账，要核对每个月的申报表以及每家子公司的申报表时，这就复杂了。

旧的方法是一张一张地打印下来，然后逐张分析。好一点地用商业化 PDF 转换器软件，批量将 PDF 转换成 Excel 文件，然后进行分类汇总、数据透视等。安装了 Camelot 之后，你就可以用这个库直接在 PDF 文件夹获取数据，直接用 Pandas 库进行分析。

更方便的是，可以设定好脚本程序，解决重复分析的问题。

示例代码如下：

```
import pandas as pd
import camelot
import os
directoryPath =os.getcwd()
folderList = os.listdir(directoryPath)
for name in folderList:
    if '增值税'and".pdf" in name:
        filename = os.path.join(directoryPath,name)
        print(filename)                              ##输出文件路径
        print(name)                                  ##输出文件名
        tables = camelot.read_pdf(name,pages='1')    ##读取pdf文件,
tables[0].df
df01=tables[0].df
df02=df01.iloc[[4,5,9]]
df02
```

运行后的结果如图 7-24 所示。

0		1	2	3	4		5	6		7	8		9	10	11		12
4					目		本月数			本年累计			本月数				本年累计
5	(一) 按适用税率计税销售额				1		2,994,542.93			22,850,850.91			0.00				0.00
9	售 (二) 按简易办法计税销售额				5		0.00			4,868.74			0.00				0.00

图 7-24　运行结果

特别要注意的是，须确定浏览器内的 PDF 版本为最新版，有人用其他浏览器下载的申报表文件，因为版本原因不能被 Camelot 读取。相同的申报表，我却可以读取。这显然是在保存 PDF 文件时出现了问题。

7.4　用 PyPDF2 合并拆分 PDF 发票

在安装了 Camelot 库之后，会自带安装一个叫作 PyPDF2 的库。这个库除了能够拆分、裁剪和转换 PDF 文件，它还可以向 PDF 文件添加自定义数据、查看选项和密码，更重要的是可以将多个 PDF 文件合并在一起。使用方法如下：

（1）导入 Python 库：

```
from PyPDF2 import PdfFileWriter, PdfFileReader
```

（2）读取 PDF 文件：

```
pdf01 = PdfFileReader(open("发票名称.pdf", 'rb'))
```

（3）获取 PDF 文件的文档信息：

```
print('文档信息 = %s' % pdf01.getDocumentInfo())
```

（4）获取页面布局：

```
print('文档布局 = %s' % pdf01.getPageLayout())
```

（5）获取文件页数：

```
print('发票页面 = %s' %pdf01.getNumPages())
```

以上代码结合后如下：

```
from PyPDF2 import PdfFileReader, PdfFileWriter      #导入库
pdf01 = PdfFileReader(open("发票名称.pdf", 'rb'))      ##读取发票
print('发票页面 = %s' %pdf01.getNumPages())            ##统计 PDF 页码
print('文档信息 = %s' % pdf01.getDocumentInfo())        #获取 PDF 文件的文档信息
print('文档布局 = %s' % pdf01.getPageLayout())          #获取 PDF 文件的布局
```

运行后的结果如下：

```
发票页面 = 1
文档信息 = {'/Author': 'zry', '/CreationDate': "D:20181019081822+08'00'",
'/ModDate': "D:20210910145017+08'00'", '/DUMMY': 'DUMMY', '/Producer': ''}
文档布局 = None
```

以上只是简单的操作，目的是判断读取的 PDF 文件是否正常，日常的操作如下：

（1）建立新的 PDF 文件：

```
output = PdfFileWriter()
```

（2）将某文件添加到输出文档的第一页，格式不变：

```
output.addPage(pdf01.getPage(0))
```

（3）将某文件的第二页添加到该文档，但顺时针旋转 90°：

```
output.addPage(pdf01.getPage(1).rotateClockwise(90))
```

（4）将某文件第三页添加到该文档，以逆时针方式旋转 90°：

```
output.addPage(pdf01.getPage(2).rotateCounterClockwise(90))
```

（5）加密新的 PDF 文件，添加密码为 ABCD：

```
password = "ABCD"
output.encrypt(password)
```

（6）将以上的操作写入新建 PDF 的文件，参数 wb 表示写入二进制格式：

```
outFile = r"C:\Users\Administrator\Desktop\事例\批量读取 PDF 发票后汇总\新建文
本文档.pdf"
output.write(open(outFile, 'wb'))
```

合并以上代码后如下：

```
#pdf 文件编写
##建立空白输出文件
output = PdfFileWriter()
#将某文件添加到输出文档的第一页，格式不变
output.addPage(pdf01.getPage(0))
#将某文件添加第二页，但顺时针旋转 90 度
output.addPage(pdf01.getPage(0).rotateClockwise(90))
#添加第 3 页，以另一种方式旋转:
output.addPage(pdf01.getPage(0).rotateCounterClockwise(90))
#加密您的新 PDF 并添加密码
password = "ABCD"
output.encrypt(password)
#最后，将"输出"写入 document-output.pdf
outFile = r"C:\Users\Administrator\Desktop\事例\批量读取 pdf 发票后汇总\新建文
本文档.pdf"
output.write(open(outFile, 'wb'))
```

运行结果如图 7-25 所示。

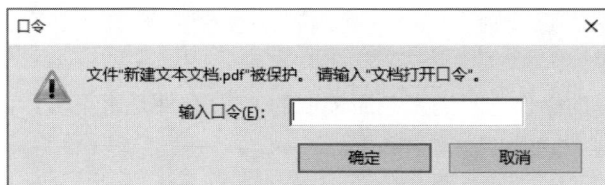

图 7-25 "口令"对话框

这时，就会发现文件夹内多了一个新建文本文档的 PDF 文件，并且已经设置了密码。输入密码"ABCD"解密后，就可以打开文件了。

另外 PyPDF2 有批量解密的功能，但这个功能受算法的限制。

解密的代码如下：

```
def change_password(src_path, dst_path, src_password, dst_password=None):
src_pdf = PyPDF2.PdfFileReader(src_path)
src_pdf.decrypt(src_password)
dst_pdf = PyPDF2.PdfFileWriter()
dst_pdf.cloneReaderDocumentRoot(src_pdf)
d = {key: src_pdf.documentInfo[key] for key in src_pdf.documentInfo.keys()}
dst_pdf.addMetadata(d)
if dst_password:
    dst_pdf.encrypt(dst_password)
with open(dst_path, 'wb') as f:
    dst_pdf.write(f)
```

　　如果要删除密码，就可以省略参数 dst_password，输出文件就不会被加密，而是一个没有密码的 PDF 文件。如果要更改 dst_password 密码，请将新密码指定为参数，代码如下：

```
change_password('data/src/pdf/sample1_pass_rc4.pdf',
                'data/temp/sample1_no_pass.pdf',
                'password')
```

　　如果解密失败，表示这些 PDF 文件不是用 PyPDF2 加密的，而是用另一种加密算法，需另外找其他库进行解密。

　　熟悉了写入操作之后，我们就可以进行 PDF 文件的合并操作。一般来说，出纳员会在每月月末收集好要报销的发票，如果这些发票是增值税电子发票，那么会放在统一的一个文件夹中。按管理来说，最方便的是将这些发票合并成一份 PDF 文件，防止日后的操作之中有遗漏。

　　如果是内部审计员的话，可以通过合并 PDF 电子发票，制作审计工作底稿，而不需要打印后重新编号，具体的代码如下：

```
##批量合并 PDF 发票文件
from PyPDF2 import PdfFileMerger
merger = PdfFileMerger()##PdfFileMerger 能将多个 PDF 合并为一个 PDF
input1 = open("document1.pdf", "rb") ##打开需要合并的 PDF 发票文件 1
input2 = open("document2.pdf", "rb")##打开需要合并的 PDF 发票文件 2
input3 = open("document3.pdf", "rb")##打开需要合并的 PDF 发票文件 3
# 将文件 1 的前两页合并
merger.append(fileobj = input1, pages = (0,1))##参数 fileobj = 是文件对象,
可以是用 PDF 文件路径的字符串
# 将文件 2 的前两页插入到第二页之后
merger.merge(position = 2, fileobj = input2, pages = (0,1))##参数 position
是要插入此文件的页码。文件将被插入到给定的数字之后
#将文件 3 全部转入到文件中，默认放在末尾
merger.append(input3)
# 打开要写入的 PDF 文件，写入
output = open("新建文件", "wb")
merger.write(output)
```

　　以上的代码比较简单，主要通过三个函数来进行合并，PdfFileMerger()、Append()、Merge()。首先通过 PdfFileMerger 来初始化合并的对象，在依次打开被合并的 PDF 文件之后，用 append()或 merge()函数合并需要的文件。其中，append()是将文件所有页面合并到末尾，merge()是将文件的某些页面合并到指定地方，不过大多数人会选择 append()，因为有的发票会有发票清单放在第二页，且不会有遗漏。代码如下：

```
merger.append('data/src/pdf/ document1.pdf ')
merger.append('data/src/pdf/ document2.pdf ')
merger.append('data/src/pdf/ document3.pdf ')
```

如果合并的发票非常多怎么办？可以用 for 循环进行合并，结果是一样的。for 循环代码如下：

```
##批量合并 PDF 发票文件 2
import os                                    #导入 OS 库
from PyPDF2 import PdfFileMerger          ##导入 pypdf2 库
##获取当地文件夹路径
directoryPath =os.getcwd()
##列出文件夹下所有文件
folderList = os.listdir(directoryPath)
for name in folderList:
    if '发票'and".pdf" in name:            ##含有发票名称的 PDF 文件
        filename = os.path.join(directoryPath,name)
        merger.append(filename)
    # 打开要写入的 PDF 文件，写入
    output = open("新建文件", "wb")
    merger.write(output)
或者:
import os    #导入 OS 库
from PyPDF2 import PdfFileMerger          ##导入 pypdf2 库
f=path+"\\"
pdf_files=[fileName for fileName in os.listdir(f) if fileName.endswith
('.pdf')]
print(pdf_files)
merger=PdfFileMerger()
  for filename in pdf_files:
    merger.append(PdfFileReader(os.path.join(f,filename),"rb"))
merger.write(os.path.join(f,"新建文件.pdf"))
```

以上代码可以将同一文件夹下的发票合并成一个文件。这里要注意一下，如果 PDF 文件是带密码的，一定要先解除密码后再合并。

题外话：

审计工作底稿是审计师用于记录在审计期间所收集的信息的文档，其中包含了若干工作程序，这些程序证明了审计活动得到了恰当的规划与监督。例如，在年度审计过程中，会计师事务所会从客户处收集某些信息和文件作为证据，以支持审计师对客户的财务报表作出结论。正规的事务所在出具审计报告之前，不会仅依赖于两份报表。

通常，审计助理或审计人员负责获取账本、凭证、余额表、对账单、盘点表以及客户提供的证明等证据作为数据源。随后，将对每个科目进行测试，有些测试非常复杂，而有些则相对简单。事务所合伙人、审计经理或其他有经验的审计师等将审查这些文件，并签名确认。最终，审计助理将这些审计文件归档为一份审计工作底稿，作为永久性的审计记录。

审计工作底稿是审计过程中至关重要的一部分，因为有时审计是一个极其耗时的过程，可能需要几天甚至几个月的时间。如果某位审计员离职，审计工作底稿能为后续的审计人员提供一个可以迅速接手的基础。同时，如果某事务所因审计报告而受到证监会调查时，审计工作底稿将成为最重要的书面证据。

然而，上市公司财务舞弊不能仅靠检查审计工作底稿来预防。因为绝大多数的上市公司财务舞弊涉及虚构销售业务，进行收入舞弊。更重要的是，这些虚构的业务建立在真实交易的基础上。如果想更好地理解这个问题，可以以某公司为例。该公司的 IPO 审计报告由某大型事务所出具，一年 70 亿元的销售额中被查出有 22 亿元是造假，这对于上市公司而言绝对是极其严重的舞弊行为。而在 IPO 的审计报告中，事务所却对此只字未提，幸运的是当时的审计报告还未发布，调查的是 2019 年的销售情况。

当然，如果审计师在合理的范围内实施了审计程序，但公司管理层制造了一整套完美的造假场景，那么即使审计师实施了验证程序后仍无法发现造假的情况下，事务所同样可以免责。因此，一份良好的审计工作底稿的意义就体现在这里了，除非审计工作底稿存在非常大的瑕疵，或者能间接证明其在财务造假过程中提供了实质性的帮助，否则一份良好的审计工作底稿能在很大程度上免除事务所的直接责任。

那么，是不是我的审计底稿做得完美，就能高枕无忧呢？并非如此，审计底稿只是基础，行业声誉才是最重要的。因为你是依靠声誉来赚钱，而不是依靠底稿来赚钱的。那么行业声誉是如何形成的呢？这是通过一代又一代的审计师的努力积累下来的。为什么有的上市公司愿意花高价请某个事务所做审计呢？答案就在这里。

整个审计业的进步与经济危机和交易所的影响紧密相连。坦白讲，通过横向比较，我们看到，在 1945 年之前的审计业仅在 1918 年到 1927 年这段时间实现了盈利，这段时间过于短暂。有人可能会问，考虑到我国在审计领域的现状，我们是否还能与英美等国竞争，甚至超过国际四大事务所呢？

答案是肯定的。我相信，想实现弯道超车的不仅仅是中国的事务所。在汽车行业中，国产汽车与外国车企相比落后很多年，但在新能源汽车的竞争中，国产汽车的某些技术已经成为领跑者。关键在于大力投资新技术，才能掌握一定的"话语权"。

审计工作底稿的自动化并非仅指采用新型号的计算机和安装高级审计软件，而是指能够实现审计数据提取和分析过程的更高级别的自动化。

例如，我的审计工作底稿能够持续不断地记录销售数据，并即时识别企业财务数据是否存在差异。同样，它能自动检查发票和合同，其中大部分的审核任务由成本低、精确且无差错的计算机执行。这将在审计领域带来变革性的影响。尽管这可能需要较长时间，但谁又能确定这会是五十年、三十年还是二十年呢？

可以肯定的是，自动化的审计工作底稿终将出现，并且对于那些掌握了这项技术的机构而言，审计效率将显著提高，成本降低，从而获得更高的声誉。这当然不包括那些只要付费就能出具无关痛痒或质量低劣审计报告的情况。如果本土事务所能够采用更先进的技术，哪怕是部分技术，都将有望成为行业领袖。

作为财务和审计领域的从业者，面对新技术带来的变革，最重要的不是评判它是否会发生，而是应该积极参与其中，努力学习新技术，成为最能够适应变化的人群。

第 **8** 章　用 Python 对数据库进行审计

8.1　数据库审计的基本介绍

什么是数据库呢？简单点来说就是有组织的数据集合。当浏览电子商务网站购买鞋子、衣服时，你使用的是数据库。当想看自己喜欢的电影，打开视频网站的播放列表时，使用的也是数据库。数据库无处不在，那么 Excel 能不能当数据库呢？只要能忍受速度慢、功能少、不安全且容量有限，就可以尝试用 Excel 做数据库。但没有人会这样做，因为要处理大量的数据，也将大量的数据转化为信息。举例来说，如果一个 Excel 表格代表一本书，那么数据库就等于一个图书馆。

什么是数据库审计呢？这算是 IT 审计中的子类，属于比较"冷门"的审计。如果企业的核心资产是数据，这个数据库审计就非常重要了。有很多信息安全公司以及数据安全公司专门负责这个。

不过随着云计算的兴起，如国外的亚马逊云（AWS）和中国的阿里云、腾讯云等，很多中小互联网企业已经不需要数据库审计了。

因为大家都喜欢将数据库存放在云计算服务器上，毕竟黑客要攻破这些云计算服务器的防火墙难度较高，而且租用服务器的维护费用也比自建服务器要低得多。

那么数据库审计是不是已经不再重要呢？不是，应该说更重要了。

对很多金融企业来说，云计算服务器即使再安全，也是别人的地方，而很多私募基金的股东信息以及交易信息都是要绝对保密的。

在众多的数据库软件中，MySQL 由于高性能，受到很多企业的喜爱。不少的财务软件也将 MySQL 作为软件的数据库。因此这里选择 MySQL 数据库作为我们学习数据库的入门软件。

MySQL 的安装方法简单，在 Windows 系统下可以通过官网找到链接进行安装，有两个安装程序文件：一个是在线安装，另一个是离线安装。

MySQL 的安装比较复杂，如果是初学者建议选择在线安装。安装界面如图 8-1 所示。

（1）弹出欢迎屏幕：提供了三个选项。只需选择第一个选项——安装 MySQL 产品，弹出如图 8-2 所示的对话框。

（2）下载最新的 MySQL 产品：MySQL 安装程序检查并下载最新的 MySQL 产品，包括 MySQL 服务器、MySQL Workbench 等。选中图 8-3 的两个单选按钮，单击"Next"按钮。

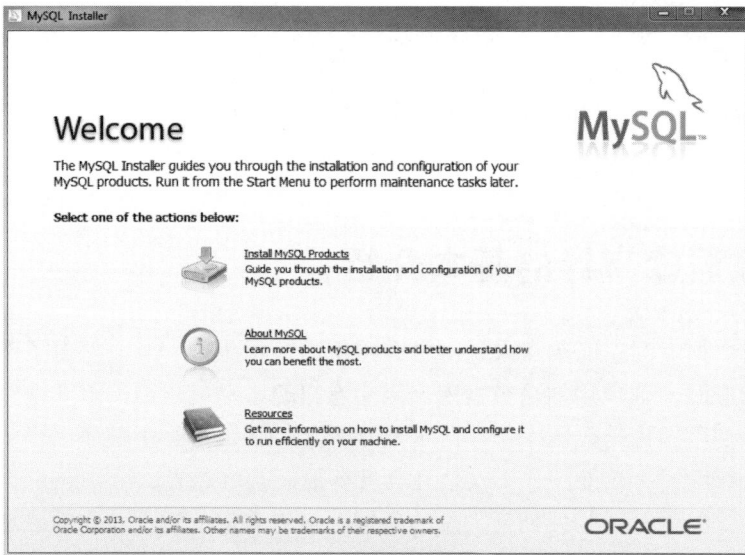

图 8-1　MySQL 的安装界面

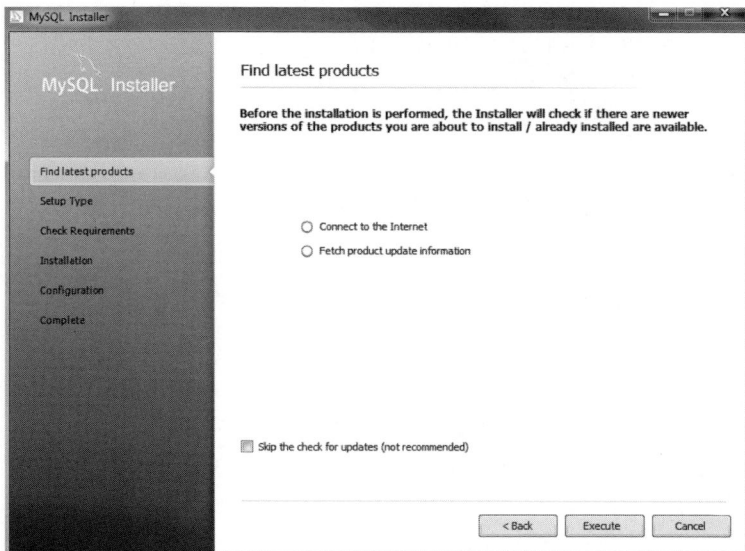

图 8-2　安装步骤（1）

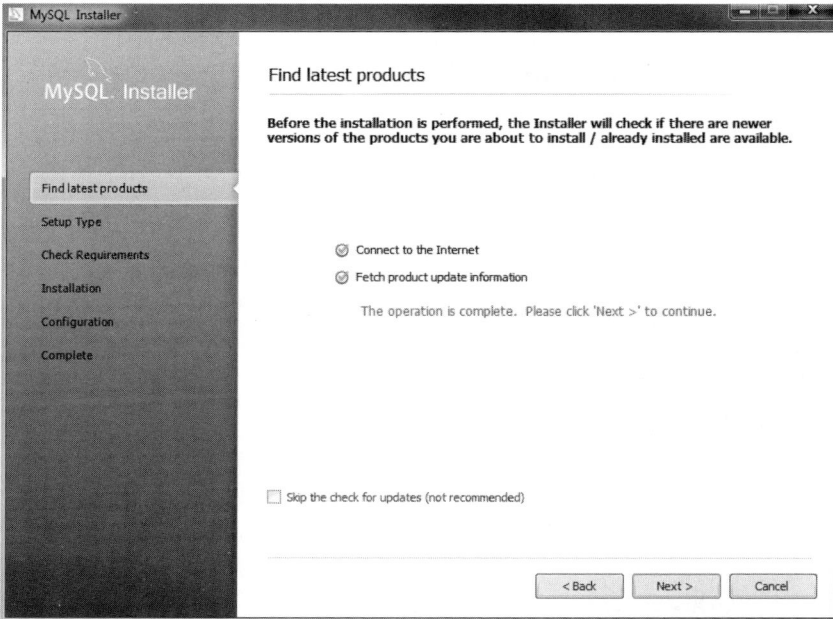

图 8-3　安装步骤（2）

（3）弹出如图 8-4 所示的对话框，选择安装类型：有多种安装类型可用。选择第
4 个完整选项以安装所有 MySQL 产品和功能。

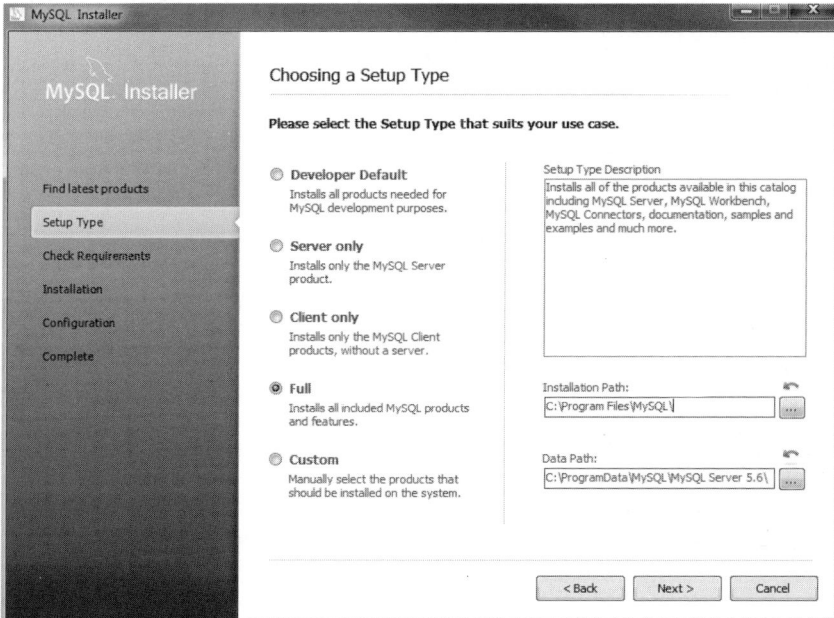

图 8-4　安装步骤（3）

（4）单击"Next"按钮，弹出如图 8-5 所示的对话框，选中图中的所有选项。

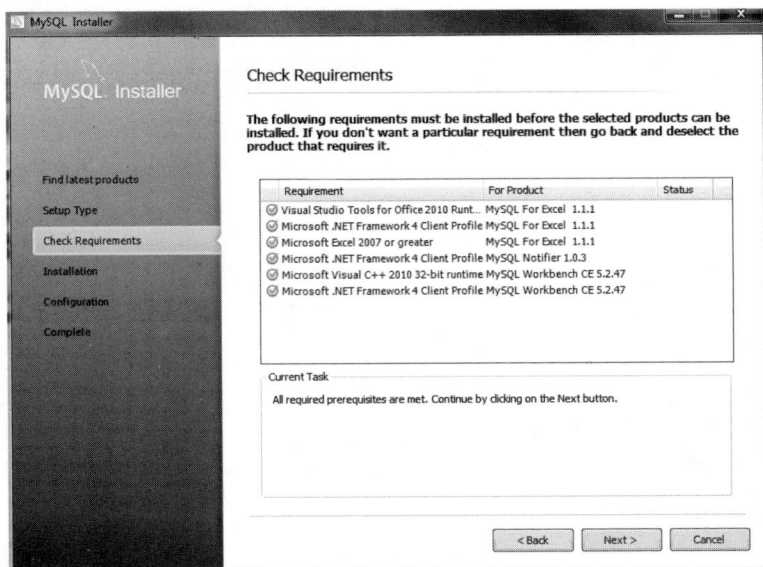

图 8-5　安装步骤（4）

（5）单击"Next"按钮，弹出如图 8-6 所示的对话框。

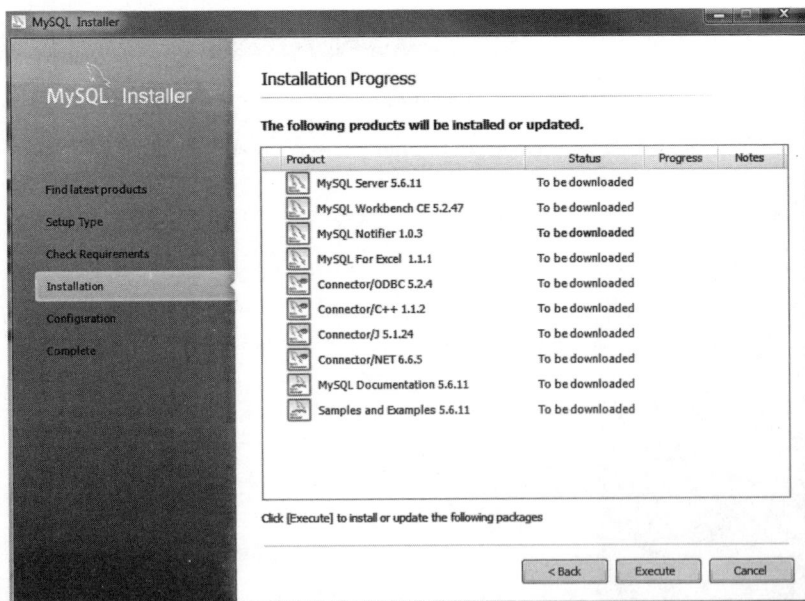

图 8-6　安装步骤（5）

（6）单击"Execute"按钮，弹出如图 8-7 所示的对话框。显示安装进度：MySQL
安装程序下载所有选定的产品。这将需要一段时间，具体取决于选择的产品和互联网
连接的速度。

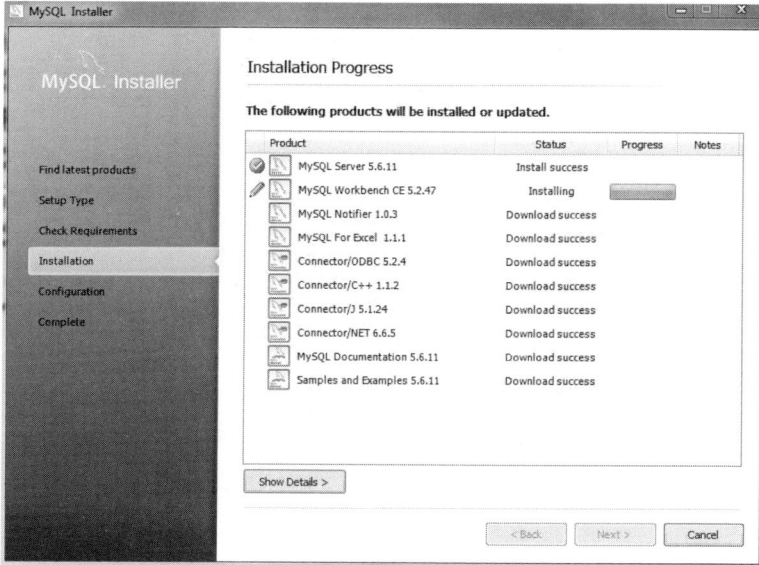

图 8-7 安装步骤（6）

（7）下载完产品后，在产品图标左侧显示图标 ，如图 8-8 所示。

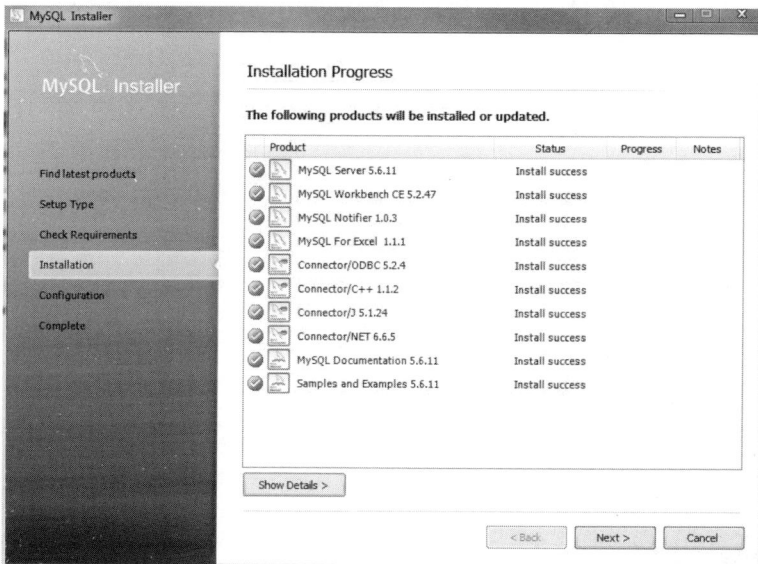

图 8-8 安装步骤（7）

（8）在完成下载后，单击"Next"按钮，如图 8-9 所示。

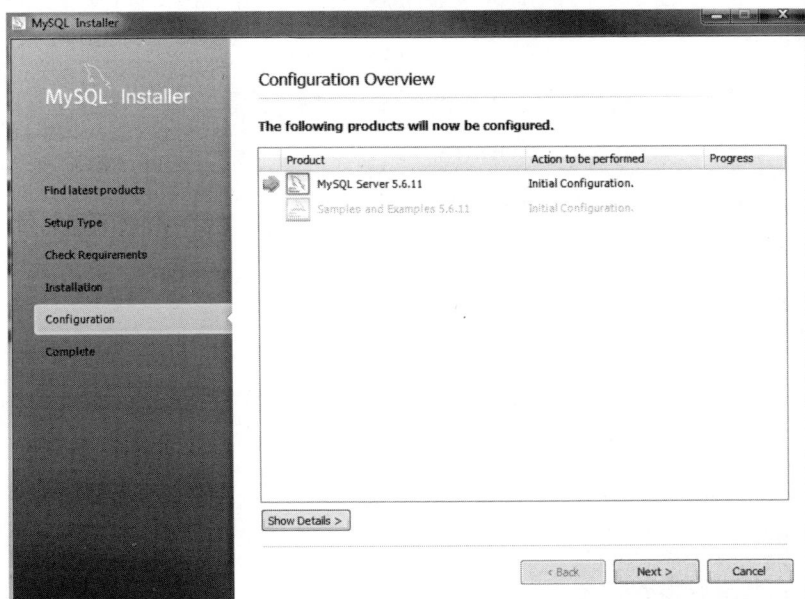

图 8-9　安装步骤（8）

（9）配置概述。弹出如图 8-10 所示的对话框中单击"Next"按钮，配置 MySQL 数据库服务器。

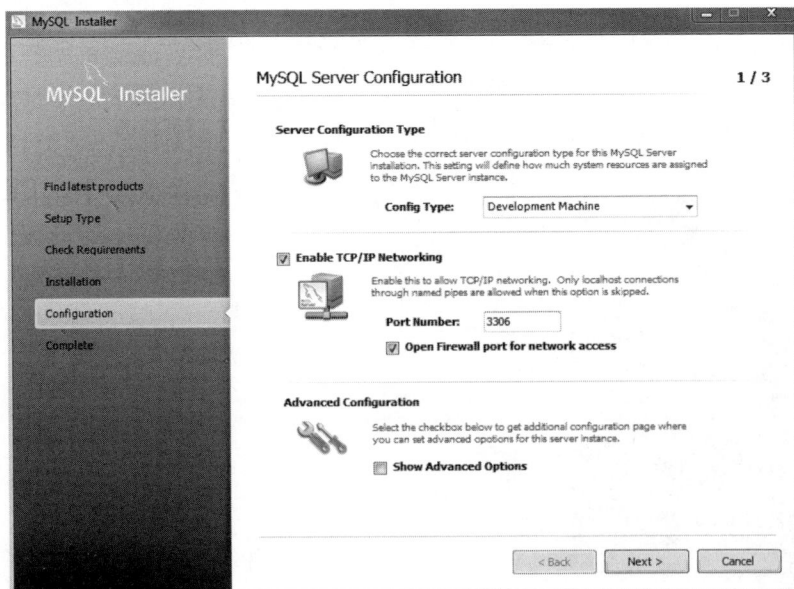

图 8-10　安装步骤（9）

（10）MySQL 服务器配置。选择配置类型和 MySQL 端口（默认为3306），然后单击"Next"按钮，如图 8-11 所示。

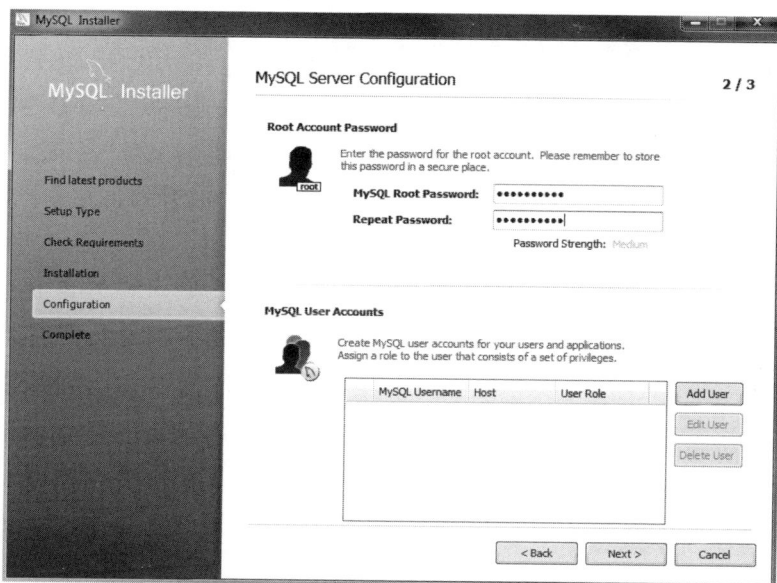

图 8-11　安装步骤（10）

（11）MySQL 服务器配置。在弹出的对话框中为 root 账户设置一个密码。如果要添加更多 MySQL 用户，可以单击"Adduser"按钮在此步骤中设置，如图 8-12 所示。

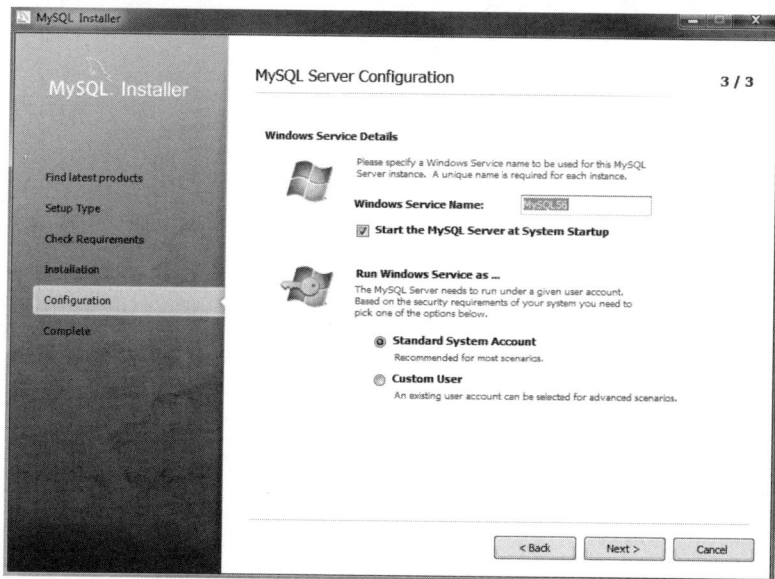

图 8-12　安装步骤（11）

（12）MySQL 服务器配置。选择 Windows 服务详细信息，包括 Windows 服务名称和账户类型，然后单击"Next"按钮，如图 8-13 所示。

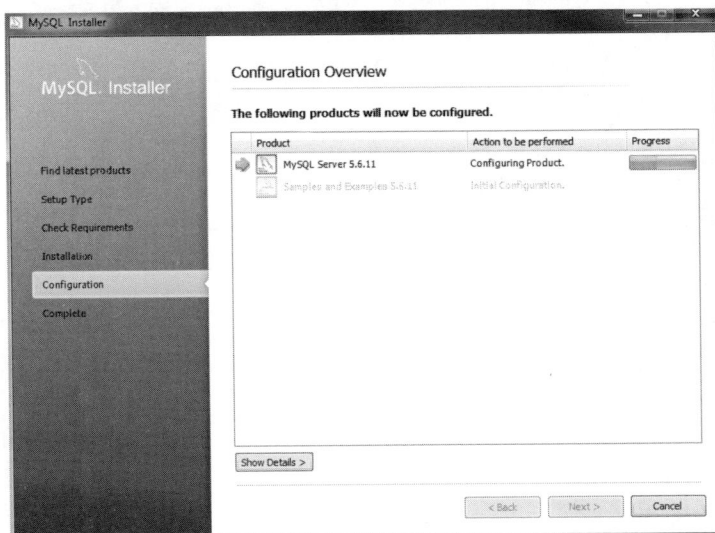

图 8-13　安装步骤（12）

（13）MySQL 服务器配置。MySQL 安装程序正在配置 MySQL 数据库服务器。完成后，然后单击"Next"按钮，如图 8-14 所示。

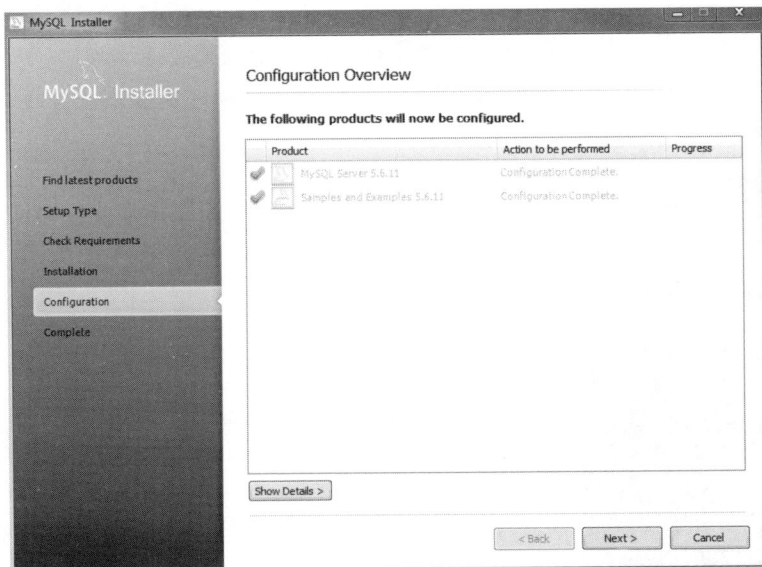

图 8-14　安装步骤（13）

（14）MySQL 服务器配置。完成后单击"Next"按钮，如图 8-15 所示。

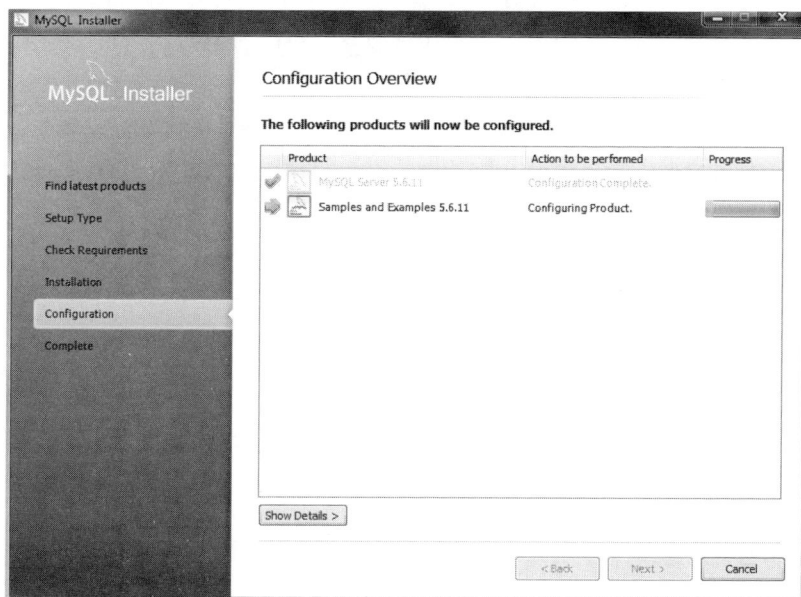

图 8-15 安装步骤（14）

（15）配置概述。MySQL 安装程序安装示例数据库和示例模型，如图 8-16 所示。

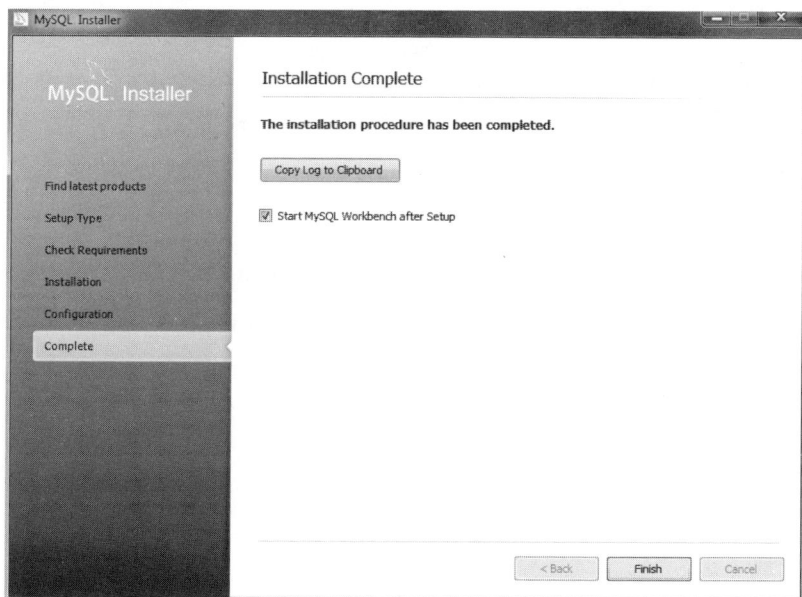

图 8-16 安装步骤（15）

（16）安装完成。单击"Finish"按钮关闭安装向导并启动 MySQL。

MySQL 数据库的核心是 MySQL 服务器。该服务器可作为单独的程序使用，负责处理所有数据库指令、语句或命令。它通常与 SQL、PHP 计算机语言结合使用，创建强大且动态的服务器端，也就是我们经常听到的后端。

内部审计中，如果审计师需要检查数据，正确的做法不是从财务软件中导出数据，而是从服务器中的数据库查找数据。财务软件不过是前端，即计算机界面上操作的客户端，而数据库是后端，管理服务器中的数据。

具体的做法是，首先打开服务器，再备份数据库，然后在关系映射器中通过 SQL 语言检查数据。这样的数据才是最原始、最全面的。一般的程序员可以输入几条简单的 SQL 语句或 PHP 语句构建 MySQL 并与之交互，但我们不是程序员，只掌握 Python 的基本用法，那么我们能不能对数据库进行交互呢？可以的，Python 有好几个可以连接 MySQL 的库，如 MySQL Connector、MySQLdb、PyMySQL。通过这些库可以实现操作，如检查、查找、导出数据等。

8.2　Mysql.connector 的基本用法

Mysql-connector 是 MySQL 官方提供的 Python 库，功能比较全面。安装方法的代码如下：

```
pip install mysql-connector-python
或
conda install mysql-connector-python
```

如果要测试 Mysql-connector 库安装是否正常，是否能够连接到 MySQL 服务器，可以运行一个非常简单的程序，代码如下：

```
import mysql.connector
mydb = mysql.connector.connect(user='gan', password='password',
                               host='127.0.0.1',port="3306",
                               database='employees')
mydb.close()
```

其中，mysql.connector.connect()是一个连接函数，用来建立与 MySQL 服务器的连接。其包含五个参数，功能见表 8-1。

表 8-1　参数及其功能

参　　数	功　　能
user（）	用于向 MySQL 服务器进行身份验证的用户名
password（）	使用 MySQL 服务器对用户进行身份验证的密码

续表

参　　数	功　　能
database（　）	与 MySQL 服务器连接时使用的数据库名称
Host（　）	MySQL 服务器的主机名或 IP 地址
Port（　）	MySQL 服务器的 TCP/IP 端口

以上是最常用的连接参数，后面还有非常多的参数，这里不一一列举，有兴趣的读者可以在官网中查找相关内容。代码最后一行是 close()函数，表示关闭数据库连接。

如果以上的代码运行成功，表示数据库已经连接上了；如果出现错误，很可能数据库没有建立成功。

建立数据库和查询数据库是通过游标对象函数 mydb.cursor()和 execute()组合起来进行，这是一个非常有用的组合，其代码如下：

```
import mysql.connector
mydb = mysql.connector.connect(user='gan', password='password',
                    host='127.0.0.1',port="3306",)
mycursor = mydb.cursor()
mycursor.execute("CREATE DATABASE new_db")
```

运行以上代码之后，就可以创建一个名为 new_db 的数据库。

如果想查询所有数据库，最后一行可以改为：

```
mycursor.execute("SHOW DATABASES")
for x in mycursor:
 print(x)
```

注意，execute()函数的执行命令均为大写字母。命令参数及作用见表 8-2。

表 8-2　execute()函数的命令参数及作用

命　　令	作　　用
CREATE TABLE	创建数据表
SHOW TABLES	查看数据表是否已存在
PRIMARY KEY	设置一个主键
ALTER TABLE	给表添加主键
INSERT INTO	插入数据
SELECT * FROM	查询数据
SELECT * FROM xxWHERE	查询指定条件的数据
ORDER BY	查询结果排序

命　令	作　用
DELETE FROM	删除记录
UPDATE	更新表数据
DROP TABLE	删除表

以下是查询某些指定条件数据的常用实例：

```python
import mysql.connector
mydb = mysql.connector.connect(user='gan', password='password',
                        host='127.0.0.1',port="3306",)
cursor = mydb.cursor()
print("--------------------------------------------")##方便分隔输出不同
的查询结果
cursor.execute("SELECT * FROM sites")
result = cursor.fetchall()  # fetchall() 获取所有记录
for x in result:
    print(x)
print("--------------------------------------------")
# 也可以读取指定的字段数据(主要根据 SQL 语句来调整
# ):
cursor.execute("SELECT name, url FROM sites")
result = cursor.fetchall()
for x in result:
    print(x)
print("--------------------------------------------")
# 如果我们只想读取一条数据, 可以使用 fetchone() 方法
cursor.execute("SELECT * FROM sites")
result = cursor.fetchone()
print(result)
print("--------------------------------------------")
# 此处需执行 fetchall() 操作, 否则程序执行时报了一个 unread result found 的
异常
# 不管针对数据库的查询有没有返回结果, 必须要进行 fetchxxx()
# 否则在进行 insert()、create()等操作的时候就会报 unread result found 的异
常。
cursor.fetchall()
# where 条件语句
# 如果我们要读取指定条件的数据, 可以使用 where 语句
sql = r"SELECT * FROM sites WHERE name ='RUNOOB'"
cursor.execute(sql)
```

```
result = cursor.fetchall()
for x in result:
    print(x)
print("---------------------------------------------")
# 也可以使用通配符 %:
sql = "SELECT * FROM sites WHERE url LIKE '%oo%'"
cursor.execute(sql)
result = cursor.fetchall()
for x in result:
    print(x)


print("---------------------------------------------")
# 为了防止数据库查询发生 SQL 注入的攻击，可以使用 %s 占位符来代替查询的条件
sql = "SELECT * FROM sites WHERE name = %s"
na = ("RUNOOB",)
cursor.execute(sql, na)
result = cursor.fetchall()
for x in result:
    print(x)
print("---------------------------------------------")
# 排序
# 查询结果排序可以使用 ORDER BY 语句，默认的排序方式为升序，关键字为 ASC，如果要设置
降序排序，可以设置关键字 DESC
sql = "SELECT * FROM sites ORDER BY name"
cursor.execute(sql)
result = cursor.fetchall()
for x in result:
    print(x)
print("---------------------------------------------")
# 降序排序实例:
sql = "SELECT * FROM sites ORDER BY name DESC"
cursor.execute(sql)
result = cursor.fetchall()
for x in result:
    print(x)
print("---------------------------------------------")
# Limit
# 如果我们要设置查询的数据量，可以通过 "LIMIT" 语句来指定
cursor.execute("SELECT * FROM sites LIMIT 5")

result = cursor.fetchall()
```

```
for x in result:
    print(x)
print("------------------------------------------------")
# 也可以指定起始位置，使用的关键字是 OFFSET
cursor.execute("SELECT * FROM sites LIMIT 3 OFFSET 1")  # 0 为 第一条，1 为
第二条，依此类推
result = cursor.fetchall()
for x in result:
    print(x)
```

从以上的命令格式来看，很多命令几乎与 SQL 语言一样。不过如果不懂 SQL 语言也没有关系，Python 库是 MySQL 的官方库，网上有很多相关教程，我也将相关的操作代码放到 Github 仓库中，有兴趣的读者可以在上面查找。

除了基本的查询功能，这个库也可以与机器学习库 Sklearn 结合使用，将数据库内的数据导入到机器学习模型中，又或者与 Pandas 库结合使用，进行数据分析。

8.3　MySQL 的 ORM 连接

一般来说，有两种方法可以将 Python 应用程序连接到 MySQL 数据库：第一个方法是在本地机器上安装 Python 库直接连接数据库管理系统，并编写实际的 SQL 命令来执行数据库操作；另一种方法是使用对象关系映射器（简称 ORM），充当与数据库之间的中介。它允许定义常规 Python 对象和方法，并将它们转换为低级 SQL 数据库指令，如 SQLAlchemy 库。

SQLAlchemy 库实现起来非常简单，可以快速上手写代码，并且不需要太多 SQL 相关知识即可上手。

安装命令如下：

```
pip install sqlalchemy
```

调用方法如下：

```
from sqlalchemy import create_engine
```

使用 SQLALchemy 的过程很简单，其工作步骤如下：

（1）创建连接对象；

（2）使用连接对象创建游标对象；

（3）使用游标对象执行 SQL 命令；

（4）关闭游标对象和数据库连接。

具体实现代码如下：

```
import mysql.connector
mydb = mysql.connector.connect(user='gan', password='password',
                                host='127.0.0.1',port="3306",)
# 使用 cursor() 方法创建一个游标对象 cursor
cursor = mydb.cursor()
# 使用 execute() 方法执行 SQL，如果表存在，就删除
sql_2="SHOW TABLES"
cursor.execute(sql_2)
result2=cursor.fetchall()
print('result2:',result2)
# 关闭数据库连接
mydb.close()
from sqlalchemy import create_engine
import pandas as pd
# 初始化数据库连接
engine=create_engine('mysql+mysqlconnector://root:password@localhost:
3306/test')
# 查询语句，选出 employee 表中 fct_sales limit 8 的所有数据
sql = "SELECT * FROM fct_sales limit 8"
# read_sql_query 的两个参数：sql 语句，数据库连接
df_fct_sales = pd.read_sql_query(sql, engine)
# 输出 employee 表的查询结果
(df_fct_sales.head(10))
```

运行后，得到的结果是 pandas 格式，可以导出 Excel 的 csv 格式查看。

代码说明：

（1）初始化数据库连接的格式是：create_engine("数据库类型+数据库驱动://数据库用户名:数据库密码@IP 地址:端口/数据库"，其他参数)。

（2）如果数据库驱动不是 Mysql.Connector，而是 Pymysql 库，格式需要改成：engine=create_engine("mysql+pymysql://root: password@localhost:3306/test")。

（3）sql =""中可以设置成 SQL 语句，如设置成 "SHOW TABLES" 就显示所有表，如设置成"SELECT VERSION()"就显示数据库版本号。

（4）pd.read_sql_query(sql, engine)就是将数据库表的行与 pandas 相应的对象建立关联和转换。转换后，可以用 Pandas 库对数据进行分析，或者结合 Matplotlib 库进行可视化操作，这个是数据分析师常用的操作。

如果如在上述代码后面输入以下代码：

```
figure=plt.figure()                    ##创建制图板
```

```
#显示中文字体为简体
plt.rcParams['font.sans-serif']=['SimHei']
x=df_fct_sales ["物品"]              ##将物品列设为 X 轴
y=df_fct_sales ["总利润"]            #将总利润列设为 y 轴
plt.bar(x,y)                        ##制成条形图
```

运行上述代码后，数据库中的两列会显示为图表格式，非常方便。当然，这需要对 Pandas 库和 Matplotlib 库的操作比较熟练。

如果想查看整个资料库的话，也可以通过 from sqlalchemy import MetaData 命令来执行。

```
from sqlalchemy import MetaData
metadata = MetaData()
metadata.reflect(bind=engine)
metadata.tables.keys()              #获取所有的表名
```

这里只介绍查询的用法，毕竟审计员不是数据库管理员，对删除、清洗、创建数据库等操作有兴趣的读者可以到这个库的官网中查找相关内容。

☕ 题外话：

从《索耶内部审计师指南》开始，内部审计不断发展，除了专业性非常强的工程审计之外，现在也有另一个专业性很强的内部审计——IT 审计，是指一批专业人士，既通晓信息系统的软件运营、维护、管理和安全，又熟悉审计准则的核心要义，能够利用规范和先进的 IT 技术，对信息系统的安全性、稳定性和有效性进行审计、检查、评价和改造。

那么具体是做什么呢？

IT 审计主要有三方面的工作：第一要检查信息系统的安全性，如黑客入侵难度、数据删改难度等；第二要检查数据逻辑是否与会计准则一致，如交易数据以什么样的性质存到数据库上，然后反映到财务软件中；第三要检查数据的真实性，如交易数据是否已经全面记录到数据库上，中间是否有人为修改的痕迹。

不过，这个岗位目前主要集中在国际四大会计师事务所，而且离开了四大之后，除了大型金融机构，基本上很少会有这种岗位。为什么呢？因为不是所有的企业都能达到较高的信息化水平，有些企业存在信息设备利用率不高和电子数据不足等问题。

如果立足于未来的话，这个岗位是很有前途的。因为数字化（digitalization）是未来的趋势，而无形资产中的数字资产的占比也会越来越高，当数字资产的交易变得越来越多的时候，很多企业都需要一个独立的 IT 审计，进行数字资产评估，又或者解决数字资产的安全性问题。这个时候岗位的需求才会增加。

　　无论你想从审计转行当 IT 审计，还是从 IT 转行当 IT 审计，现在都可以做一些准备，如学习计算机语言的知识、提高自己阅读和审查代码的能力，学习会计及审计准则、理解财务的数据逻辑等，也可以参加一些国际上的认证考试。

第9章 人工智能涉及的财务和审计

9.1 人工智能将会为财务带来什么

从理论上讲，让计算机自己进行思考，这种真正意义的人工智能离我们还有较远的一段路，但对于某些重复性的工作，计算机已经实现了智能化：它可以自动上传文件，自动发送邮件，可以以最快的时间求解最佳的解答，如下围棋。更厉害的是，它从不睡觉，从不知疲倦，也不会犯错。它已经有了一个统一的名字——AI。

当然，现在的 AI 还在进步。如果让 AI 在有限的规则下进行判断，然后求出最优解，这是可以做到的。这种原理就像计算机模拟人类下围棋，如果围棋棋盘是一个 19×19 的网格，胜负规则简单，以占有最多"领地"的一方胜利。在有限的规则内，识别棋手的下法，然后求出最优解，如图 9-1 所示。

如何识别最优解？

旧的方法是将"棋谱"人工输入到计算机中，最多的时候内存可读入 17 000 盘"棋路"，对棋手每手棋路识别一次，用穷举法寻得最优解。而新的方法是让计算机自己为自己计算"棋谱"，自动录入"棋路"，如某型号的计算机一天可以自动学习 70 万盘"棋路"。它能打败顶级棋手的奥秘不是因为它真的聪明，而是因为它能比棋手识别更多"棋路"。

那么，这些"棋路"能不能应用到财务、审计工作中呢？答案是可以的。

汇总银行流水是一种"棋路"，录入发票又是另一种"棋路"，大部分会计多数从事的是重复性工作。人工智能可以代替人类从事这些工作，这是毫无疑问的。

我现在已经实现了用 Python 在用友财务软件 T3 中自动录入会计分录，目前正研究如何让 Python 分析银行流水，然后自动形成收支分录。如果成功，就可以让计算机读取银行的对账单，然后自动生成会计分录，并自动录入到会计软件中。当然，这条路并不容易，因为各家公司都有各自的业务，日常的业务能做到准确无误，但有些不常发生的特殊业务将破坏会计分录的准确性。

　　所以现在有的人提出用计算机自动学习过去的会计分录，相当于自己为自己录入"棋路"，这可以说是"机器学习"。机器学习可以识别数据中的模式并从中"学习"。这个学习不像我们人类意义上的学习，更多的是识别和解释。

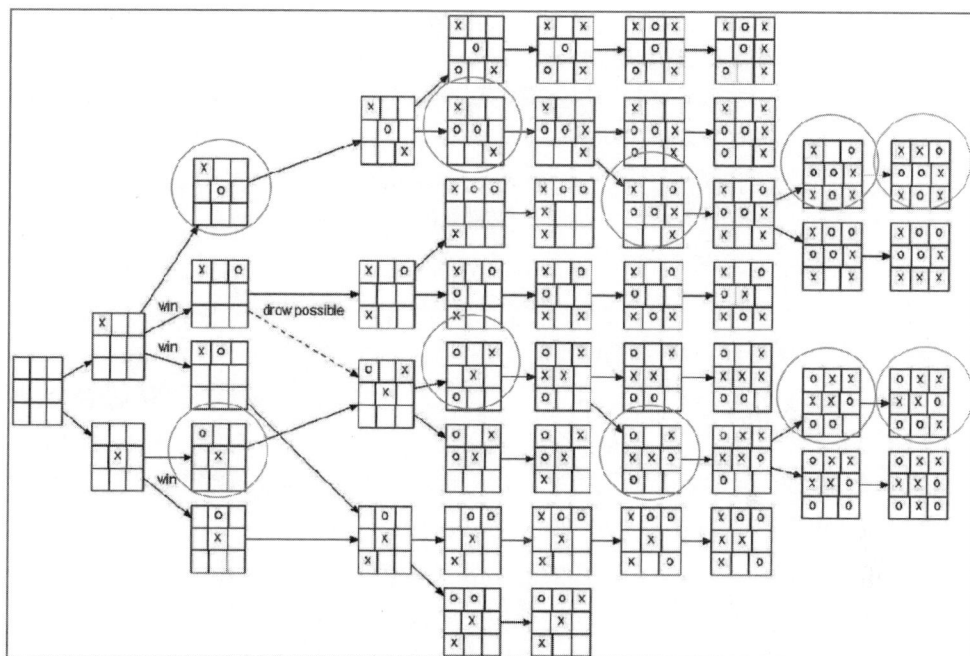

图 9-1　AI 框最优解

　　在审计中，已经有朋友研究如何用机器学习并识别财务舞弊行为，即通过识别大量的银行流水，对海量历史记录进行多维度分析，挖掘不同收支间的内在联系，将不规则的收支活动进行标记以供审计师检查，从而能准确识别出具备相同或相似特征的财务舞弊行为。

　　可以使用 Python 的 Scikit-Learn 库进行机器学习，首先遇到的是样本不足引起的数据问题，其次是不同公司与不同业务之间的逻辑问题。例如，水果的销售与电风扇的销售都受季节性的影响，使产品流动性的差异形成舞弊特征有非常大的差异。这就促使不同的企业需要设计不同的训练数据及算法逻辑。

　　于是朋友又加载了 Python 的 Pytorch 库进行深度学习，他解释这是机器学习，用神经网络下的自动编码器逐层提取数据的特征，但是困难重重。当然，我相信这些问题日后是可以克服的，因为这些问题不只我朋友在研究，国外的会计师事务所也在研究，如某四大已经投入大量资源，正在开发 Audit.ai 模块，目的是准确地检查每一个账户的每一笔交易是否存在异常交易行为。

这是一件非常有意思的事，毕竟我也做过审计工作，大多数的检查都是采取抽样的形式，除非是规模非常小的公司，否则很少有机会去检查每一笔交易。如果能准确识别所有的业务数据，这将是一件能影响审计行业模式的事情。

不过，可能会有读者担心，这种影响会让自己失业，其实，这种担心是没有必要的，在前面就已经说了，真正的人工智能离我们还有很长的一段路。

从计算机之父图灵开始到今时今日，科学家们一直在尝试创造一种智能机器人，一种可以像我们一样说话、奔跑、思考和驾驶的类人机器，但很可惜，都没有成功。即使在这个创造的过程中，我们的洗碗机、洗衣机、空调、汽车变得越来越好用，即使它们功能更加智能化，但实质上它们还是半自动机器，离不开我们的操作。

即使真正的人工智能离我们还有很远，开发人工智能的技术非常值得我们去学习。例如，有科研机构已经研究出用计算机视觉来检查病人的肿瘤，通过数百万张真实的医学图像进行机器学习，识别肿瘤的早期迹象。这种技术在医学诊断中具有重要的应用前景。

我们不应该被"人工智能"这个名词所迷惑，因为在信息技术快速发展的时代，很多新技术都会被冠以"人工智能"的名义，这很容易让我们错过提升自己的机会。重要的是理解和掌握这些技术的原理和应用，以便更好地应对未来的挑战。

之前已经介绍了 Python 很多涉及财务领域的库了，其中少不了要介绍 Python 中最出名的人工智能库，Python 之所以成为人工智能方面的计算机语言，最主要的一个原因是它的库非常多，能构建机器学习模型、能传递参数、能转换输入数据、能输出图形，也可以放到复杂的深度学习框架中。如果掌握了 Numpy、Pandas、xlwings、Matplotlib 库，自然就可以学习人工智能的 Sklearn 库和 torch 库了。

9.2　Sklearn 库的机器学习功能

机器学习可以理解为计算机从数据中"半自动"地提取知识。注意，这是半自动，而不是全自动，所以需要有很多的人工干预。主要有以下三个步骤：

（1）准备好带标记的数据；

（2）建立模型；

（3）输入已知数据，不断优化模型。

做好以上三步，就可以将新的数据输入到优化后的模型中，在生成结果后，即可查看结果是否正确。

在这些过程中，人们的干预行为是非常多的。例如，标记的数据不够，模型会出错；即使数据足够，模型调校得好，但输出的结果相差很远，又要重新设计。

由此，有的人开发了 Scikit-Learn 库，专门用于解决机器学习问题。

如果计算机里已经安装了 Anaconda，那么 Jupyter Noterbook 就自动安装了 Sklearn 库，所以不用重新安装。如果版本较旧，可以进行升级，其代码如下：

```
conda update scikit-learn
```

如图 9-2 所示为输入更新代码的界面。

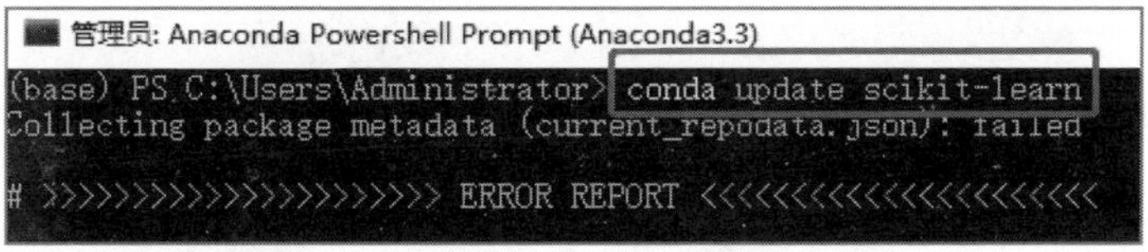

图 9-2　更新代码界面

调用方法也很简单，代码如下：

```
import sklearn
```

在官方文档中有一份机器学习算法图例（见图 9-3）可以帮助我们更好地使用机器学习技术，不同的数据所需要的算法及模型也有所不同。

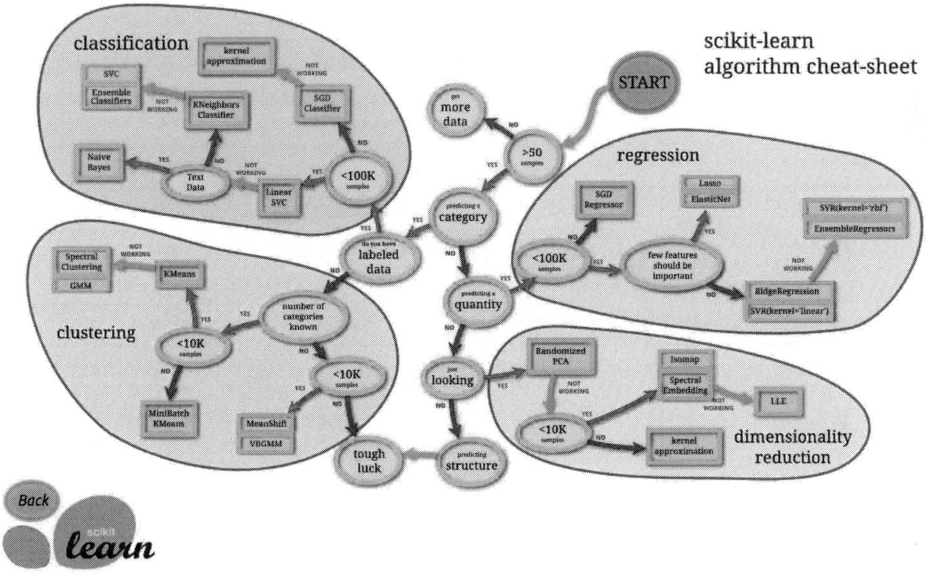

图 9-3　机器学习算法图例

在图 9-3 中，如果样本量小于 50，请先收集更多数据。然后，将根据数据的范畴进行分支，例如它是有标记数据的，可以划分为分类型机器学习；没有标记数据的，可以划分为聚类型机器学习。图 9-3 以一种易于理解的方式对机器学习方法进行了分类，在使用 Scikit-Learn 构建机器学习模型时，可以作为对数据进行分类的参考！简化后如图 9-4 所示。

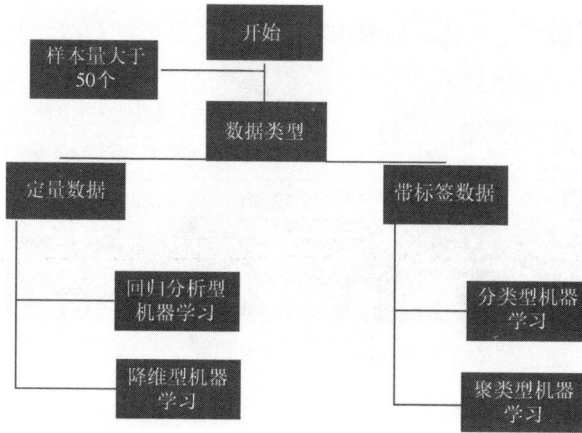

图 9-4　图 9-3 被简化后的示意

表 9-1 是整理后的类型和作用。仅供参考。

表 9-1　类型和作用表

类　　型	作　　用
回归分析	一种从统计学上寻找"结果（客观变量）"和"影响结果的数据（解释变量）"之间关系的方法。一旦知道了这两个数据之间的关系，就可以预测未来的结果。一个解释变量称为"简单回归分析"，多个解释变量称为"多元回归分析"
简单回归分析	预测目标：连续值，用最小二乘法或最大似然估计求回归线的系数和截距
多元回归分析	用于简单回归分析的具有多个解释变量的回归分析
降维分析	预测目标：差异值，是一种简化数据集维数的技术。特点是保存数据集中对方差影响最大的特征
k-最近邻法	检测时间序列数据中的异常
DTW 法	查找时间序列数据的相似性
聚类分析	聚类通过将具有相似特征的数据分组在一起来发现数据结构。分类学习数据和标签并预测数据的标签
层次聚类分析	预测目标：分类；学习类型：无监督；使用预定义的距离对数据进行分组
非层次聚类分析	预测目标：分类；学习类型：无监督；典型例子的 K-means 方法
分类型分析	预测目标：分类；学习类型：无监督；将数据一分为二，在分支尖端设置一个解释变量和阈值，重复。解释变量的选择和阈值由基尼不纯、熵等决定
多层神经网络（MLP）	预测目标：连续值/分类，多层结构，学习反向传播经常用到

虽然这些算法有很多，但综合来看，其实希望计算机能通过机器学习，计算出一个特殊的函数，通过输入某些数据，得出目标数据。所以机器学习并不是让计算机自己去学习。

　　如果从财务和审计的角度出发，机器学习的重点应该是将无序的经济信息进行处理，用机器学习计算出某个特殊的函数，然后得出需要的、有序的、便于分析的数据。

　　那么，机器学习如何得出这个特殊的函数呢？

　　第一步，准备好带标记的数据。这个其实很好理解，会计都能做序时账，其中摘要、科目名称、金额等已经登记的数据都是已经标记的数据，每一行都有不同属性的列。

　　第二步，建立模型。这是重点，模型其实就是事物之间的关系，它的实用性主要取决于手头的数据。可以用某一家公司过去 10 年的序时账做模型，不断地计算摘要、科目名称、借贷方向、金额等的关系。只要这家公司的业务没有大变化，那么用历史数据去预测未来数据是可行的。

　　第三步，训练数据并不断地优化模型。可以将这个月的摘要输入到模型之中，看看能不能得出正确的科目名称、借贷方向。例如，如果摘要中没法显示金额，那么在之前的模型之中可以删除金额等的属性，进行优化模型。

　　通过不断训练数据、优化模型，最后会形成一个机器学习函数。只要输入摘要，就能让计算机自动生成没有金额的分录。

　　除了会计工作中的应用，在审计工作中也可以用机器学习检测当前交易是否存在舞弊行为，其实就是将过去三五年存在舞弊行为的交易拿出来，然后建立模型，一般的模型为多层神经网络方案，将客户编码、物料型号、品牌、送货区域、送货地址、发货数量、发货金额、发货成本、利润额、毛利百分比、销售员、销售员发货时在职月份数等数据转换成可以用于机器计算的数字形式，然后通过训练形成新的模型。只需将这个月的交易数据输入，就可以找出有舞弊特征的数据来。

　　理论上是非常具有可行性的，但却不存在普遍性。假设有两家公司，它们的物料型号、品牌、送货区域、送货地址即使相同，且与舞弊行为相关，但因业务模式的不同，数据就与舞弊行为不存在逻辑关系。那么就需要为每家公司制定不同的模型，但不是所有的公司都能找到超过 50 条与舞弊有关的交易数据，有的公司成立时间非常短，有的公司成立时间非常长，但内控做得很好，这些都会影响模型的建立。

　　不过，技术创新是螺旋式上升或波浪式前进的，新的技术、颠覆性技术还在持续不断地涌现，相信将来会有更好的技术去解决现在的问题。而我希望，大家能掌握这些技术，并成为这些技术的受益者。

9.3　Sklearn 库的基本结构

　　由于机器学习中的第一步是准备好带标签的数据，所以数据是非常重要的，Sklearn 库会有一些事先准备好的数据，以供我们学习。

首先输入以下代码：

```
import sklearn              ##导入机器学习库
dataset = load_boston()     ##导入波士顿数据
```

运行后，dataset 就变成准备好的数据集。

该数据集是通过收集美国波士顿各个地区的居住环境信息和中位数信息等信息创建的，共有 506 条数据。代码如下：

```
print(list(dataset))
```

运行显示：

```
['data', 'target', 'feature_names', 'DESCR', 'filename']
```

这 506 条数据有五个标签，可以打开观察一下其结构：

```
dataset.data
array([[6.3200e-03, 1.8000e+01, 2.3100e+00, ..., 1.5300e+01, 3.9690e+02,
        4.9800e+00],
       [2.7310e-02, 0.0000e+00, 7.0700e+00, ..., 1.7800e+01, 3.9690e+02,
        9.1400e+00],
       [2.7290e-02, 0.0000e+00, 7.0700e+00, ..., 1.7800e+01, 3.9283e+02,
        4.0300e+00],
       ...,
       [6.0760e-02, 0.0000e+00, 1.1930e+01, ..., 2.1000e+01, 3.9690e+02,
        5.6400e+00],
       [1.0959e-01, 0.0000e+00, 1.1930e+01, ..., 2.1000e+01, 3.9345e+02,
        6.4800e+00],
       [4.7410e-02, 0.0000e+00, 1.1930e+01, ..., 2.1000e+01, 3.9690e+02,
        7.8800e+00]])
```

看起来非常不友好，而且意思不是很明确。再打开 filename 这个标签，代码如下：

```
dataset.filename
```

运行后得出：

```
'C:\\ProgramData\\Anaconda3.3\\lib\\site-packages\\sklearn\\datasets\\data\\boston_house_prices.csv'
```

将上面的地址复制粘贴到浏览器，就可以下载一个 Excel 文件，这就是波士顿数据的直观形式，如图 9-5 所示。

每条数据包含有 14 个标签，如 CRIM 表示犯罪率，RM 表示平均住房数，NO_x 表示一氧化氮浓度，详细标签及含义见表 9-2。

	A	B	C	D	E	F	G	H	I	J	K	L	M	N
1	506	13												
2	CRIM	ZN	INDUS	CHAS	NOX	RM	AGE	DIS	RAD	TAX	PTRATIO	B	LSTAT	MEDV
3	0.00632	18	2.31	0	0.538	6.575	65.2	4.09	1	296	15.3	396.9	4.98	24
4	0.02731	0	7.07	0	0.469	6.421	78.9	4.9671	2	242	17.8	396.9	9.14	21.6
5	0.02729	0	7.07	0	0.469	7.185	61.1	4.9671	2	242	17.8	392.83	4.03	34.7
6	0.03237	0	2.18	0	0.458	6.998	45.8	6.0622	3	222	18.7	394.63	2.94	33.4
7	0.06905	0	2.18	0	0.458	7.147	54.2	6.0622	3	222	18.7	396.9	5.33	36.2
8	0.02985	0	2.18	0	0.458	6.43	58.7	6.0622	3	222	18.7	394.12	5.21	28.7
9	0.08829	12.5	7.87	0	0.524	6.012	66.6	5.5605	5	311	15.2	395.6	12.43	22.9

图 9-5　波士顿数据的直观形式

表 9-2　数据标签及含义

数据标签	含　义
CRIM	人均犯罪率
ZN	超过 25 000 平方米住宅地块的百分比
INDUS	非零售商业的百分比
CHAS	是否沿查尔斯河（0 或 1）
NO$_x$	一氧化氮浓度
RM	住宅的平均房间数
AGE	1940 年之前建造的业主居住的房产百分比
DIS	与 5 个波士顿就业设施的加权距离
RAD	环形公路可达性指数
TAX	每万元固定资产税率
PTRATIO	各镇每位教师的学生人数
LSTAT	从事低薪职业的人口百分比
MEDV	房价中位数

通过机器学习，可以预测如果在房产中位数升高后，对其他指标的影响。首先这些数据一分为二：一部分用于训练模型，另一部分用于训练后测试模型。两部分的数据肯定是不同的。这里为什么要一分为二呢？举个例子说明一下：有两兄弟，哥哥有 10 年的时间用于学习会计知识，之后就去当会计。弟弟只有 5 年的学习经历，但之后的 5 年时间都从事会计工作。那么谁的能力会更高呢？很明显，弟弟的能力会更高，因为实践经验更丰富。

在机器学习中也一样，将数据分为训练数据（training dataset）和测试数据（test dataset）可以检验学习成果。同样，对于波士顿数据，也可以划分出训练数据和测试数据。Sklearn 中有一个专门的函数用来划分数据——train_test_split()。其代码如下：

```
from sklearn.datasets import load_boston
dataset = load_boston()
x = dataset.data  ##数据
t = dataset.target  ##数据对象
```

```
from sklearn.model_selection import train_test_split
# 将数据分为训练数据和测试数据
x_train, x_test, t_train, t_test = train_test_split(x, t, test_size=0.3,
random_state=0)
##参数 test_size=0.3 表示测试数据占 30%，剩下的为训练数据，random_state=0 表示采用
随机划分
```

运行后可查看到如下数据：

```
t_train
array([14.4, 24.4, 18.1, 22.5, 20.5, 15.2, 17.4, 13.6,  8.7, 18.2, 35.4,
       24.4, 21.2, 23.8, 26.6, 25.1,  9.6, 19.4, 19.4,  9.5, 14. , 26.5,
       13.8, 34.7, 16.3, 21.7, 17.5, 15.6, 20.9, 21.7, 12.7, 18.5, 23.7,
       … … …
       21.9, 23.1, 20.2, 17.4, 37. , 24.1, 36.2, 15.7, 32.2, 13.5, 17.9,
       13.3, 11.7, 41.7, 18.4, 13.1, 25. , 21.2, 16. , 34.9, 25.2, 24.8,
       … … … …
       30.3, 23.7, 21.4, 18.3,  8.5, 22.8, 22.8, 22.2, 13.9, 25. , 18.5,
        7. , 22.6, 20.1, 30.8, 31.1, 23.8, 12.5, 23.6, 23.2, 24.2, 22.2,
       27.9, 22.2, 33.1, 19.3, 18.9, 22.6, 50. , 24.8, 18.5, 36.4, 19.2,
       16.6, 23.1])
t_test
array([22.6, 50. , 23. ,  8.3, 21.2, 19.9, 20.6, 18.7, 16.1, 18.6,  8.8,
       17.2, 14.9, 10.5, 50. , 29. , 23. , 33.3, 29.4, 21. , 23.8, 19.1,
       20.4, 29.1, 19.3, 23.1, 19.6, 19.4, 38.7, 18.7, 14.6, 20. , 20.5,
       … … …
       12.3, 19.4, 21.2, 20.3, 18.8, 33.4, 18.5, 19.6, 33.2, 13.1,  7.5,
       13.6, 17.4,  8.4, 35.4, 24. , 13.4, 26.2,  7.2, 13.1, 24.5, 37.2,
       25. , 24.1, 16.6, 32.9, 36.2, 11. ,  7.2, 22.8, 28.7])
```

由上述运行结果可以看出，数据已经被随机划分为 70% 的训练数据和 30% 的测试数据，意思就是将 70% 的数据用于训练学习，用 30% 来测试学习成果。现在，训练模型并使用划分后的训练数据验证模型的准确性。

选择模型是一件有难度的事情，在前面介绍 Sklearn 算法，讲到多元回归分析可以对多个变量进行解释，那么我们就试试用多元回归分析这个算法进行建模。

Linear Regression 是 Scikit-Learn 进行多元回归分析时使用的，其内部准备了目标函数和优化方法，直接套用即可。其代码如下：

```
from sklearn.linear_model import LinearRegression
##多元回归分析
reg_model = LinearRegression()
reg_model.fit(x_train, t_train)##进行训练
```

然后观察多元回归分析的参数判断这次回归分析是否成功，其代码如下：

```
reg_model.coef_ ##输出训练后得到的权重 W
Out:
array([-1.21310401e-01, 4.44664254e-02, 1.13416945e-02, 2.51124642e+00,
       -1.62312529e+01, 3.85906801e+00, -9.98516565e-03, -1.50026956e+00,
        2.42143466e-01, -1.10716124e-02, -1.01775264e+00, 6.81446545e-03,
       -4.86738066e-01])
reg_model.intercept_ ##输出训练后的偏置 b 值
Out:
37.93710774183255
```

权重 W 和偏置 b 值是什么，有什么影响，可以暂时不管，因为我们不是数据科学家，如果硬是要理解的话，可以用 y=a(Wx+b) 去理解。

训练完模型后，将验证其准确性。Linear Regression 提供的 score() 函数在给定输入值和目标值的情况下，返回确定系数，该系数使用训练模型计算得出。其代码如下：

```
# 验证准确性
reg_model.score(x_train, t_train) ##最大决定系数为 1，数值越高表示模型越好。
Out:
0.7645451026942549
```

这时，可以用测试数据来验证模型的准确性。

```
#测试数据验证
reg_model.score(x_test, t_test) ##通过使用测试数据评估训练模型的性能
Out:
0.6733825506400193
```

可以比较得出，训练数据的准确性比测试数据的准确性更高，就需要进行优化模型了。优化方法可以在数据训练之前进行预处理，也可以在数据训练时直接处理。

方法有很多，这里选用的是标准化处理 scaler.transform() 再次训练相同的模型。在 Scikit-Learn 中，可以导入 sklearn.preprocessing 对数据进行幂变换。其代码如下：

```
from sklearn.preprocessing import PowerTransformer
#幂变换
scaler = PowerTransformer()
scaler.fit(x_train)
##transform()方法使用这些均值和方差值对数据集中包含的值进行标准化。
x_train_scaled = scaler.transform(x_train)
x_test_scaled = scaler.transform(x_test)
##再次多元回归分析
reg_model = LinearRegression()
reg_model.fit(x_train_scaled, t_train)
reg_model.score(x_test_scaled, t_test)
```

运行结果为：

```
0.7002856552456194
```

由此可见，模型测试结果有所改善。

这时，可以按优化后的模型进行预测并用列表的方式看看预测值有多少。其代码如下：

```
print("目标值: ",t_test[0],"预测值",reg_model.predict(x_test[:1]))
out:
目标值:  22.6  预测值 [79.62017457]
```

但是如果一个一个地进行观察，就会很麻烦。可用 Matplotlib 库将模型预测数据整体画出来。代码如下：

```
# 画散点图
import matplotlib.pyplot as plt ##导入画图库
%matplotlib inline
##魔术命令
X = reg_model.predict(x_test)##将测试模型的预测值导入 X 值
plt.scatter(X, t_test)##将测试模型导入 Y 值
plt.xlabel('X')
plt.ylabel('t_test')
```

运行后的效果如图 9-6 所示。

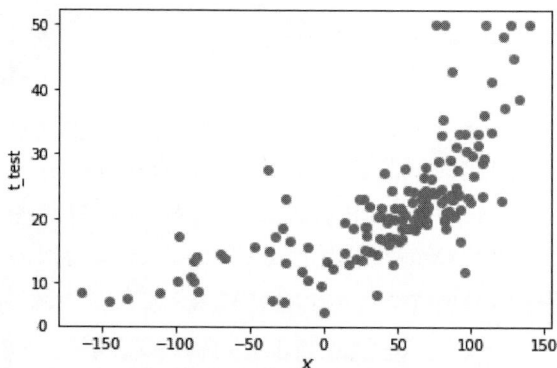

图 9-6　散点图（一）

由图 9-6 可以看到，目标值与预测值之间的关系接近斜直线。可以通过调整参数来验证，如果将训练数据降到 60%，模型有什么差异呢？代码如下：

```
x_train, x_test, t_train, t_test = train_test_split(x, t, test_size=0.4,
random_state=0)
```

运行后的效果如图 9-7 所示。

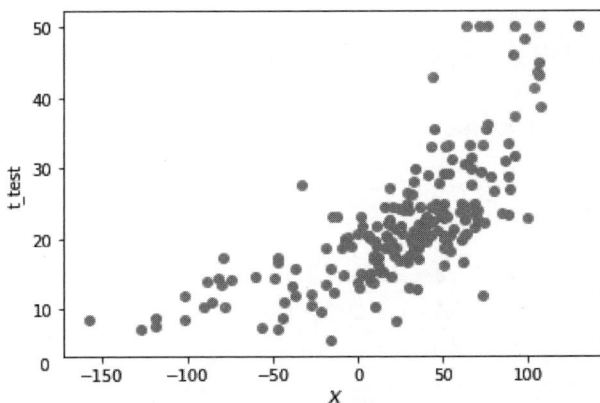

图 9-7　散点图（二）

由图 9-5 和图 9-6 相比可知，它们的差异不大，这就说明模型训练成功了。

这是一个入门案例，更多的案例可以在官网上查找。

9.4　Sklearn 库的财务应用

我一直都想做一个根据银行对账单自动输出会计分录的程序，但网上的很多案例都是偏重理论讲解，案例又太过脱离财务工作。不过 Sklearn 库有很多模型和算法，可以试着自己做一个机器学习的函数，实现自动化。

以下是我的一个应用实例：

机器学习旧账，录入新摘要后，自动输出费用类二级科目。

做机器学习之前，数据是非常重要的，因为这影响模型是否成功，从用友财务软件 T3 中导出 1~8 月的序时账，然后将不属于管理费用和财务费用的科目以及结转类删除，如图 9-8 所示。

图 9-8　Excel 表格

在准备好数据之后，用 Pandas 导入数据。代码如下：

```
##导入Excel表
import pandas as pd
```

```
filename = "费用序时账.csv"
df = pd.read_csv(filename,encoding='gb18030')##导入Excel表
df
```

运行后的效果如图 9-9 所示。

图 9-9　代码运行效果（一）

然后整理数据，保留摘要、科目名称、上级科目三栏数据，因为我们的目的是学习这三栏之间的关系。

```
##提取Excel栏
columns = ["摘要", "科目名称", "上级科目"]
df_counts = df[columns].dropna()
df_counts
```

运行后的效果如图 9-10 所示。

图 9-10　代码运行效果（二）

然后将摘要一栏转换成文本格式：

```
doc=["".join(review) for review in df_counts['摘要'].values.astype('U')]##
转化成文本格式
```

为什么要转换成文本格式呢？因为需要用到的机器学习函数只能识别这个格式，其他格式不能识别，如图 9-11 所示。

```
doc=["".join(review) for review in df_counts['摘要'].values.astype('U')]##转化成文本格式
doc

['办房产证律师鉴证咨询费1-5',
 '应付        大厦32-33层消防材料检测费1-8',
 '油卡消费汽车油费1-13',
 '油卡消费汽车油费1-13',
 '2020.10建行服务费',
 '工行2020年11月服务费',
 '新华      公司三个股东2021年度      2021-1-4',
 '1月农商行服务费',
 '1.2    支1月话费',
 '1.7    支总部2020.10-12月汽车油费',
 '1.8    支社保',
 '1.8    支移动话费',
 '1.19    支A公司-新华保险租赁合同印花税',
 '1.19    支A公司-B公司A公司大厦2屋5层装修工程合同印花税',
 '1.27    支办公用品款',
```

图 9-11　转换成文本格式

再对文本格式进行分词，而分词需要用到自然语言分词库 jieba（结巴）。如果未安装，就需要使用以下命令进行安装。

```
$ pip install jieba
```

下面继续输入代码：

```
import jieba
text = doc
sentences = text
sent_words = [list(jieba.cut(sent0)) for sent0 in sentences]
document = [" ".join(sent0) for sent0 in sent_words]
```

这个库的作用是可以将一句话分成好几个词，如['办房产证律师鉴证咨询费 1-5',]划分成['办、房产证、律师、鉴证、咨询、费 1-5']七个词。为什么要这样划分呢？因为机器是很难识别句子的，但可以识别词组，理论上词组可以被向量化为方向性数值。如图 9-12 所示。

```
import jieba
text = doc
sentences = text
sent_words = [list(jieba.cut(sent0)) for sent0 in sentences]
document = ["".join(sent0) for sent0 in sent_words]
print(document)
```

['办 房产证 律师 鉴证 咨询 费 1 - 5', '应付 华标 A 公司 大厦 32 - 33 层 消防
13', '2020.10 建行 服务费', '工行 2020 年 11 月 服务费', '新华 人寿 购 A 公司
建行 支 1 月话费', '1.7 建行 支 总部 2020.10 - 12 月 汽车 油费', '1.8 建行 支
印花税', '1.19 建行 支 A 公司 - B 公司 A 公司 大厦 2 屋 5 层 装修 工程 合同 印
2020.8 - 2021.1 电脑 维护费', '1.27 建行 支 电脑 一体机 电源', '1.29 建行 支
据)', '1.8 农 商行 支黑 BRF777 汽车 保险费', '1.8 农 商行 支黑 BRF777 汽车
472 及 482 律师 签证费 1 - 26', '1.20 农 商行 支 办公室 盆花 款', '1.20 农 商
保利 4 号楼 472 物业 维修 基金', '计提 1 月 房产税', '计提 工资 22 人', '计
月 社保', '2.3 建行 支 电信 话费', '2.5 建行 支 移动 话费', '2.6 建行 支 A 公

图 9-12　分词后的效果

```
# 导入 TfidfVectorizer
from sklearn.feature_extraction.text import TfidfVectorizer
# 实例化 tf 实例
tv = TfidfVectorizer(use_idf=True, smooth_idf=True, norm=None)
# 训练，构建词汇表以及词项 idf 值，并将输入文本列表转成 VSM 矩阵形式
tv_fit = tv.fit_transform(document)
# 查看一下构建的词汇表
tv.get_feature_names()
```

导入 TfidfVectorizer()函数的目的是将文本词语计数表示为矩阵的形式，计算该文档中该特征词出现的频次，如图 9-13 所示。

```
# 导入 TfidfVectorizer
from sklearn.feature_extraction.text import TfidfVectorizer
# 实例化 tf实例
tv = TfidfVectorizer(use_idf=True, smooth_idf=True, norm=None)
# 训练，构建词汇表以及词项idf值，并将输入文本列表转成VSM矩阵形式
tv_fit = tv.fit_transform(document)
# 查看一下构建的词汇表
tv.get_feature_names()
```

['00258205',
 '10',
 '11',
 '12',
 '13',
 '15',
 '15122',
 '15613',
 '16179',
 '17',
 '178',
 '18',
 '18336208',

图 9-13　矩阵的形式

然后将这些词汇导入到 X 之中代码如下：

```
tv.fit(document)
X = tv.transform(document)
X
```

再将"上级科目"转换成文本数据，并导入到 y 之中，代码如下。

```
y = df_counts["上级科目"].values.astype(str).flatten()
y
```

如图 9-14 所示为"上级科目"的文本数据。

```
y = df_counts["上级科目"].values.astype(str).flatten()
y
array(['管理费用/中介咨询费', '管理费用/其他', '管理费用/车辆费用', '管理费用/车辆费用', '财务费用/手续费',
       '财务费用/手续费', '管理费用/员工商业保险', '财务费用/手续费', '管理费用/通讯费', '管理费用/车辆费用',
       '管理费用/社保', '管理费用/通讯费', '管理费用/印花税', '管理费用/车辆费用', '管理费用/办公费',
       '管理费用/业务招待费', '管理费用/维修费', '管理费用/办公费', '管理费用/福利费/食堂费用',
       '管理费用/业务招待费', '管理费用/车辆费用', '管理费用/车辆费用', '管理费用/车辆费用', '管理费用/车船税',
       '管理费用/中介咨询费', '管理费用/办公费', '管理费用/办公费', '管理费用/维修费',
       '管理费用/房产税', '管理费用/工资', '管理费用/折旧', '管理费用/装修费摊销', '财务费用/手续费',
       '管理费用/社保', '管理费用/通讯费', '管理费用/通讯费', '管理费用/印花税', '管理费用/车辆费用',
       '管理费用/业务招待费', '管理费用/福利费/食堂费用', '管理费用/折旧', '管理费用/业务招待费', '管理费用/折旧',
       '管理费用/车辆费用', '管理费用/车辆费用', '管理费用/业务招待费', '管理费用/福利费/集体福利',
       '管理费用/车辆费用', '财务费用/手续费', '财务费用/手续费', '管理费用/车辆费用', '管理费用/车辆费用',
       '管理费用/房产税', '管理费用/工资', '管理费用/车辆费用', '管理费用/车船税', '管理费用/车辆费用',
```

图 9-14　"上级科目"的文本数据

将 X 和 y 导入机器学习函数之中，代码如下：

```
#机器学习
from sklearn.model_selection import train_test_split
#转换为数值的数据通过交叉验证分为训练数据和验证数据。
test_size = 0.2
X_train, X_test, y_train, y_test = train_test_split(X, y, test_size=test_
size)
from sklearn.svm import LinearSVC
##向量分类模型
clf = LinearSVC(dual=True, C=10.0,verbose=0, random_state=24)
clf.fit(X_train, y_train)
```

在这里，使用 LinearSVC 作为模型。这是机器学习模型之中的分类模型，可以用于文本分类。LinearSVC()函数中的参数非常多，可以通过调整参数来提高模型的准确度，但只选择常规的参数，因为我准备的数据比较好，所以准确率较高。

以下是测试代码：

```
##输入要测试的摘要
tests = ["支付A先生报销业务餐费住宿费","付C小姐报饭堂菜金","收汽油卡发票"]
##中文分词
sentences = tests
sent_words = [list(jieba.cut(sent0)) for sent0 in sentences]
document = [" ".join(sent0) for sent0 in sent_words]
X = tv.transform(document)
```

```
result = clf.predict(X)
result
```

运行后得出结果：

```
array(['管理费用/业务招待费', '管理费用/福利费/食堂费用', '管理费用/车辆费用'],
dtype='<U16')
```

这里的意思是当输入"支付 A 先生报销业务餐费住宿费"，计算机就判断出这是管理费用中的业务招待费；当输入"付 C 小姐报饭堂菜金"，计算机就判断出这是管理费用中的福利费下面的食堂费用；当输入"收汽油卡发票"时，就判断出这是管理费用中的车辆费用。

运行结果如图 9-15 所示。

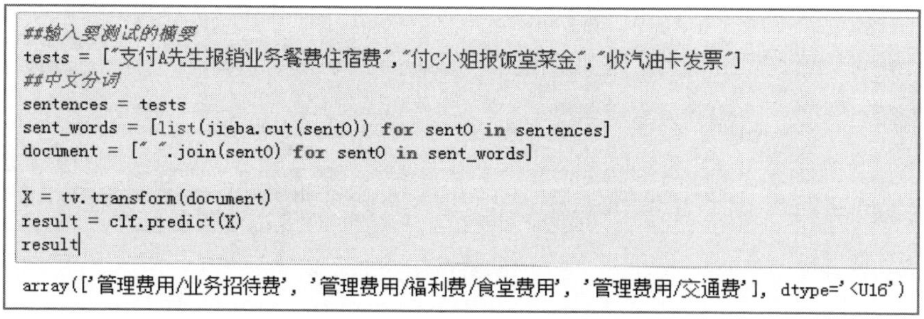

```
##输入要测试的摘要
tests = ['支付A先生报销业务餐费住宿费','付C小姐报饭堂菜金','收汽油卡发票']
##中文分词
sentences = tests
sent_words = [list(jieba.cut(sent0)) for sent0 in sentences]
document = [' '.join(sent0) for sent0 in sent_words]

X = tv.transform(document)
result = clf.predict(X)
result
```
array(['管理费用/业务招待费','管理费用/福利费/食堂费用','管理费用/交通费'], dtype='<U16')

图 9-15　运行结果（一）

这时我们将测试摘要改为["支付购口罩款","8 月银行手续费","计提 8 月房产税"]，那么对应的费用将发生变化，变为福利费、手续费、房产税，如图 9-16 所示。

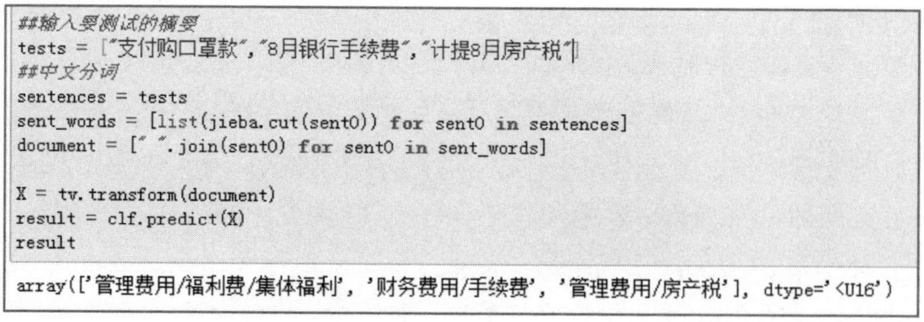

```
##输入要测试的摘要
tests = ['支付购口罩款','8月银行手续费','计提8月房产税']
##中文分词
sentences = tests
sent_words = [list(jieba.cut(sent0)) for sent0 in sentences]
document = [' '.join(sent0) for sent0 in sent_words]

X = tv.transform(document)
result = clf.predict(X)
result
```
array(['管理费用/福利费/集体福利','财务费用/手续费','管理费用/房产税'], dtype='<U16')

图 9-16　运行结果（二）

有了这个机器学习应用，只要将银行摘要写得详细一点，会计就可以通过读取银行对账单上的摘要自动生成费用类分录。当然，如果你是做审计工作的，也可以通过这个应用检查会计录入的费用类分录是否有异常。

不过，这只适合该公司，因为无论是训练数据还是学习数据，都是由该公司的历史数据训练而成的，如果将这个机器学习模型移植到其他公司，最好重新整理初始数据。

最后就是保存已经训练好的模型，方便日后调用，代码如下：

```
import joblib                    ##保存模型
# 创建文件目录，训练好的模型将保存在该文件夹(testModel)下
# trained_model 是已经训练好的模型
dirs = 'testModel'
# 保存训练好的模型
joblib.dump(clf, dirs+'/clf_model.pkl')
joblib.dump(tv, dirs+'/vect.pkl')
```

其中，joblib 库是 Python 库中用来保存模型的；dump()函数用来保存该库；load()函数用来调用，如果将来要调用这个模型，可以使用以下代码：

```
my_model_loaded = joblib.load("clf_model.pkl")
```

这样就不用重新训练了。

☕ **题外话：**

本想讲一下机器学习下面的深度学习知识，但是上网查了一下，发现 PyTorch 库在财务方面的应用大多是不公开的，而且涉及很多神经网络这些非常新的概念，篇幅会非常大。如果有空，我再写一本关于深度学习在财务方面的应用吧。这是非常有前景的。

为什么这样说呢？因为会计和金融本质是商业语言，有的人用这种语言讲了动听的故事，有的人用这种语言讲了实事求是的报告。但如果将来运用这种语言的不是人，而是机器人，那么是不是非常有趣呢？

有的人可能觉得这事有点异想天开，但其实理论上是可以做到的。

假设一下，如果我们将股市上的财务报告作为数据源，用 torch 库搭建 RNN 神经网络，识别股票市场上的财务报告与股价之间的关系，那么理论上我们可以训练出一个 24 小时不睡觉的财务分析师。单一分析一只股票当然没有用，但如果分析所有的股票，那么就很容易得出大部分投资者对其未来发展的预期、基本面资料以及市场的趋势。

不过现实是深度学习需要的数据量非常大，而且模型也非常大。所以技术暂时还不是很成熟，但很多投资公司已经开始着手研究了。

从 1956 年人工智能被确立成一门学科到现在，差不多是一个人的一生了，但对于一门学科来说，这还是非常年轻，未来有太多的可能性。
